Outros títulos desta série

Haiti depois do inferno – Rodrigo Alvarez

O Irã sob o chador – Adriana Carranca e Marcia Camargos

Paquistão, viagem à terra dos puros – Fernando Scheller

Vivos embaixo da terra – Rodrigo Carvalho

Sobre as obras que compõem esta série

ESTA SÉRIE DE LIVROS oferece ao leitor local a possibilidade de descobrir culturas pouco conhecidas a partir de narrativas de escritores e jornalistas brasileiros. São relatos escritos no fio tênue que corre entre a objetividade da descrição jornalística e a abordagem personalista, baseada na intensa troca de experiências com o desconhecido. Buscando vieses despercebidos, atacando os estereótipos com que percebemos os que não nos são próximos, estes livros surgem com o intuito de informar e surpreender. Afinal, do mesmo modo que nós como nação somos vistos pelas lentes do equívoco, essas culturas, complexas o bastante para não caberem em resumos rasteiros, tendem a ser tratadas a partir de uma miríade de lugares-comuns. Contornar essas práticas com o cuidado e o respeito que só o viajante atento e sensível possui constitui-se como projeto principal desta proposta editorial.

Ótima leitura!

Os editores

Vivian Oswald

Com vista para o Kremlin

A vida na Rússia pós-soviética

Copyright © 2011 by Editora Globo S.A. para a presente edição
Copyright © 2011 by Vivian Oswald

Todos os direitos reservados. Nenhuma parte desta edição pode ser utilizada ou reproduzida — em qualquer meio ou forma, seja mecânico ou eletrônico, fotocópia, gravação etc. — nem apropriada ou estocada em sistema de bancos de dados, sem a expressa autorização da editora.

Texto fixado conforme as regras do novo Acordo Ortográfico da Língua Portuguesa (Decreto Legislativo nº 54, de 1995).

Revisão: Fabiana Medina / Solange Lemos
Paginação e capa: Vanessa Sawada
Tratamento de imagens: Paula Korosue
Ilustrações: José Carlos Chicuta
Fotos de capa e miolo: Vivian Oswald
Foto de orelha: João Marcos Paes Leme

1ª edição, 2011

Dados Internacionais da Catalogação na Publicação (CIP)
(Câmara Brasileira do Livro, SP, Brasil)

Oswald, Vivian
  Com vista para o Kremlin / Vivian Oswald. -- São Paulo : Globo, 2011.

  ISBN 978-85-250-4899-8

  1. Jornalismo 2. Rússia - Descrição e viagens 3. Viagens - Narrativas pessoais I. Título.

11-08523   CDD-910.4

Índices para catálogo sistemático:
1. Relatos de viagens 910.4
2. Viagens : Narrativas pessoais 910.4

Direitos de edição em língua portuguesa para o Brasil adquiridos por Editora Globo S.A.
Av. Jaguaré, 1485 – 05346-902 – São Paulo – SP
www.globolivros.com.br

A João Marcos, любящий мою жизнь,
que me carregou para esta aventura,
e Tobias, лучший друг человека.

Sumário

Pagode russo, *por Ancelmo Gois* 11

1. Primeiras palavras 19
2. A nova Rússia 33
3. Caricatura do capitalismo 59
4. O metrô 87
5. O mistério da fé 99
6. Vozes da Rússia 113
7. Um país cada vez menor 145
8. Um país que se quer cada vez maior 173
9. O presente passado ou o passado presente 221
10. Brasil e Rússia 303
11. O mestre e Margarida 331
12. Fora de Moscou 347
13. Palavras finais 365

Agradecimento 367

Pagode russo

Senhores passageiros, afrouxem os cintos, relaxem e embarquem nesta fascinante viagem à Rússia dos czares, dos bolcheviques e da democracia infantil que engatinha nos dias de hoje. A coleguinha Vivian Oswald, que morou em Moscou por dois anos, fez um trabalho exaustivo e emocionante, digno da grande repórter que é. Com seu estetoscópio calibrado, conseguiu ouvir batidas quase inaudíveis da chamada alma russa, flagrada aqui tanto em momentos de grandeza ou de vergonha, como é da natureza humana. Acredite: guia brasileira melhor você não terá.

A distância nos separa. Do Rio até Moscou são 11.542 quilômetros. A diferença de fuso horário gira em torno de cinco a sete horas. Além disso, para quem nasceu aqui nos trópicos, enfrentar frio de até trinta graus negativos é pauleira. A distância fica ainda maior em matéria de história, cultura, hábitos, costumes e língua. No alfabeto cirílico, por exemplo, o "c" é o nosso "s". Aqui, muito se brincou, traduzindo o CCCP (União das Repúblicas Socialistas Soviéticas), estampado na camisa da seleção de futebol, como "Camarada, Cuidado Com Pelé". Aliás, é muito comum encontrar hoje nas cidades brasileiras, por causa dessa onda retrô, muitos jovens que usam as camisas vermelhas da seleção soviética de antigamente.

Somos diferentes. Mas, ainda assim, sobrevive uma lenda de que dois navios russos aportaram em 1804 no Porto de Recife, e os tripulantes fizeram apresentações de suas danças nativas, levando os anfitriões a imitarem seus passos e seus saltos altos, dando origem, veja só, ao frevo. Talvez por causa desse folclore, de autenticidade duvidosa, mestre Luiz Gonzaga e João Silva tenham composto a música *Pagode russo* ("Ontem eu sonhei que estava em Moscou/Dançando pagode russo na boate Cossacou/Parecia até um frevo naquele cai e não cai/Parecia até um frevo naquele vai e não vai").

Houve ainda, no período bolchevique, uma aproximação natural com a Rússia entre um punhado de brasileiros, militantes do PCB, a começar por Luís Carlos Prestes. Prestes morou no mesmo prédio da nossa Vivian, na antiga avenida Górki, hoje rebatizada de Tverskaya. Por falar nele, Maria Prestes, a simpática viúva do líder comunista, fazia aos sábados um feijão incrementado, verdadeiro manjar dos deuses para quem vivia fora de sua terra natal. O feijão, coisa rara por lá, era trazido da Ucrânia por um cubano.

Nesse período também estudaram em escolas de formação de quadros socialistas o poeta Ferreira Gullar e, modestamente, este escriba. Isso mesmo. Em 1969, com vinte anos, sob a identidade falsa de Ivan Nogueira, estudei na escola do Komsomol (Juventude Comunista).

Mais recentemente, o Brasil e os brasileiros foram apresentados à Rússia e aos russos por novelas da TV Globo como *O clone* e, como não podia deixar de ser, *A escrava Isaura*, com Lucélia Santos. Um parêntese. Enigma dos enigmas: o que faz o estrangeiro se apaixonar tanto por esta novela piegas? Só na China, *A escrava Isaura* foi assistida, estima-se, por 870 milhões de pessoas. Na Rússia, o sucesso também foi retumbante.

Além disso, ao final da rica leitura de *Com vista para o Kremlin*, o leitor, certamente, encontrará outras semelhanças mais entre Brasil e Rússia. Tanto elas existem que, em 2001, o economista Jim O'Neill, do banco de investimento Goldman Sachs, cunhou o acrônimo BRIC para designar o que, para ele, seriam as quatro principais economias emergentes do mundo, além de Índia, China e, mais recentemente, África do Sul. O quarteto gostou tanto desse status que criou, informalmente, um grupo, cuja primeira reunião solene aconteceu nos Urais russos, em 2008. Vivian estava lá como correspondente de *O Globo*.

Enfim, Brasil e Rússia têm em comum uma grande extensão territorial, riquezas naturais como o petróleo e o sonho de futuro luminoso. No caso brasileiro, já em 1941, o grande autor austríaco Stefan Zweig escrevia: "Brasil, um país do futuro". Barack Obama, em discurso no Theatro Municipal do Rio, também fez mimo, dizendo que "durante décadas se disse que o Brasil era o país do futuro. Se é assim, o futuro chegou". O presidente dos EUA foi simpático. Mas o futuro não chegará por aqui, acho, enquanto o país perfilar na rabeira do ranking mundial dos indicadores sociais, medidos pelo IDH.

Já na Rússia, o futuro parecia bater à sua porta depois dos "dez dias que abalaram o mundo" (a expressão é do jornalista americano John Reed, que descreveu a Revolução Comunista de 1917, um dos principais acontecimentos do século XX). Antes mesmo da tomada do poder pelos bolcheviques, a Rússia já era a quinta maior economia do mundo. Depois, de nome novo, União Soviética, foi uma espécie de superpotência nuclear, obtendo grandes avanços tecnológicos, a ponto de mandar o primeiro homem, Yuri Gagárin, ao espaço, em 1961, a bordo da nave Vostok-1.

Mas o modelo de economia estatal e de asfixia da liberdade se esgotou e, na última década do século XX, o gigante entrou em colapso. "O grande império foi fragmentado", lembra Vivian. "O resultado foi uma perda territorial equivalente a duas Argentinas", prossegue. A velha Rússia, quase humilhada, voltou a se chamar Rússia e hoje é a décima primeira economia do planeta.

Em janeiro de 2000, Roberto Campos disse, num artigo, que Brasil e Rússia haviam se tornado "dois grandes desapontamentos" se comparados com suas enormes potencialidades econômicas. Em sua visão ultraliberal, que era sua marca, a culpa foi, entre outras, da "cultura patrimonialista dos dois regimes imperiais, que retardou o advento do capitalismo competitivo". É. Pode ser.

Campos também apontou outro culpado, confesso interessante, que foi o prolongamento do regime de escravidão. Na Rússia, a escravidão foi abolida apenas no início do século XVIII, e, no Brasil, só no final do século XIX. "Isso retardou o interesse na busca de alternativas tecnológicas para redução do custo da mão de obra, e retardou também o crescimento do mercado interno, refreando a capacidade de consumo dos não assalariados", escreveu Campos.

A nova Rússia completou seus primeiros vinte anos em 2011. Mas o processo de transição para uma economia de mercado moderno está longe de ser concluído. Houve transformações radicais, notadamente no terreno da economia. A transposição de uma economia centralizada para uma economia capitalista terminou, aos trancos e barrancos, dando certo, por mais suspeita que tenha sido essa privatização em massa, do ponto de vista da moral e dos bons costumes.

É claro que Roberto Campos, se vivo estivesse, reclamaria ainda muito do nível de estatização na Rússia, ou mesmo da influência persistente do Kremlin sobre os negócios privados. Não faltam benesses para os amigos do rei e castigos para os empresários que não rezam pela cartilha oficial.

Mas pouco importa que alguns novos ricos russos sejam ridículos, bregas ou mesmo mafiosos. Importa, sim, que o capitalismo tenha fincado pés por lá, a ponto de nada ser "capaz de dar mais orgulho a uma família russa hoje do que contar que o filho é empresário", diz Vivian. E, como país capitalista, a Rússia teve momentos de esplendor. Ajudada pelo preço do petróleo, o país viveu quase uma década de crescimento de 7% ao ano. Mas a bola baixou um pouco com a crise financeira que começou nos EUA em 2008.

O desafio maior, acho, não está na economia, mas na política e na tradição cultural. O político baiano João Mangabeira, da chamada esquerda democrática, dizia nos anos 1960 que a democracia brasileira era uma planta tenra, que precisava de muitos cuidados. A definição se encaixa como luva na Rússia de hoje. Lá, a democracia, da forma que é praticada em grandes países capitalistas, como EUA e Inglaterra, é uma novidade recente. Ao longo dos últimos dezessete séculos, o país viveu debaixo de regimes autoritários, fosse do czar ou do PC. O despotismo tem uma longa história.

A oposição é perseguida, como tem denunciado o ex-vice-premier Boris Nemtsov, que tenta construir um partido contrário ao Kremlin e chegou a ser condenado pela Justiça por ter participado de manifestação não autorizada. Gary Kasparov, campeão mundial de xadrez, que desistiu da candidatura à presidência da Rússia depois de ser preso, chega a dizer até mesmo que a Venezuela de Hugo Chávez é mais democrática do que seu país.

A coligação governista Rússia Unida, como eu disse certa vez, lembra um pouco, pelo tamanho agigantado e pelas ideias insossas, a nossa Arena da época dos generais. O trabalho da imprensa não chapa-branca não é fácil. Chegou a dezenove o número de jornalistas mortos de 2000 a 2009.

E o que é mais grave: o povo parece gostar, historicamente, de ser comandado por governos fortes. Além disso, como diz Vivian, "os benefícios ao longo desses anos foram tantos que poucas pessoas se importam com a falta de certas liberdades civis e políticas". Até agora.

O desembarque do capitalismo em terras russas também teve efeito limitado sobre a geopolítica do país. A política externa da Rússia guarda muita semelhança com a dos tempos da União Soviética. É claro que a Guerra Fria acabou e que, dificilmente, vão se repetir momentos de tensão extrema, perigo de uma Terceira Guerra Mundial, mesmo, como ocorreu em 1962, quando a então URSS instalou bases com mísseis nucleares em Cuba. Mas, hoje, o país pretende continuar a ter voz ativa e no seu destino mandar, tanto no Conselho de Segurança da ONU, no qual tem assento permanente, como em outros palcos da política internacional.

A Rússia de hoje não tem, nem pretende ter, "relações carnais" com os EUA. Muito pelo contrário. Continua a existir certo sentimento antiamericano latente. Vivian conta que os russos não se conformam com certa visão de Hollywood de que os americanos, sozinhos, salvaram o mundo na Segunda Guerra Mundial. Afinal, a antiga União Soviética teve um papel decisivo na guerra, ao custo de 25 milhões de vidas. "A massa aplaude orgulhosa a cada vez que se endurece o discurso com os Estados Unidos, ou que se ameaça cortar o gás da Europa em pleno inverno." Aliás, as constantes referências ao heroísmo dos soldados na Segunda Guerra mostram, a meu ver, que os russos não têm, digamos, vergonha do seu passado soviético, por mais que o comunismo seja hoje rejeitado pela maioria esmagadora da população. Quando voltei à Rússia, em 2009, depois de quarenta anos, esse namoro com o passado foi a coisa que mais me impressionou. O país tem saudade de algumas conquistas do antigo regime, e a corrida espacial é um exemplo. Muitas estátuas de Lênin e Marx não foram retiradas das praças. A foice e o martelo continuam por todos os lados, e o corpo embalsamado de Lênin continua no mausoléu da Praça Vermelha, mesmo havendo muita gente querendo tirá-lo de lá.

Até mesmo Stálin, cujos crimes hediondos foram denunciados pelos próprios camaradas, em 1956, no 20º Congresso do PC, não é escondido debaixo do tapete da História. Atores fantasiados de Stálin, como também de Lênin, tiram fotos na Praça Vermelha ao lado dos turistas em troca de um punhado de rublos. Agora, em meados de julho, velhos militantes comunistas inauguraram um busto do ditador em Penza, a 550 quilômetros de Moscou.

Vivian, em sua peregrinação pela Rússia, visitou, em Moscou, o bunker de Stálin na guerra, hoje um museu privado. "O tratamento que se dá a Josef Stálin na Rússia é totalmente diferente daquele concedido a Hitler, na Alemanha, onde o bunker do ex-nazista foi apagado do mapa para evitar romarias ou despertar sentimentos que os alemães ainda tentam esquecer".

Agora, acho, vem o melhor da história. É quando *Com vista para o Kremlin* fala do cidadão comum. É nos detalhes humanos que está outra riqueza deste livro estupendo. Viajando com Vivian, o leitor vai encontrar uma Rússia além da Praça Vermelha, das igrejas de rara beleza como a catedral de São Basílio ou das estações do metrô de Moscou (a minha preferida é a Mayakovskaya), verdadeiros museus debaixo da terra, outra herança do período soviético.

Vivian descreve velhos problemas como o alcoolismo e a burocracia. Flagra o mau humor dos russos com ironia e até certo encantamento. Fala do amor do povo pelas artes, das crendices religiosas e chama a atenção para um país com população em declínio, terras demais e gente de menos.

A questão do racismo mereceu quase um capítulo num país que, no passado comunista, se orgulhava do seu "internacionalismo proletário" e de abrigar quase uma centena de nacionalidades em seu solo. O brasileiro acompanhou recentemente pelo noticiário esta tragédia. O jogador Roberto Carlos, que foi recebido na Rússia com pão e sal, uma antiga tradição russa reservada a visitantes queridos, abandonou um jogo do seu clube Anzhi Makhachkala depois que um torcedor do clube Krylia Sovetov jogou uma banana em sua direção.

No mais, boa viagem.

Ancelmo Gois

Primeiras palavras

O atentado terrorista cometido por mulheres-bomba contra duas estações de metrô no coração de Moscou, no dia 30 de março de 2010, me tirou da cama cedo em Brasília. Passei a manhã com uma sensação inexplicável de desconforto. Telefonei para amigos na capital russa para ter certeza de que tudo estava como havia deixado meses antes. A sensação não passou.

Resolvi escrever um texto para O *Globo*, explicando a importância do meio de transporte para a cidade e, em especial, daquelas estações centrais, uma delas a poucos quarteirões de casa, que eu usava frequentemente. Não conseguia decidir se prepararia algo puramente jornalístico, oferecendo ao leitor apenas a dimensão dos fatos, ou se me deixaria envolver na narrativa, na esperança de externar (e ver no papel) os meus vínculos com aquele cenário que, apesar da distância, ainda me parecia tão próximo. Acabei ficando com a segunda alternativa.

O texto ficou pronto em menos de dez minutos. Naquele momento, entendi que o que me ligava à Rússia era paixão. Antes de Moscou, vivi felizes três anos e meio em Bruxelas, de onde saí triste. Da capital russa, devo admitir, saí devastada.

Percebi que meu marido estava igualmente surpreso por sentir-se diretamente atingido pelo ataque. No final do dia, fizemos uma longa retrospectiva do que havíamos vivido na Rússia naqueles dois anos intensos, e tudo pareceu claro. A Bélgica foi uma espécie de casamento por conveniência, amor pacato. A vida era calma, tudo funcionava, tínhamos o que havia de melhor ao alcance das mãos. A Rússia, apesar de todas as dificuldades diárias — levamos um semestre para nos adaptar aos novos códigos —, foi nosso romance tórrido, amor bandido.

Em Moscou, é impossível planejar com segurança o dia de amanhã ou tentar encontrar um padrão para responder a corriqueiras demandas cotidianas. Pequenos problemas tornam-se enormes dores de cabeça, e grandes chateações simplesmente se dissipam no vento sem deixar rastro. O absurdo pode se materializar de uma hora para outra, sem causar reação nas pessoas. A sensação de estranheza diante do inusitado — esse ingrediente habitual da paisagem russa — parece mais palpável entre os expatriados, estrangeiros à realidade fantástica descrita por Nikolai Gogol na primeira metade do século XIX, porém ainda tão contemporânea, à sua maneira. Da pena do autor surgiu o genial nariz que ganhou vida e percorreu São Petersburgo sem o dono, um alto funcionário do Estado czarista, que afinal o reencontrou, tempos depois da inexplicável fuga.

Em setembro de 2002, o estranho monumento dedicado ao escritor desapareceu por semanas. O imenso nariz colado à fachada do prédio onde morou Gogol também teria ficado foragido por algum tempo. Nada que pudesse perturbar a indiferença dos russos a absurdos de todo tipo. Não vi narizes sem dono vagando em Moscou ou em São Petersburgo; mas, se um dia vir algum, tenho certeza de que será na Rússia.

Nem mesmo a arrogância das pequenas (e grandes) autoridades ou a corrupção em várias instâncias da sociedade assustam o cidadão comum. Ele diminui a voz, ou se cala, diante dos impropérios proferidos por aqueles que sentem prazer em exercer o seu poder, por menor que seja.

— Tira o cachorro daqui! — gritou o guarda que fazia plantão diante da imensa porta do prédio da Prefeitura de Moscou, cuja calçada, aquecida por dutos subterrâneos, jamais acumula gelo ou neve.

— Por quê? — perguntou o brasileiro, no mesmo tom.

— É proibido. Isso aqui é um prédio público. Tira o cachorro daqui agora! — retrucou o homem, rubro, já a um palmo de distância do rosto do estrangeiro.

— Se for assim... metade dos edifícios da cidade é pública. Meu cachorro é limpo — rebateu com uma ponta de ironia e partiu.

Sem saber quem era aquele que o enfrentava tão decidido, o guarda recuou. Foi voltando ao posto à medida que o cachorro seguia seu caminho com o dono.

O enfrentamento verbal é sempre iminente na Rússia, ainda que pelas razões mais banais. Mas nem isso parece causar desgaste aos locais. Duas pessoas batem boca, uma delas cede, e está resolvida a questão.

Vale comentar, de passagem, que o citado cão transitou por aquela calçada algumas centenas de vezes; em apenas uma o dono foi incomodado. Existirá de fato uma lei que proíba passear com cães diante de prédios públicos? Talvez exista — e só um dentre dezenas de guardinhas a observa. Na Rússia, o emaranhado de normas é tal, e tão complexo, que cada qual respeita a regra que quiser, *à la carte*. É o que o presidente Dmitri Medvedev, em seu discurso de posse, num raro exercício de autocrítica em público, chamou de "niilismo jurídico".

* * *

Na Rússia, a ideia de fazer filas me apavora. Embora tenham convivido com elas por tanto tempo, ou talvez por isso mesmo, os russos são furadores de filas contumazes. Sem qualquer constrangimento ou disfarce, lançam-se à frente dos outros. Esse foi um dos poucos hábitos com os quais nunca consegui me acostumar. Carteiradas ou respostas firmes são recebidas com respeito. Afinal, como bem demonstrou o guarda da prefeitura, nunca se sabe quem é o seu interlocutor. Pode ser alguém bem relacionado com autoridades, um mafioso ou qualquer dos milionários locais emergidos após o colapso da União Soviética — estimados, antes da crise financeira global desencadeada no fim de 2008 e dois anos depois dela, em cerca de 120 mil, a maioria residente em Moscou. Estas pessoas permeiam a nova sociedade russa, ditam padrões e tendências. São uma espécie de modelo de sucesso — russos que conseguiram se dar bem e levar vantagem com a transição do socialismo ao capitalismo — a ser seguido pela recém-formada classe média. Menos poderosos, mas não menos imponentes, também impõem respeito os enormes seguranças dos abastados, que costumam acompanhar os carros incrementados dos patrões montados em jipes blindados e de vidros escuros.

O nosso conhecido "Você sabe com quem está falando?" é um dos princípios norteadores das relações sociais na Rússia. Já era assim durante o regime comunista e antes dele, como testemunha fartamente a literatura nacional. Amigos e conhecidos bem situados abrem portas sempre. Sem eles, dificilmente se consegue entrevista, mesmo com um professor universitário, sempre tão acessível no Ocidente. Os relacionamentos ajudam na identificação das qualidades subjetivas dos indivíduos submetidos ao usual *face control* nos inúmeros bares, restaurantes e boates da cidade quando as aparências destoam do padrão russo. "Elite" e "VIP" são palavras firmemente incorporadas ao cotidiano das cidades para designar a suposta exclusividade de clubes noturnos ou serviços diferenciados. Qualquer restaurante que se pretenda minimamente situado acima da média dispõe de salas reservadas para pequenos grupos que não desejem se misturar aos demais.

Não importa se a área VIP do Clube Apelsin fica em um cubículo fechado, sem vista para o palco onde ocorre o festival de jazz. O importante é que estão comendo e bebendo naquelas mesas isoladas os felizes eleitos que puderam se dar ao luxo de pagar pelos ingressos mais caros da casa. Depois do rigoroso pente fino da entrada feito pelos leões de chácara, o relações-públicas da elegante boate The Most, no centro de Moscou, ainda elege alguns clientes para oferecer cartões especiais, ao preço de quinhentos dólares — que dão direito a mesas coladas às loiras monumentais que dançam no alto de uma ponte suspensa no meio do salão lotado. São os estereótipos do capitalismo ocidental levados ao paroxismo.

O caos da chegada no aeroporto moscovita de Sheremetyevo sempre me causava desconforto. Começava a pensar nele dias antes da volta para casa. Os guichês da imigração têm um ritmo próprio de trabalho. Podem fechar sem maiores explicações diante de uma longa fila de vietnamitas, como presenciei. Estes últimos, numerosos, barulhentos e carregados de sacolas plásticas, moveram-se em manadas para as filas vizinhas, todas já lotadas, espremendo quem também esperava a vez. Faltavam ar e paciência. Perdi a cor. Suava frio.

A confusão ficava cada vez maior. Mas não o suficiente para convencer os agentes a liberar com mais agilidade os passaportes de cada um desses estrangeiros que inspiravam tanta desconfiança, como se supunha pela demora na conferência. Resignados, os russos que aguardavam não ousaram desafiar as autoridades. Podiam, no máximo, brigar entre si, ou reclamar da minha bolsa que tocava a costela de um deles.

Foi preciso a brasileira atordoada soltar um grito no meio da multidão, pedindo uma solução para o problema. Ouviu de pronto um desaforo da funcionária do guichê: "O que você quer que eu faça?", berrou, voltando-se em seguida para a sua burocracia.

Minutos depois, apareceram no local três mulheres uniformizadas, recém-desembarcadas da década de 1980 (nunca me esqueci da balzaca tardia cujo visual mesclava penteado de Olivia Newton-John e salto agulha com strass, tudo dentro da tal farda azul composta por uma inesperada minissaia). A solução foi sutil como só os russos podem ser em situações de estresse. Pararam na frente das filas, miraram os vietnamitas e empurraram-nos para trás. O penteado da policial que gritava "linha amarela", enquanto uns pobres coitados se atropelavam e outros perdiam o equilíbrio, não se movia. O batom vermelho-sangue estava ainda mais aparente e brigava, inconciliável, com a sombra azul-celeste ao redor dos olhos. Ficamos muito impressionados com a reação e, mais ainda, com os estranhos agentes. O fato é que, depois da intervenção, a ordem se instalou.

Meses depois de desembarcar na Rússia, descobri que eles tinham um método próprio para se entender na bagunça das filas. Em geral, já chegam perguntando "Кто последний?" (quem é o último?), o que faz todo sentido. Minha vida melhorou bastante depois que incorporei a questão ao meu léxico básico, sobretudo nas ocasiões em que precisei me lançar na árdua tarefa — que podia levar dias — de renovar o visto de residência e o registro policial (exigência herdada da União Soviética, feita àqueles que passam mais de 72 horas no país para que as autoridades não os percam de vista). O conhecimento do código ajudava, mas não resolvia.

As filas nos museus e nas chapelarias de concertos e balés eram motivo de apreensão. Não raro, precisávamos brigar. Certa vez, na agência central do Correio, quando finalmente seria atendida pelo estereótipo da funcionária desinteressada, um mal-intencionado veio de longe postar-se à minha frente. Não falava russo à época, mas ele parece ter entendido perfeitamente meus insultos em bom português. Perplexo, acabou me cedendo a vez.

As filas no correio eram especialmente complicadas. Difícil saber onde começavam ou terminavam. Usava o guichê de número 21 para mandar cartas e o de número 11 para passar meus faxes com pedidos de entrevista. Todos eles devidamente carimbados, segundo as exigências locais.

Aprendi que, sem a marca de tinta, as demandas nem sequer eram analisadas. Minhas solicitações passaram a ser respondidas depois que mandei fazer o meu próprio carimbo. Na Rússia é assim. Essa é supostamente a chancela da autenticidade de qualquer documento. Não sei bem o motivo, mas até nos cardápios dos restaurantes cada uma das páginas é carimbada.

Precisei encomendar o meu carimbo em uma emergência. Era para a minha papelada de residência, que saiu do jornal, no Brasil, sem a marca distintiva. Tive medo. Carimbo era coisa séria, e eu teria de provar que o meu era autêntico. Estava fazendo com a anuência do jornal, mas não sabia exatamente qual modelo seria usado pela empresa em situação semelhante. Lembrei-me de ter passado em frente a uma loja especializada a alguns quarteirões de casa, mas não estava certa da localização exata. Um flanelinha (sim, eles também existem em Moscou) me deu as coordenadas. Já estava acostumado. Os transeuntes russos adoram pedir e dar direções.

Entrei pelos fundos do prédio de uma rua escondida, atravessei o estacionamento e passei por uma discreta porta enferrujada. Lá dentro, havia placas improvisadas. Não foi necessário usar o elevador, e, sim, apenas contorná-lo. O corredor foi escurecendo, e uma seta indicava a escada igualmente sem luz que levaria ao subsolo. Tive a nítida impressão de que estava prestes a cometer uma contravenção. Andei um pouco mais até chegar a outra porta sórdida. Cogitei fazer meia-volta. Ao puxar a maçaneta, deparei com um imenso salão iluminado, com vitrines repletas de carimbos de todas as formas e tamanhos, além de muitos funcionários circulando de um lado para o outro.

Fui chamada por um dos consultores. Tirei do bolso o modelo que havia feito no computador de casa e disse ter pressa. Se o quisesse pronto em até duas horas, teria que pagar uma tarifa de urgência. Em razão da minha inexperiência, perguntei se deveria levar mais de uma almofada. Visivelmente aviltado, o funcionário rebateu: "Minha senhora, este carimbo é automático e pode ser usado 3.500 vezes. A senhora precisa de mais do que isso por acaso?".

A espionagem é outro tema presente e recorrente na Rússia atual. Dá certo ar de conspiração digno de bom filme *noir* ao cotidiano. Disputas dentro do governo entre alas ligadas ao serviço de informação; a figura imponente do poderoso primeiro-ministro Vladimir Putin, egresso ele próprio da KGB; a participação de ex-funcionários da entidade no comando de empresas privadas e na vida política; nada disso parece causar espécie aos locais.

Agentes russos infiltrados em outros países e vice-versa continuam sendo notícia de jornal. No início de julho de 2010, Estados Unidos e Rússia realizaram a maior troca de espiões entre os dois países desde o fim da Guerra Fria. Em uma operação digna de mais um filme da série 007, dez acusados de espionagem pelo governo americano foram levados para Moscou, enquanto outros quatro ex-prisioneiros russos foram devolvidos a Washington. A jovem e charmosa espiã Anna Chapman era a encarnação caricata da Bond Girl.

Telefones grampeados, escutas em escritórios e residências ainda são comuns na Rússia atual. Carros suspeitos estacionados com o motor ligado e motorista ao volante de dia ou de noite, seja inverno ou verão, também compõem a paisagem. Um conhecido que trabalhava em uma empresa estrangeira contou que, logo que chegou a Moscou, em 2002, teve a sensação de estar sendo fotografado durante alguns dias. Era no caminho de casa, na volta do trabalho. Mas tentou convencer-se de que se tratava de um turista perdido. O que o incomodou mesmo foi quando começou a ouvir ruídos estranhos ao telefone e, às vezes, vozes distantes. Contou a história a um funcionário russo que lhe perguntou se queria saber quem era, ou apenas que parasse. Ele ficou com a segunda opção. Nunca mais ouviu nada, e o tal turista desocupado também sumiu.

A sensação orwelliana do "big brother is watching you" continua. Em alguns casos se confirma de fato, em outros não passa de paranoia. Tenho vários amigos que podem jurar ser capazes de identificar a presença intrusa em suas ligações particulares ou não. Nunca conseguiram me convencer totalmente, embora eu mesma tenha tido a mesma sensação algumas vezes, quem sabe por contaminação. Os russos mais descontraídos costumam fazer piada e brincam como se buscassem os ouvidos das paredes ao lançar críticas políticas mais contundentes.

O que se constata é que o velho aparato parece conviver com a realidade contemporânea nos subterrâneos do país. Não se sabe se por necessidade ou falta de opção. Há quem diga que desmontar a histórica estrutura pode ser ainda pior. Deixaria milhares de pessoas sem emprego.

A relação do país com a espionagem não é nova. Talvez por essa razão o léxico seja tão preciso. Em russo, "шпион" (*shpion*) quer dizer "espião", mas essa palavra é reservada ao espião alheio, que vem roubar segredos e conspirar contra o sistema. Curiosamente, "разведчик" (*razvedtchik*) também é "espião", mas este exerce o ofício para proteger o país. Tudo isso tem um forte gosto de Guerra Fria. Não poderia ser de outra maneira. A mentalidade da Rússia atual guarda essas referências ainda próximas.

Em Moscou, estava sempre exausta, mas feliz.

A Rússia é um país surpreendente. Durante o período em que vivi na capital, fui bombardeada por uma programação cultural alucinante, de alto nível, capaz de rivalizar com a de outras grandes metrópoles, com a vantagem de tudo ser acessível a todos. Certamente, uma herança positiva soviética, como outras tantas.

Não posso me esquecer da cena comovente do mendigo que acompanhei com os olhos durante boa parte do concerto gratuito dos estudantes do Conservatório Tchaikóvski. Enquanto cantarolava para dentro a melodia que escutava dos dois violinos no palco, as lágrimas lhe corriam pela face. Conhecia (e apreciava) o repertório que muitos estrangeiros ali jamais tinham escutado.

É comum ver, minutos antes da primeira parte dos concertos, ou logo após o intervalo, um enxame de velhinhas se espalhar pelas cadeiras vazias. Elas e outros idosos, além de heróis de guerra, têm direito a ingressos gratuitos. Em certos espetáculos só podem ocupar os lugares que não foram vendidos. Não perdem o programa.

É difícil acompanhar a imensa variedade de concertos, balés, shows e afins; e praticamente impossível penetrar na cena teatral. Este é um mundo a parte, quase exclusivo dos locais. As 163 casas da cidade estão sempre lotadas — para a inveja de muitos países grandes como o nosso. Não há adaptações ou traduções para estrangeiros. E nem há razão para que haja. O público russo é enorme, presente e exigente. A cultura é um dos maiores patrimônios do país, e a sua universalização, um dos legados mais importantes do socialismo.

Tampouco é possível conhecer os inúmeros museus que contam minuciosamente a história da formação e das transformações pelas quais a Rússia passou, vida e obra de seus artistas universais ou de outros tantos surpreendentes de quem jamais se ouviu falar além das fronteiras. O próprio país é um museu a céu aberto. Guarda as memórias de uma experiência única sem precedentes no Ocidente, o império socialista.

Moscou oferece opções variadas que agradam dos nostálgicos aos punks, passando pelos *clubbers* e milionários entediados. O constante desafio de descobrir os bons endereços torna a vida mais interessante. Nada é evidente. Os restaurantes oferecem da comida soviética mais simples ao requinte gastronômico internacional preparado por chefs estrangeiros ou não. Nos restaurantes japoneses, os cardápios trazem não só os tradicionais sushis e sashimis, mas também o шашлык (*shashlik*), como é chamado o churrasco russo feito com carne marinada. Outros pratos pesados e bem temperados das ex-repúblicas também estão listados com a mesma informalidade que massas e saladas com nomes estrangeiros. Há restaurantes que, de tão exclusivos, nem sequer ostentam letreiros ou indicações na fachada. Só conhecem as coordenadas uns poucos seletos bem conectados.

A tradicional feira de Izmailov também dá a dimensão da diversidade. Ali, dividem espaço as relíquias soviéticas — pôsteres com mensagens socialistas, pequenos bustos de Josef Stálin e artigos de guerra — ou objetos ainda mais antigos, ícones para quem descobriu recentemente o fervor religioso ou para aqueles que jamais o perderam, tapetes da região russa do Daguestão ou dos ex-soviéticos Tadjiquistão e Azerbaijão, bordados do Uzbequistão, casacos, estolas ou chapéus de pele, além de um dos símbolos máximos do país, as *matrioshkas*.

As estações do ano confirmam a característica multifacetada do país. Moscou muda de cara no verão. É uma cidade mais alegre e descontraída. A população retoma o bom humor, usa poucas roupas, toma banho nas fontes do Jardim de Alexandre, vizinho à Praça Vermelha, faz *happy hour* em restaurantes e bares com mesas espalhadas pelas calçadas e abusa das cervejas geladas. Como se viu no verão de 2010, o mais quente dos últimos 130 anos, a capital russa pode ser quase tropical.

Logo que cheguei à cidade, não conseguia conviver com o calor de 35 graus. O apartamento quarto e sala em que vivemos por três semanas — que compartilhávamos com um insólito piano de meia-cauda — não tinha ar-condicionado. Apesar das belas árvores do lado de fora, eu não podia deixar as janelas abertas: os russos aproveitam o verão para fazer obras e pintar as grades da cidade; o cheiro da tinta, de tão forte, provoca dor de cabeça. Hoje, sinto falta dele e o associo à bela Moscou ensolarada.

Fui instruída a desconsiderar minha consciência ecológica e manter a porta da geladeira aberta. Mas o calor só passou quando descobri o famoso melão do Uzbequistão, de seis quilos, a fruta mais doce que já comi, que dividia com o cachorro, sentados os dois em frente à geladeira escancarada.

Os russos são um espetáculo à parte. A um só tempo podem ser toscos e extremamente cultos, modernos e nostálgicos. Secos ou um poço de emoções. A aparente agressividade, a falta de "por favor", "obrigado" ou "com licença" e das formas mais polidas equivalentes aos nossos condicionais ("eu gostaria") — considerados supérfluos e artificiais pelo antigo regime — camuflam as suas inúmeras boas qualidades.

O sorriso gratuito é sinal de fraqueza, superficialidade e certa estupidez associada aos americanos. É preciso romper a primeira camada para descobrir pessoas maravilhosas, que podem se tornar amigos de uma vida inteira. Gestos de generosidade extrema também podem vir daqueles de quem menos esperamos, como o transeunte que, ao notar a minha dificuldade de comunicação com o segurança dos Arquivos do Estado, descobriu onde seria minha entrevista e me conduziu, quase que pela mão, até o local indicado.

Esta cidade enorme que não dorme nunca é um desafio constante — físico e mental. Talvez essa fosse uma das características de que mais gostava. Digitar o ponto final de uma reportagem — muitas exigiram meses de apuração trabalhosa — foi dos meus maiores prazeres ao longo desses dois anos.

A nova Rússia

A nova Rússia completou seus primeiros vinte anos em 2011. É uma história ainda recente. A imagem transmitida tantas vezes para milhões de televisores de todo o mundo — a troca da bandeira vermelha com a foice e o martelo pelo pavilhão branco, azul e vermelho da Federação da Rússia — parece ser de ontem. Era o fim do grande império que, por tantos anos, determinou o mundo bipolar da segunda metade do século XX.

Duas décadas ainda são pouco tempo, na avaliação dos historiadores, para que se meçam as verdadeiras consequências do colapso soviético. A poderosa URSS, que mandou o homem ao cosmo e saiu vitoriosa da Segunda Guerra Mundial, perdeu nada menos que 5 milhões dos seus 22 milhões de quilômetros quadrados num piscar de olhos. Isso pesa no imaginário coletivo dos russos, que ainda tendem a viver das glórias de até pouco tempo atrás.

O processo de transição para o capitalismo ainda não se encerrou. Está muito claro nas ruas, na vida cotidiana. Na Rússia contemporânea, convivem conceitos particulares de um passado recente sem qualquer padrão comparativo para boa parte do mundo e outros que vão sendo incorporados à vida que se desenha para o futuro. E já não se sabe mais se é o mesmo

Mapa da URSS à época da sua dissolução (1991)

"futuro brilhante" para o qual apontava Lênin com o tradicional braço erguido para a frente nos murais e monumentos ainda numerosos pelo país.

O fato é que, agora, já existe uma primeira geração de russos que cresceu sem jamais ter vivido os benefícios ou os vícios, glórias e privações da União Soviética. A nova geração só pensa em ganhar dinheiro, dirão os mais velhos. A verdade é que, jovens ou nem tanto, os russos querem ter acesso aos mesmos luxos usufruídos no Ocidente e não escondem esse desejo.

Nada é capaz de dar mais orgulho a uma família do que contar que o filho é бизнесмен (*businessman*) — palavra incorporada ao vocabulário russo e adequada ao alfabeto. Essa é uma nova categoria profissional surgida nas últimas duas décadas. Não se sabe exatamente o que faz esse exército de бизнесмен por todo o país. O certo é que empreendedores, biscates ou executivos se viram como podem, e muitos ganham dinheiro de verdade.

O proprietário de um belo apartamento na avenida Tverskaya — um dos endereços mais nobres da cidade — faz questão de alardear que pagou dois milhões de dólares pelo imóvel em 2006. O edifício é tombado. Foi revestido de um tipo de granito avermelhado levado a Moscou pelos nazistas, que, como todos sabem, foram postos para correr. Mas não sem antes reconstruir parte da cidade com a mesma matéria-prima levada para erguer o monumento à vitória de Hitler na Rússia. Ali, viveram figuras importantes da nomenclatura, como mostram as efígies esculpidas em pedra afixadas ao longo de toda a extensão da fachada. Luís Carlos Prestes não ganhou placa, mas também morou no prédio.

O бизнесмен Mikhail adquiriu o apartamento com o aparente objetivo de especular. Enquanto negociava o valor do aluguel dois anos depois da aquisição, não ficava clara em momento algum a sua ocupação. Não parecia um executivo tradicional nos padrões que conhecemos. O comportamento quase impolido e a indumentária desprovida de gosto tampouco revelariam seus meios. Para instigar ainda mais a curiosidade do interlocutor, carregava enormes maços de dinheiro enfiados nos bolsos do paletó bege cintilante combinado aos sapatos da mesma cor.

Parecia correto. Fechado o negócio, abriu uma empresa (como se faz no Brasil) para receber o pagamento como pessoa jurídica e declará-lo ao Fisco em condições mais vantajosas. Não exigiu ser pago em espécie ou em moeda estrangeira, como outros tantos senhorios. Faria tudo às claras, como manda o figurino. Morava fora da cidade, provavelmente para viver com mais espaço, financiado pela renda do polpudo aluguel.

Seu escritório ficava em um bairro afastado. Uma saleta por trás de uma porta blindada — entradas como essa são comuns em apartamentos residenciais ou comerciais para isolar o frio e o barulho da rua — em um prédio pequeno, sem nenhuma indicação do ramo ou especialidade da companhia que dirige. Lá dentro, apenas a tradicional mesa russa de trabalho e reunião. Na verdade, trata-se de duas mesas encaixadas, formando um "T". A escrivaninha forma o traço horizontal. A mesa de reunião é o traço vertical, na qual o anfitrião se instala diante do interlocutor eventual. Até no gabinete presidencial se encontra essa engenhosa configuração.

A maioria dos estudiosos acha que o termo "classe média" não pode ser aplicado à Rússia em sua acepção canônica. Discussões epistemológicas à parte, essa camada da população inexistente apenas duas décadas atrás brota depressa nas cidades e pode ditar os rumos da Rússia moderna, segundo o especialista Dmitri Trenin em seu livro *Getting Russia right*. A aposta desse estudioso do escritório do Centro Carnegie em Moscou é que esses cidadãos devem contrabalançar as tendências centralizadoras do Kremlin no futuro próximo.

Os painéis publicitários espalhados pela cidade confirmam o novo gosto pelo consumo. Grandes marcas de televisores, automóveis, relógios de pulso e cervejas (no verão) tomaram no alto dos prédios o lugar das estátuas de operários virtuosos ou das mensagens de otimismo insistentemente repetidas pelo regime para que os proletários se imbuíssem do espírito socialista.

Em entrevista à revista russa *Itogi*, antes de se eleger presidente em 2007, Dmitri Medvedev admitiu que seu maior sonho quando jovem era ter uma calça jeans Wrangler ou Lee e um disco do Pink Floyd. À época, cada um desses valiosos artigos custava bem mais do que sua mãe poderia pagar com o salário de um mês inteiro como professora. Os anos de forte crescimento econômico dos dois mandatos de Vladimir Putin e a relativa estabilidade política e financeira que atravessou o país permitiram a parte da população ter acesso a confortos com os quais essa nova classe tanto sonhou. Foram praticamente dez anos crescendo a uma taxa média anual de 7%.

Na esfera política, a transição do poder de Putin para seu discípulo Dmitri Medvedev foi outro sinal inequívoco de consolidação da nova Rússia. Não havia dúvida sobre a capacidade da situação de manter-se no poder. Restava saber como o faria, e poucos, entre eles os analistas mais experientes, ousavam verbalizar seus palpites. Por isso, não era fácil escrever sobre as especulações que giravam em torno da sucessão, o que tornava ainda mais complicada — e mais interessante — a cobertura jornalística do quadro eleitoral. Como é sabido que na Rússia tudo pode acontecer, restava aguardar as cenas dos próximos capítulos. Ao fundo, como numa peça de teatro, ecoava a célebre frase de Winston Churchill sobre esse país surpreendente: "A Rússia é uma charada embrulhada num mistério dentro de um enigma".[1]

Putin manteve o suspense até dezembro de 2007, quando, finalmente, revelou o nome do seu candidato nas eleições que ocorreriam dali a três meses. Até o último minuto havia quem pudesse jurar que o ex-presidente não resistiria à tentação de mudar a Constituição para permanecer por mais tempo no posto que ocupava. Enfim deixou o cargo sem, contudo, deixar o poder. Tornou-se o primeiro-ministro do novo governo, posto que lhe fora oferecido antes mesmo de oficializada a candidatura de Medvedev. Ainda assim mostrou aos russos, e sobretudo à comunidade internacional, uma disposição em manter as regras do jogo e respeitar as instituições, muito embora tudo isso tenha se dado dentro da peculiaríssima lógica da política russa.

Um mês depois da eleição, Putin foi aprovado por unanimidade para presidir o partido político mais importante do país, o Rússia Unida, criado com a ajuda do Kremlin em 2001. O anúncio foi feito no final do IX Congresso do partido, realizado em Moscou em 14 e 15 de abril.

Na mesma sessão, surpreendentemente Medvedev recusou o convite de filiação ao partido que acabara de elegê-lo. Desde o início, ele e Putin adotaram a estratégia de não se tornarem membros do Rússia Unida. Isso obrigou o partido a mudar seu estatuto antes de indicar Putin como presidente.

Ao aceitar o convite, Putin, com seus 86,5% de aprovação popular, fortaleceu ainda mais o agrupamento dominante da cena russa. O partido detém praticamente dois terços dos assentos da Duma (a câmara baixa do Parlamento).

---

[1] Em declaração a uma rádio em outubro de 1963, o primeiro-ministro da Grã--Bretanha disse: *"Russia is a riddle wrapped in a mystery inside an enigma"*.

Medvedev concorreu com a única oposição considerada relevante na cena russa atual, o Partido Comunista. O desgastado Gennady Zyuganov, líder dos comunistas, era então o personagem com capital político na fragmentada oposição. Concorrera com Iéltsin e quase o vencera. Mas, nas eleições de 2008, foi deixado para trás por uma larga diferença.

Os comunistas não souberam se renovar após o fim da URSS. Prova disso são os seus resultados modestos nas urnas. O partido já não consegue ultrapassar a barreira dos 15% dos votos. Presidente de um partido cada vez mais velho — como se percebe pela média de idade de seus correligionários —, Zyuganov é considerado um candidato cujas ideias pararam no tempo. Ele defende a restauração da União Soviética, que ainda julga viável, e a renacionalização de setores estratégicos da economia, como mineração e energia.

Os outros partidos de oposição têm ainda menos representatividade na cena política, e alguns deles nem sequer conseguiram atingir o número mínimo de assinaturas para se apresentar nas eleições de 2008.

Além dos comunistas, apenas o Partido Democrático Liberal da Rússia (LDPR, na sigla em russo) e o Rússia Justa garantiram assentos na Duma. Mesmo assim, ambos são vistos como meros figurantes num cenário de cartas marcadas.

Conversei com o ultranacionalista Vladimir Jirinóvski, líder do LDPR e um dos candidatos à presidência na época. Político experiente, de temperamento conhecidamente explosivo, faz papel de bufão na cena política russa. Como outros tantos, dança conforme a música tocada pelo Kremlin.

No dia em que minha tradutora e eu fomos recebidas para uma entrevista no gabinete de Jirinóvski, percebi que ela estava irrequieta. Não queria sentar-se à mesa de frente para o nosso interlocutor nos lugares que nos indicava um de seus assessores e, depois, ficou incomodada com a posição das xícaras de chá fumegante distribuídas para os visitantes. Conosco havia ainda dois repórteres espanhóis.

"Você não sabe da cena em que ele, com raiva, atirou um copo cheio de suco de laranja em Boris Nemtsov[2] durante um debate na televisão? E se hoje resolve fazer o mesmo com o chá?", disse em tom de piada que, no entanto, revelava uma ponta de real preocupação.

Provocador, como sempre, o controverso líder político LDPR aproveitou-se do fato de estar diante de uma brasileira e dois espanhóis, representantes de nações sabidamente apaixonadas pelo futebol, para dizer que o jogo nada mais é do que uma corrida de macacos atrás de uma bola. Ele criticou a decisão dos observadores da Organização para Segurança e Cooperação na Europa (OSCE) de cancelar sua missão à Rússia durante a eleição presidencial de março de 2008.

"É evidente que não podem fazer bem à Rússia, porque a posição deles é antirrussa como a de toda a Europa. A Europa tem inveja da Rússia como as mulheres feias têm inveja das bonitas", disse.

Espectadores nacionais e internacionais acompanharam cada movimento realizado pelo governo durante o processo sucessório de 2008, como se assistissem a uma complicada partida de xadrez, desde o momento em que ficou claro que Putin não poderia concorrer a um terceiro mandato e que, portanto, precisava apontar um nome para substituí-lo.

Por mais que a vitória do candidato situacionista já fosse esperada por dez entre dez especialistas, a eleição de 2008 mar-

---

2 Ex-governador da região de Nijny Novgorod.

caria o momento em que o político mais popular e influente do país — que, para a maioria da população, foi o homem de pulso firme que tirou a Rússia do atoleiro — passaria o comando para um burocrata em quem confiava, mas que poucos conheciam.

Internamente, havia esperança de que Medvedev desse continuidade ao processo de redenção material do cidadão comum conduzido por Vladimir Putin. Ao mesmo tempo, muitos analistas desconfiavam da sua capacidade de lidar com as forças subterrâneas que Putin conseguira manter sob controle.

Essas forças são comumente encarnadas pelos chamados *siloviki*.[3] Pelo que se sabe, dividem-se em dois ou mais grupos rivais que, infiltrados no aparelho do Estado, disputam espaço, poder e dinheiro. As analogias com facções mafiosas são comuns entre os especialistas que conseguem (ou tentam) enxergar os bastidores quase inacessíveis da política interna russa.

Para a comunidade internacional, Medvedev surgia como a chance de diálogo com um interlocutor aparentemente mais moderado. A falta de vínculos evidentes com a ex-KGB e a imagem de profissional arejado davam mostras de que o poder poderia se modernizar na Rússia, ainda que se soubesse que Putin continuaria dando as cartas. Brilhante professor universitário e autor de um manual de direito ainda hoje usado no país, Medvedev era até o fim de 2007 um dos dois vice-primeiros-ministros. Chegou ao poder pelo voto na quinta eleição realizada na Rússia desde o fim da União Soviética, derrotando pela terceira vez consecutiva o tradicional Partido Comunista.

---

3 O termo, que pode ser traduzido como "pessoas de força" (сила significa "força" em russo), deriva da expressão "estruturas de força" surgida na era Iéltsin, no início da década de 1990, para se referir a elementos egressos do deteriorado aparato de espionagem.

Sua ascensão política foi rápida. Foi consultor da Prefeitura de São Petersburgo, onde permaneceu de 1990 a 1995, quando trabalhou com Putin.[4] Em 1999, Medvedev já era vice-chefe de gabinete no Kremlin, enquanto Putin ascendia do posto de primeiro-ministro à presidência. No ano seguinte, esteve à frente da campanha eleitoral presidencial e, em 2002, assumiu o cargo de presidente da estatal Gazprom, maior empresa do mundo no setor de exploração de gás. Em 2003, tornou-se chefe de gabinete do presidente e, dois anos depois, o vice-primeiro-ministro responsável pelos grandes projetos nacionais estratégicos.

Em russo, a palavra *medved* significa "urso". Coincidência ou não, o animal-símbolo da Rússia está na origem do sobrenome do advogado eleito, aos 42 anos, como o presidente mais jovem do país. Ex-professor de Putin e Medvedev na Universidade de São Petersburgo, Valery Mussine me disse, pouco antes da eleição, na antiga capital imperial, que o fato de ser um grande jurista ajudaria o candidato da situação.

Pouco conhecido do grande público até ter sido formalmente apresentado por Putin como seu sucessor, Medvedev trazia, ainda assim, a promessa de novos tempos a um país em que a política não se renova.

Uma conhecida comentou no dia seguinte à indicação, portanto, bem antes da eleição: "Você viu a novidade? Nosso próximo presidente vai ser Dmitri Medvedev".

Para uma cabeça soviética, o nome ungido pelo Kremlin é muito mais do que apenas um candidato.

---

4 À época, Vladimir Putin era assessor do prefeito Anatoly Sobchak, seu ex-professor e orientador na Universidade de São Petersburgo. A experiência de Putin na administração liberal de Sobchak levou parte da elite a acreditar que, apesar de egresso da soviética KGB, Putin poderia dar continuidade às reformas econômicas estagnadas.

Com Putin a seu lado, Medvedev nocauteou a Geórgia em apenas uma semana na guerra de 2008, enfrentou a crise financeira global no ano seguinte e ganhou a simpatia dos russos. Em outubro de 2010, de acordo com sondagem realizada pelo instituto de pesquisa Iuri Levada, o presidente contava com a aprovação de 76% da população, apenas um ponto percentual atrás de Putin, a menor diferença desde que assumiu o cargo.

A distância percentual também já não era grande quando a pergunta se referia às intenções de voto dos entrevistados: 21% ficariam com Medvedev, enquanto 24% elegeriam Putin. Dizem os sociólogos que o público associa o presidente ao combate à corrupção.

Nos últimos dias de dezembro de 2010, quando as eleições presidenciais de 2012 começaram a virar tema de debate, o Levada mostrou que Putin tinha aberto uma vantagem um pouco maior: 79% de aprovação, contra 75% de Medvedev. O cenário era ainda inconclusivo quando se tratava de escolher um candidato. Para a pergunta "Quem você escolheria como o candidato para 2012?", a resposta era Putin (29%), os dois (19%), nenhum dos dois (18%), Medvedev (17%) e não sabe (17%).

A chegada de Medvedev ao Kremlin foi marcada por muitas especulações, algumas delas com enredos cinematográficos de intriga política. Lembro dos cenários que foram traçados logo depois da eleição. Houve quem apostasse no afastamento do presidente eleito, voluntário ou não, ao longo do mandato para que Putin, como o segundo na estrutura do poder, voltasse à presidência.

Falava-se, no melhor estilo soviético, em alguma enfermidade que o acometeria ou mesmo num acidente. Ouvi dizer ainda que Medvedev não completaria um ano no poder. Foi dito também que cumpriria o mandato, mas que estaria ali apenas para manter a cadeira aquecida até o retorno do chefe em 2012. Nunca se descartou a possibilidade, ou mesmo a probabilidade, da volta de Putin à presidência.

Um dos sinais de que poderia voltar veio ainda em 2008, durante o discurso de cinquenta minutos que proferiu na sessão da Duma que o aprovou primeiro-ministro por 392 votos a 56.[5] Putin surpreendeu os espectadores com a riqueza de detalhes do plano de desenvolvimento montando pelo governo até 2020. Desde que assumiu o posto de primeiro-ministro, participou ativamente de todas as decisões importantes tomadas no país.

Muitos podiam jurar que ele daria as cartas durante todo o mandato de Medvedev, e as pesquisas de opinião realizadas desde o início do governo deixaram isso muito claro. Não era necessário sequer atravessar a rua para confirmar a sensação geral.

Saí para comprar umas *matrioshkas* na passagem subterrânea a cinquenta metros do meu prédio. Como estávamos em clima de eleição, resolvi ir atrás daquelas com as caras dos presidentes da Rússia e dos líderes soviéticos que os precederam.

Para a minha surpresa, não havia apenas as bonecas que terminavam no presidente recém-empossado. Boa parte delas vinha com a cara de Medvedev e Putin, juntas. Achei engraçado e decidi levar duas.

— A senhora sabe que esta é mais cara, não é?

— Como assim, todas as bonecas da loja não têm o mesmo preço?

— Todas exceto estas. São as *matrioshkas* da moda, as bonecas do novo governo.

Comprei assim mesmo. Dias depois, escutei a nova piadinha que circulava pela cidade: Putin e Medvedev almoçam

---

5   Os votos contrários vieram do Partido Comunista, a única força de oposição com assentos no Parlamento.

em um restaurante. O garçom pergunta ao primeiro o que deseja pedir.

— Um filé, por favor.

— E o legume? — adianta-se o atendente, para anotar o acompanhamento.

— O legume também vai comer um filé — responde Putin.

Ele também já foi um burocrata desconhecido da maioria da população. Putin virou figura pública no final do governo de Bóris Iéltsin, que o escolheu para primeiro-ministro em agosto de 1999 e o apresentou mais tarde como sucessor. À época, apenas 6% dos russos sabiam quem era. Esse ex-diretor do Serviço Federal de Segurança (FSB, na sigla em russo)[6] comandou o órgão entre julho de 1998 e agosto de 1999, quando foi escolhido para ser um dos três vice-primeiros-ministros. Isso lhe permitiu, pouco mais tarde, ser indicado pelo presidente para ocupar o cargo de *premier*. Tornou-se presidente interino em 31 de dezembro de 1999, quando Iéltsin, doente, renunciou. Foi eleito o segundo presidente da Rússia pós-soviética em maio do ano seguinte com a ajuda da sua atuação tida por duríssima durante os conflitos na Chechênia.

A fama de implacável e a maneira como conduziu a Rússia lhe renderam o apoio da população. Os russos têm especial apreço por líderes fortes, que resolvam seus problemas e tomem decisões em seu nome. Essa é uma teoria defendida por muitos. A especialista Maria Lipman, com quem conversei algumas

---

6 A FSB substituiu em parte a KGB. Criada em 1995 por Boris Iéltsin, a FSB foi resultado da reforma do serviço de inteligência e herdou o braço do Serviço Federal de Contrainteligência (FSK). A KGB foi desmantelada após o fim da URSS e a tentativa de golpe de Estado em 1991. Agente da KGB na Alemanha Oriental de 1985 a 1990, Putin foi nomeado diretor da FSB em 1998 por Iéltsin.

vezes durante minha estada na Rússia, gosta de enfatizá-la sempre que pode para explicar o que chama de "sociedade paternalista".

Em uma longa entrevista em seu escritório em São Petersburgo, a diretora da agência de notícias russa Interfax, Ludmila Fomicheva, que trabalhou com Medvedev e Putin na prefeitura da antiga capital, me confirmou a imagem do *premier*. "Putin sabe conseguir o que quer de seu interlocutor. Lembro-me de quando trabalhava na prefeitura. Estava sempre nos bastidores. Não falava quase nunca, mas dizia sempre o que era necessário."

O professor Mussine também falou da severidade de Putin, mas destacou a precisão de suas reações. "Por ter sido espião, Putin sabe controlar suas emoções. Por isso, nunca deciframos o que pensa a partir de sua expressão. Se faz uma piada, é porque precisa ser feita. Se responde a uma pergunta com emoção, não quer dizer que não consiga se controlar. Tudo é sempre muito medido de antemão. Sempre que se expressa de maneira incisiva é para mostrar o que é realmente importante."

Putin também se mostrou um invejável fenômeno midiático. Não há um dia em que as televisões não transmitam imagens do primeiro-ministro em ação. Firme, decidido, atlético ou heroico, de terno e gravata, quimono ou camuflado, Putin consegue manter-se em constante exposição nas mais variadas situações, para o deleite dos populares.

Logo que desembarquei em Moscou, mal podia acreditar nas imagens do então presidente de férias, em agosto de 2007, na República de Tuva, na Sibéria, onde tinha ido pescar com o príncipe Albert II, de Mônaco. Putin teria sido flagrado (como se isso fosse possível na Rússia) bem à vontade montado a cavalo de camiseta sem manga e, no melhor estilo Rambo, sem camisa, calça camuflada, facão na bainha e coturnos, em passeio pelo rio Khemchik. As fotos arrancaram suspiros das russas e foram assunto durante dias.

Os cenários insólitos parecem ser seus preferidos. Em setembro de 2008, menos de um mês depois da campanha militar na Geórgia, a imagem do primeiro-ministro vestindo uniforme camuflado e de arma em punho podia assustar o desavisado. Na verdade, o *premier* havia protagonizado uma cena de heroísmo explícito na Reserva Natural de Ussurijsky, habitat dos últimos 450 tigres de Ussuri (ou de Amur) existentes na Rússia. Putin chegou de helicóptero ao local, onde uma expedição conduzida pela Academia de Ciências da Rússia acompanhava a vida dos animais. O visitante ilustre já era aguardado por jornalistas em plena floresta, cenário em que poderiam ter sido atacados por uma das feras, que se soltou. A situação foi dominada graças à destreza do ex-presidente, que, rápido no gatilho, disparou um dardo tranquilizante no momento certo. Putin ainda ajudou a tirar as medidas do felino e a colocar-lhe um GPS no pescoço, com o objetivo de facilitar os estudos sobre os fluxos migratórios e a saúde da espécie. Ao final dos procedimentos, deu um beijo no tigre desmaiado e disse adeus. As cenas foram registradas em várias sequências de fotos pela imprensa russa.

Confesso que me divertia a cada nova aventura do primeiro-ministro. Suas atividades "extracurriculares" sempre fazem grande sucesso com o público. E ele sabe bem disso.

Seu aniversário de 56 anos, em 2008, foi comemorado de forma *sui generis*. O primeiro-ministro aproveitou a data para lançar um DVD em que aparece ensinando judô. Para quem não sabe, ele é faixa preta. No vídeo, aparece derrubando adversários, dando cambalhotas e falando sobre autoconfiança e o esporte, que pretendia divulgar com o filme *Aprendendo judô com Vladimir Putin*, distribuído em doze países.O disco vem acompanhado de um manual. Faz sucesso essa imagem do *premier* atlético, que mandou construir uma academia de ginástica no

Kremlin e uma sala para praticar exercícios no gabinete de primeiro-ministro, na Casa Branca.

Em agosto de 2009, a bordo da sonda MIR-1, partiu em missão ao fundo do Baikal — o lago mais profundo do mundo. A viagem durou cerca de quatro horas. Das profundezas (a 1.395 metros da superfície), Putin concedeu entrevista a jornalistas pelo rádio. Depois de inspecionar o leito do lago e receber relatórios de cientistas, autorizou a reabertura da fábrica de papel que havia sido fechada um ano antes por poluir a região. No dia anterior, Putin havia colocado um transmissor de satélite em uma baleia branca em visita ao território de Khabarovsk, no extremo oriente do país.

Deflagrados os confrontos na Geórgia, Putin apareceu algumas horas depois no acampamento montado pelo Ministério das Emergências[7] para dar apoio às vítimas refugiadas na Ossétia do Norte. Estava sério, com um casaco esporte sobre uma camisa preta. Depois, foi mostrado pela TV em reunião cara a cara com o presidente Medvedev para relatar o que havia visto.

Em plena crise econômica, Putin aparece na televisão, enérgico, a enfrentar em uma imensa mesa de reuniões um dos maiores bilionários do país, Oleg Deripaska. Em uma cena humilhante, ele o obrigava a assinar um documento em que se comprometia a não demitir os funcionários e a tentar contornar os efeitos da crise.

---

7   Criado em 1994, o Ministério das Emergências monitora catástrofes naturais, acidentes e ataques terroristas na Rússia por meio de equipamentos de alta tecnologia e pessoal treinado. A equipe participa de missões internacionais e realizou 2 mil cirurgias em poucos meses nas áreas afetadas por um terremoto em Si Chiuan, na China. É também a esse Ministério que o cidadão comum recorre quando perde a chave de casa. Os complexos painéis de controle do Ministério podem ser acompanhados em períodos de crise pelos ministros de Estado em um salão especial.

Duas semanas antes da eleição presidencial de 2008, foi lançado, no Dia dos Namorados (14 de fevereiro no hemisfério norte), o filme russo A *kiss not for the press* (Um beijo para não sair na imprensa), do produtor Anatoly Voropaev, que já foi vice-governador das regiões de Stravopol e Tula.

Qualquer semelhança não era mera coincidência. Um jovem espião da KGB nascido em São Petersburgo, encarnado por um ator (Andrei Panin) cujas semelhanças eram inegáveis, se apaixona por uma comissária de bordo, com quem tem duas filhas, e desembarca no centro do poder: o Kremlin. Quem assistiu (comprei o meu DVD na semana do lançamento em São Petersburgo) jura que o enredo é a história da vida de Vladimir Putin, embora os nomes dos personagens sejam outros.

A produção garantiu que o Kremlin não havia sido consultado durante as gravações. Voropaev também negou que Lyudimila Putin tivesse ajudado a escrever o roteiro, como se chegou a especular. O filme não foi para o circuito, segundo o produtor, porque a ideia era fazer com que estivesse em todas as casas, inclusive nas cidades em que não havia salas de cinema.

Durante os anos de Putin no poder, essa seria a primeira vez em que se discutiria sua vida privada, sempre mantida fora da política. A família do ex-presidente dificilmente aparece na mídia, muito menos as duas filhas, Maria e Ekaterina. Ele próprio não fala da vida pessoal e evita comentar o passado. Na vida real, a mulher do *premier* é vista cada vez menos em público.

A vitória de Medvedev nas urnas também rendeu a Putin uma aparição televisiva impressionante, dessa vez acompanhado do presidente eleito. O canal estatal transmitiu, ao vivo, a caminhada dos dois, lado a lado, pelos paralelepípedos da Praça Vermelha.

Sob uma chuva fina que se misturava com a neve, os dois saíram do Kremlin a pé, pelo portão da imponente torre Spasskaya (onde fica o enorme relógio), e seguiram conversando como velhos amigos até o imenso palanque montado pelo partido Rússia Unida para comemorar a vitória recém-anunciada. Medvedev vestia um casaco de couro fechado até o pescoço e calça jeans. Putin usava um casaco de chuva parcialmente aberto e calça preta.

Do palco, vinha uma balada pop entoada pela banda Lyube, bastante popular entre os russos na década de 1990. As imagens foram repetidas diversas vezes, por vários dias, nos canais de televisão.

Em dezembro de 2010, um treino de judô de Putin foi televisionado para todo o país, durante a inauguração de um complexo esportivo em São Petersburgo. De quimono sobre o peito nu, o *premier* ainda cobrou do ministro dos Esportes, Vitaly Mutko, resultados do lobby russo pelo reconhecimento do *sambo* — arte marcial russa que é parte do treinamento das forças de segurança do país — como esporte olímpico.

Essas ações, e muitas outras, são vistas por analistas como parte da espécie de pré-campanha para que Putin volte à presidência em 2012.

No campo econômico, os altos preços do petróleo e do gás no mercado internacional foram fundamentais ao longo desses anos de bonança em que o próprio cenário global se manteve em céu de brigadeiro. Garantiram ao país estabilidade econômica e política como nunca se viu. A Rússia é o segundo maior produtor de petróleo do mundo e o primeiro de gás natural. Essas duas fontes de energia, sozinhas, respondem por metade das receitas do orçamento público e 65% das receitas de exportações do país. Dentre as empresas cotadas em bolsa de valores, 60% atuam no setor.

Houve uma explosão nas vendas de automóveis no país durante os anos Putin. Não há quem não tenha telefone celular. O verão de 2010, que castigou os russos com temperaturas altíssimas, secas e incêndios por toda parte, foi responsável pelo fim dos estoques de ventiladores e de aparelhos de ar-condicionado nas lojas de eletrodomésticos. A fila de espera para esses bens, até pouco tempo atrás supérfluos em um país onde o calor dura no máximo dois meses, estendia-se para além do período de verão.

Os benefícios ao longo desses anos foram tantos que poucas pessoas se importam com a falta de certas liberdades civis e políticas. À sociedade atual parece uma troca justa, como me disseram muitos russos. Além disso, associam a democracia aos caóticos anos Iéltsin, vinculados no inconsciente da população à penúria econômica e a uma espécie de vale-tudo.

Essa é uma das explicações para o fato de Mikhail Gorbachev, tão festejado no Ocidente até hoje, ter caído no mais absoluto esquecimento em seu país. Em uma pesquisa de intenção de voto realizada em 2008, tinha apenas 0,5% do eleitorado.

"É uma espécie de indiferença pós-raiva. Ele remete às pessoas uma época tumultuada, de desmandos, um período sem lei", disse-me o cientista político Fiodor Lukyanov, editor da revista *Russia in Global Affairs*, publicada em russo e inglês.

Os bilhões de petrodólares jorrados generosamente sobre a economia do país desde que Putin se tornou primeiro-ministro pelas mãos de Bóris Iéltsin, em 31 de dezembro de 1999, enriqueceram a Rússia. O país chegou a acumular uma das três maiores reservas de divisas do mundo, perdendo apenas para a China e o

Japão. Mas também jogaram sobre a Rússia a maldição das nações produtoras de petróleo.

O país é um grande importador de produtos. Nem mesmo os automóveis que ainda fabrica são 100% nacionais. Durante a crise, a principal montadora local quase fechou as portas. Chegou a suspender a produção por períodos relativamente longos para não quebrar de vez. Nesse país, conhecido por seus derivados do leite de qualidade, traz-se de fora até iogurte.

A renda do petróleo também possibilitou ao país ter as prateleiras dos supermercados e *delicatessens*, que funcionam 24 horas, abarrotadas de itens de luxo que, mesmo na Europa, não são vistos em qualquer lugar. Há de tudo na Rússia, desde que se possa pagar o preço. Mas isso é algo perceptível nos centros das grandes cidades ou nos polos mais dinâmicos.

A indústria não se modernizou nem se diversificou, e a distribuição de toda essa renda não aconteceu de maneira igualitária como pretendia a ideologia passada. É revelador o desnível regional. E nem é preciso ir muito longe.

Os 120 quilômetros que separam a pequena cidade de Petushki de Moscou podem ser percorridos diariamente em 23 horários distintos em cada sentido. Durante as duas horas e vinte minutos de viagem no trem suburbano chamado pelos russos de електричек (*elektretchek*), não faltam opções ao passageiro: ler, tentar um cochilo nos incômodos assentos de madeira ou assistir a um interminável desfile de vendedores ambulantes. Palmilhas, palavras-cruzadas, termômetros, decalques, biscoitos, cerveja (de uma marca brasileira, inclusive), utensílios de cozinha, formicida — tudo se compra e se vende sobre os trilhos.

Dada a distância entre Petushki e a capital, entretanto, a vocação de cidade-dormitório é duvidosa. Mas não parece restar alternativa para boa parte dos cerca de 15 mil habitantes da localidade, sobretudo os mais jovens, senão enfrentar as quase cinco horas diárias de viagem em busca de um emprego melhor.

"Os salários aqui são muito baixos e, mesmo quando são reajustados, perdem para a inflação", queixa-se Irina Vladmirovna, estudiosa da história da região.

A visita a Petushki resultou de decisão quase aleatória. Escolhi um ponto no mapa, não muito distante de Moscou, a fim de verificar se procedia a afirmação recorrente de que a prosperidade da Rússia nos anos Putin teria sido concentrada nas grandes capitais do país. A ideia era verificar o que acontecia fora do centro de Moscou às vésperas da eleição que levaria Medvedev ao poder.

Ainda que não se possa teorizar com base em um único exemplo, a Petushki que conheci em 2008 não devia ser muito diferente do que foi há vinte anos, quando a economia soviética naufragava e a URSS vivia seus últimos momentos. O gelo e a neve não disfarçavam o calçamento esburacado das ruas, onde circulavam velhos automóveis Lada e Volga — mas raramente os últimos modelos das mais tradicionais montadoras alemãs, como em Moscou. Os tristonhos blocos de apartamentos eram decrépitos, assim como as típicas casas de madeira de janelas e beirais trabalhados como renda, algumas das quais abandonadas. O lixo nas ruas fazia lembrar a periferia das cidades brasileiras.

Irina contou que o marido tinha dois empregos para conseguir somar uma renda de 8 a 10 mil rublos por mês, algo entre 330 e 415 dólares à época. Não é muito diante do custo de vida da Rússia.

"A diferença entre ricos e pobres na Rússia é enorme. Domingo vou votar no Zyuganov", revelou, lamentando as parcas chances de êxito do candidato comunista. "A eleição de Medvedev já está preparada há muito tempo, todo mundo sabe. Não há o que fazer."

Os sinais de que o pleito presidencial aconteceria dali a dois dias eram raros em Petushki. Viam-se apenas alguns cartazes institucionais nas portas de lojas e quiosques, para relembrar o eleitor. O voto é facultativo na Rússia.

A praça central reforçava a sensação de viagem no tempo. Diante da prefeitura, um Lênin coberto por grossa camada de tinta prateada apontava, confiante como sempre, para o horizonte. Mais à frente, o edifício modernista da Dom Kulturi, espécie de centro cívico, abrigava um mal-apresentado *show room* de calçados, fabricados na própria cidade. Essa é uma das atividades econômicas que absorvem a mão de obra dos que não procuraram trabalho em Moscou.

Em Petushki há também uma pequena metalúrgica e uma olaria fundada antes da Revolução de 1917, além de uma fazenda que produz laticínios, propriedade de um improvável imigrante inglês que se instalou por ali na época da Perestroika.

Na Dom Kulturi, contornando-se o labirinto de sapatos que ocupa metade do saguão, chega-se à entrada do pequeno e peculiar Museu do Galo. O nome da cidade é também a palavra russa para o diminutivo de galo, ave que enfeita o brasão de Petushki e é a razão da exposição permanente de quadros e miniaturas temáticas.

Entrevistei uma das responsáveis pelo museu, e ela se revelou a antítese de Irina Abramova.

"Tenho uma filha de dezesseis anos que chora sempre que se fala na saída do presidente Putin", contou Olga Milashenko, ex-funcionária da extinta fábrica de carretéis da cidade que se filiara recentemente ao partido situacionista Rússia Unida. Olga iria trabalhar no dia seguinte numa seção eleitoral de Petushki.

Estava orgulhosa por ter a atribuição de recolher e encaminhar a Moscou uma urna paralela na qual os eleitores seriam convidados a depositar seus pedidos para o futuro presidente. Os russos têm mania de cartas aos mandatários. Milhares de correspondências são enviadas ao Kremlin mensalmente. Isso também acontece com a Prefeitura de Moscou. São pedidos dos mais variados, do tipo "como fazer" para comprar um apartamento no centro, ou ter acesso a serviços de saúde especializados, ou ainda resolver a briga com a empreiteira que quer construir na praça onde as crianças do quarteirão brincam.

As desigualdades sociais ainda estão muito distantes daquelas identificadas no Brasil, é bem verdade, mas são crescentes. Relatório da revista russa *Finans* publicado em janeiro de 2011 confirma que o país continua sendo um dos principais redutos de bilionários do mundo. Depois de perderem muito dinheiro com a crise de 2008 e minguarem de 101 para 49, voltaram a crescer com força. Fecharam o ano em 114, um recorde para todos os tempos, embora seu patrimônio ainda não tenha conseguido romper a barreira dos 221 bilhões de dólares atingida em 2007. Os dez mais ricos do país juntos tinham 182,3 bilhões de dólares até dezembro de 2010.

Muitos se referem a esse grupo como oligarcas, termo muito usado para descrever a classe hiperabastada. Além desses, existem ainda pelo menos 120 mil milionários no país.

A mídia não deu muito espaço para a crise financeira mundial em 2008, sobretudo nos primeiros meses, mas, entre os emergentes, o país foi um dos que mais sofreu com as turbulências internacionais. De crescimento anual médio de 7%, passou a uma recessão de 7,9% em 2009. Quem assistia à televisão russa naqueles primeiros momentos não acreditava em contágio. Falava-se da crise, mas só nos Estados Unidos.

Com ou sem crise, uma coisa é certa: o consumismo se instalou de vez na terra do insepulto Vladimir Ilitch Lênin. Menos para ele, que, em 2009, não pôde ter as suas roupas trocadas quando sua múmia, que acompanha do mausoléu na Praça Vermelha as mudanças no país, passou por reformas. O custo foi considerado alto demais. Era a crise.

CARICATURA DO CAPITALISMO

A Bentley garante que a filial russa vende veículos exclusivos, com acessórios que não são encontrados em outras partes do mundo e cores que tampouco constam da paleta habitual. Na era da conscientização sobre a mudança do clima, a Hummer tem perdido clientes em vários países. Mas a Rússia continua rendendo bons resultados à matriz americana. É o mercado com uma das maiores taxas de crescimento da fábrica.

Os russos adoram automóveis, e isso está bem claro nas ruas de Moscou. Os velhos Lada disputam espaço nas pistas — ou nas calçadas onde são estacionados sem qualquer cerimônia — com modelos tão exóticos que parecem parte de uma estratégia de marketing de alguma grande empresa. Contei onze janelas no Hummer cor-de-rosa que aguardava o sinal abrir.

Não satisfeitos com seus bólidos caríssimos, alguns locais ainda têm o hábito de mandar fazer pinturas especiais, personalizadas, na carroceria do automóvel. O dono de uma cadeia de restaurantes da moda estacionou em frente a um de seus estabelecimentos no centro um Porsche dourado. Somente ao se aproximar do veículo, o desavisado notava o desenho *art nouveau* cuidadosamente esculpido na lataria reluzente. Com um pouco mais de atenção, percebe-se que, na verdade, o proprietário havia mandado aplicar ouro de verdade sobre a carroceria. Eram vinte quilos do metal nobre, como confirmaria semanas depois o repórter que transformou essa inesperada curiosidade da vida urbana moscovita em uma reportagem de televisão. Perplexos, os pedestres só acreditaram que aquilo era real, e não uma instalação, quando ouviram o ronco do motor pouco antes da partida. Acredita-se que o motorista é a mesma pessoa que mandou pintar em um Bentley, outro bibelô que ostentava sobre a calçada em frente a um dos seus vários restaurantes, uma cobertura especial imitando couro de crocodilo.

O cenário onde os dois automóveis costumavam ser vistos estacionados com certa frequência era nada menos que a Stoleshnikov Pereulok, rua exclusiva para pedestres pontilhada de lojas de grifes de luxo internacionais. Todas as casas antigas do local foram compradas e reformadas por um milionário que passou a alugá-las para marcas europeias badaladas.

Nessa mesma rua, em 2008, a Mont Blanc ostentava na vitrine sua Bohème Royal Ruby, uma caneta cravejada de diamantes e rubis de ponta a ponta. A curiosidade foi mais forte do que eu. Resolvi entrar para saber o preço da joia. A vendedora abriu um grande sorriso como se estivesse prestes a revelar a pechincha do ano: "É um modelo exclusivo, feito para a Rússia. Custa 180 mil dólares".

"Os russos querem luxo", disse-me uma porta-voz da Feira dos Milionários, evento que acontece anualmente em Amsterdã, Kortrijk (Bélgica), Xangai e Moscou.

Já tinha ido cobrir a feira em Kortrijk, mas sabia que a de Moscou era ainda mais disputada. No evento, foram vendidos canivetes suíços feitos em ouro 750 ou platina 950 com cobertura de diamantes. A mesma fabricante apresentou na capital russa o Memorystick USB feito em ouro 750, com 600 diamantes.

"A Feira dos Milionários é mais um estilo de vida do que apenas uma exibição. É o fantástico mundo do luxo — em algum lugar entre a Harrod's, famosa loja de departamentos de Londres, e a Disneylândia. A ideia é impressionar as pessoas. Somente aqueles que têm produtos interessantes e únicos — algo que os milionários jamais tenham visto antes — podem participar, como pretendia o fundador da Feira, Yves Gijrath", dizia o material de divulgação do evento.

Os estandes de empreendimentos imobiliários se multiplicaram, o que explica parte da infestação de novos ricos russos pela Europa. Vendem de mansões na disputada Côte D'Azur e na Toscana a apartamentos exclusivos em Londres ou Dubai. Há quem diga que os milionários russos levam seu dinheiro para os países europeus para se protegerem de possíveis intempéries políticas e econômicas da Rússia. "Quem tem dinheiro quer estar nos *hot spots*", disse uma organizadora da feira.

O perfil dos chamados novos ricos russos vai ficando mais claro. A Feira dos Milionários identifica majoritariamente homens entre trinta e quarenta e cinco anos, e suas mulheres, como *habitués*. Alguns moram em grandes condomínios fechados afastados do centro de Moscou, onde há de tudo e mais um pouco. Há cachoeiras artificiais e mansões cheias de quartos sem nenhuma cerca demarcando os limites entre os terrenos. E com tabelas de basquete na porta da garagem, ao mais tradicional estilo americano. Os endereços dos novos ricos, ou novos russos, nada têm a ver com o tradicional conceito de moradia no país.

O mítico Rublevsky Chaussé é o panteão daqueles que progrediram a ponto de rasgar dinheiro pelo simples prazer de provar o status a que chegaram. É claro que ali também se isolam do mundo real expatriados endinheirados enviados à Rússia com todas as benesses que as grandes multinacionais costumam oferecer, sobretudo nos países onde a adaptação é considerada mais difícil.

A Rússia talvez ainda não tenha aprendido a lidar com o mundo capitalista, o que explicaria em boa medida as diversas histórias inusitadas de capitalismo exacerbado e caricato protagonizadas por russos, sobretudo da capital.

O tema não é propriamente novo. Em 1953, Marilyn Monroe brilhava no filme *Como agarrar um milionário*. Naquela época, a União Soviética ainda vivia a ditadura do proletariado. Hoje, vinte anos após o fim do comunismo, Moscou é uma das cidades com o maior número de bilionários do mundo. Para as casadoiras, descasadas, ou as casadas insatisfeitas, esse é o momento de garantir o marido endinheirado e um futuro abastado.

Dezenas de cursos e livros dedicados à arte de seduzir homens ricos vêm atraindo mulheres de várias idades e tipos físicos na Rússia contemporânea. Ironicamente, a poucos quarteirões da estação de metrô Proletarskaya, construída ainda na antiga URSS, as alunas assistem ao curso batizado pelo idealizador Vladimir Rakóvski — tido como um dos gurus do assunto — de "stervologia". Traduzido para o português, após a singela explicação do autor, o termo seria algo próximo à "ciência de ser cachorra".

Rakóvski me garantiu que o curso tem por objetivo desenvolver a autoconfiança e ajudar a aluna a encontrar o homem ideal. Com medo de críticas ou piada, o professor desconversou quando perguntado se esse homem não teria que ser rico para se enquadrar nos anseios das suas pupilas. Mas acabou se traindo: "Ele tem que ser interessante e bem-sucedido. Ter dinheiro é uma consequência".

Tive autorização para assistir apenas a partes de algumas aulas. O dono do curso preferiu não se expor. Estava ressabiado por conta do enfoque de algumas reportagens realizadas ali dentro que considerou "injustas".

Rakóvski não conheceu Vinicius de Moraes, mas compartilha da filosofia de que beleza é fundamental. A condição básica para o sucesso, disse ele, é estar sempre linda, ser sensual, ter estilo e, sobretudo, saber manipular os homens, deixando-os apenas pensar que estão no comando. Orgulhoso do bom desempenho das alunas, pediu uma demonstração. A vítima seria seu assistente quarentão e pouco atlético.

Do sofá no fundo do corredor no velho teatro soviético usado como sala de aula, surgiu a bela russa de cabelos longos, inversamente proporcionais ao comprimento do vestido encarnado. O sapato vermelho-sangue de salto fino não podia ser mais alto. Aproximou-se em passos curtos e sensuais — como exigia o professor — e chorou como uma criança infeliz. Ela só queria que o marido pusesse o lixo para fora de casa.

A morena de minissaia preta e blusa vermelha decotada faz beicinho, senta-se no colo do alvo e arranca dele uma tarde de compras.

"No período soviético, as mães ensinavam as filhas a se conter, disfarçar as emoções. Não tinham o direito de ser lindas e felizes. Vestiam as mesmas roupas sem graça. Elas precisam se mostrar, chamar a atenção."

Rakóvski disse que não é fácil achar o homem ideal. O professor foi ainda mais longe na análise psicológica que faz do mundo masculino e garantiu que eles não querem saber de trabalhar.

"Não é à toa que (em russo) trabalho é uma palavra feminina e lazer, masculina. Elas querem homens dinâmicos, de sucesso, com uma situação melhor do que a dela. Esse tipo de homem prefere as mulheres frágeis. Na Europa, elas se vangloriam de ser independentes. Mas a força não está aí."

A mulher de Rakóvski, uma ex-modelo de apenas 24 anos, certamente menos da metade da idade dele, é responsável pelo curso de "estilo". Em tom solene, sentenciou: "Independentemente do estilo que venha a escolher, uma mulher precisa parecer cara".

Longos cabelos escuros e olhos azuis, vestida em um top estampado de onça, de gosto duvidoso, com um decote que exibiu a um só tempo a barriga e as costas nuas, a bela professora foi enfática ao lembrar que é preciso ter muito cuidado para não misturar mais de um estilo. Isso é indicativo de mulher barata.

O curso ainda ensina que os bons homens devem ser procurados nos restaurantes chiques, na academia de ginástica ou em boates, locais que, em Moscou, são extremamente caros.

"Mas casar é um projeto que exige investimento. Ele se paga em presentes, como um carro ou joias e, quem sabe, o aluguel de um belo apartamento", justificou uma das alunas de Rakóvski.

Uma alta executiva de empresa que só pensava em trabalho jurou ter aprendido a ser mais desinibida e comunicativa após o segundo módulo do curso. Ela contou ter arranjado uma paquera no trânsito.

"Quando o tráfego parou, aumentei o som, abri a janela do carro e dancei sozinha lá dentro. O dono de um Mercedes emparelhou e puxou conversa. Pediu meu telefone. Fiz o tipo boba e desajeitada, como se não soubesse usar o celular para anotar. Ele gostou e me levou para jantar num restaurante bacana. Em outros tempos, teria ficado fechada dentro do carro pensando no trânsito e na quantidade de trabalho que me esperava no escritório", orgulhou-se.

No currículo da escola, há desde combinar a maquiagem com as roupas, o jeito de andar e falar a strip "artístico", além de muitas aulas teóricas. No site da escola, há uma extensa bibliografia disponível para as alunas. O investimento no curso (são vários módulos de um mês e meio) começa em 6 mil rublos (253 dólares). Os avançados custam 10 mil rublos (422 dólares).

Quem está de fora diz que essas moças se submetem a casamentos com homens muito mais velhos que acabam por trocá-las por outras depois de certo tempo. Outro problema é que as leis russas são cada vez mais rigorosas e, por isso, depois do divórcio as esposas não têm direito a muito.

A dose adicional de surrealismo a todas essas cenas, descobri no caminho de volta para casa. A escola de stervologia ocupa um pequeno espaço em um gigantesco prédio cinzento com aspecto de abandonado, onde funcionava um teatro. Não há indicação clara da entrada das salas de aula, o que obriga o visitante a cruzar longos corredores vazios e empoeirados.

Não me dei conta ao desembarcar ali no início da tarde, mas o velho teatro fechado há anos onde aquelas jovens russas aprendiam a conquistar maridos ricos era simplesmente o cenário de uma das histórias mais tristes dos últimos anos no país. Ganhou as páginas dos jornais e vários minutos nas emissoras de televisão russas e estrangeiras.

Esse foi o teatro invadido por terroristas chechenos em 2002. O grupo manteve cerca de setecentas pessoas como reféns. Em troca, exigia o fim da ocupação militar russa na Chechênia. A reação do governo não podia ter sido mais implacável, como já é praxe no país. Os russos não costumam negociar com terroristas. Forças especiais tomaram o local de assalto e lançaram gases tóxicos, que mataram pelo menos uma centena de pessoas, entre elas oito estrangeiros. A invasão também resultou na morte a tiros de 41 terroristas.

Com uma história menos sangrenta, a mansão do século XIX afastada do centro de Moscou abrigava outro curso bastante procurado pelas caçadoras de marido rico. Dessa vez, eu preparava uma reportagem para a televisão e precisava de boas imagens, o que, desconfiado, Rakóvski proibiu. O proprietário dessa outra escola garantia que o seu negócio era apenas "amor". Sua missão na Terra, como ele próprio me disse muito sério, era ensinar as pessoas a fazerem amor, como teria descoberto alguns anos antes em uma viagem de trabalho ao Sri Lanka. Uma pitonisa local teria lhe falado sobre a sua verdadeira vocação, e isso teria sido suficiente para fazê-lo largar a carreira promissora e lucrativa de engenheiro de petróleo. Ele jura que trocou um salário de mais de um milhão de dólares por ano pela "arte de ensinar a amar".

Enquanto me contava, sentado no chão em posição de lótus, o que ensinava a essas mulheres que o procuravam, preparava uma demorada cerimônia do chá. Estava vestido com um quimono branco de seda no pequeno quarto de decoração de gosto duvidoso, repleto de elementos supostamente esotéricos. Depois, de joelhos diante da bandeja com o bule e as xícaras, explicou que aquele ritual tinha uma conotação sexual de equilíbrio entre o homem e a mulher.

Na sala ao lado, decorada com cortinas de seda rosa, a bela ruiva de longas madeixas cacheadas e blusa decotada dava as instruções de uso da bomba que ajudava as mulheres a exercitarem os músculos íntimos para agradar os homens que pretendiam conquistar. Uma espécie de pompoarismo para iniciantes. Tudo isso, faziam questão de lembrar os professores, era parte das lições de amor.

"Veja um exemplo: a mulher prepara o café da manhã para o marido e, por acidente, deixa a torrada queimar. Ela não quis comê-la, por que o marido iria querer? Isso é o que ensinamos às mulheres nas primeiras aulas, quando as colocamos de frente para o espelho. Elas precisam se valorizar", contou o dono do curso minutos depois da cerimônia do chá, dessa vez todo vestido de preto.

Perplexa, eu não sabia como faria para levar aquilo tudo à tela. Ninguém acreditaria naquela história. Ia parecer montagem. Quem assistisse certamente acharia que os personagens estavam encenando, ou que eu queria fantasiar os fatos.

Mais adiante, a mesma ruiva deslumbrante dava aulas de *pole dancing* à meia-luz. Hipnotizado por aquela mulher que voava agarrada à barra metálica, de saia minúscula e roupa de baixo praticamente inexistente, meu cinegrafista armênio não tinha notado que o piso daquele quarto era diferente dos outros. Sob o plástico maleável que cobria o tapete havia uma camada de notas de dólares. Se eram falsas ou não, já não vinha ao caso. Aquele cenário foi o suficiente para me convencer de que, de fato, "era tudo amor".

A grande apoteose acontecia na turma das alunas do curso avançado, no salão ao final do corredor. Ali, espalhavam-se barbantes em alturas diferentes formando ângulos distintos. Luzes negras de boate se acendiam e das caixas de som que faziam vibrar as janelas saíam os versos "Who is the master? Who is the slave?", da música *Voices*, de Madonna. Em alguns segundos, uma morena escultural de olhos azuis e vestido exíguo dançava e rolava no chão, esgueirando-se entre os fios sem tocá-los. Terminou a tarefa com um sorriso no canto da boca. Só as mais habilidosas conseguem passar no teste final. Esse é o sinal de que estão prontas.

O mundo dos ricos, ao que tudo indica, não tem limites. Em *O jogo* (1997), filme de David Fincher, o empresário bem-sucedido e entediado Nicholas van Orton (Michael Douglas) ganha de presente de aniversário do irmão (Sean Penn) um convite para participar de um jogo misterioso. Uma série de episódios — que seriam considerados apavorantes por uns e instigantes por outros — mudaria sua vida de uma vez por todas. Fora das telas de cinema, na mesma época, Sergei Knyasev criou na capital russa jogos que ofereciam adrenalina à rotina de milionários pós-soviéticos que não sabiam como gastar seu dinheiro.

Mais de uma década depois, os cinquenta jogos de Knyasev continuam a fazer sucesso entre os ricaços. Para tentar curar o tédio, celebridades, políticos e pessoas influentes de todo o país procuram o empresário. Pagam o que for preciso. Só querem fugir da rotina. Passam o dia vestidos de mendigos ou músicos de rua, a pedir esmola nas estações de trem de Moscou ou em locais turísticos. Há quem prefira trabalhar como garçom ou garçonete em restaurantes sórdidos para uma clientela nem um pouco simpática. Vence o jogo aquele que juntar mais trocados ao final do dia.

"Às vezes, apesar da maquiagem, dá para reconhecê-los. Os rostos são familiares e, a poucos metros de onde estão pedindo dinheiro, veem-se estacionados seus carrões de luxo, com motoristas e seguranças", contou Knyasev, que trocou a psicologia pelo mundo do entretenimento e hoje é um empresário rico e conhecido.

No país em que a Revolução Bolchevique de 1917 aconteceu justamente para dar fim a essa sorte de coisas, fica cada vez maior a distância entre ricos e pobres. Brincar de ser pobre custa pelo menos 5 mil dólares por participante.

"O problema é que, se for barato, ninguém quer. Acha que o jogo vai ser ruim."

O preço da brincadeira é proporcional à adrenalina que oferece. Um dos jogos mais arriscados é também o mais caro e mais complicado de organizar. Os homens vestem suas mulheres de prostitutas e as observam na rua a negociar com possíveis clientes.

O empresário afirmou que há aqueles que ficam tensos durante a aproximação e quase interrompem as tratativas. Mas há ainda quem fique nervoso ao ver que a sua mulher faz menos sucesso do que a de outros colegas de brincadeira. Alguns não resistem e interveem com dicas de sensualidade, como melhorar o ajuste do decote ou consertar o penteado, para chamar mais a atenção da clientela.

"A infraestrutura para esse jogo precisa ser enorme, por isso ele custa caro e faço cada vez menos. Há muitas variáveis. Eu mesmo fico nervoso até o último minuto, porque preciso negociar com o cafetão das moças que já trabalham no local. E, muitas vezes, são perigosos e pouco confiáveis."

Para tentar minimizar os riscos e evitar os grandes constrangimentos, o empresário russo contrata seguranças e ainda mantém um carro da polícia sempre a postos. Quando vê que a situação pode sair do controle, a equipe de organizadores aciona a viatura policial, que acende as sirenes e manda todo mundo evacuar a área.

"Também não é fácil convencer os policiais. Às vezes, doamos equipamentos para a corporação no intuito de convencê-los a nos ajudar."

Há ainda a opção do *strip tease* em boates. Os jogos mais caros, coincidentemente, pagam as melhores gorjetas. Segundo Knyasev, pode-se arrecadar o equivalente a duas garrafas de cerveja como mendigo ou músico de rua. Os garçons ganham um pouco mais. Mas é nos clubes que os clientes costumam ser mais generosos. Pode-se ganhar 300 dólares por noite, de acordo com o desempenho do dançarino ou da dançarina.

Os jogos estão longe de ser a principal fonte de receita do empresário, que organiza festas nababescas em todo o país, ou no exterior, para pessoas físicas e jurídicas. Todos os anos, sua empresa realiza um grande festival de fogos à beira do rio Moscou para milhares de convidados de uma multinacional. Recentemente, produziu um aniversário hollywoodiano em Nice, na França, com direito a acrobatas de renome.

As imagens dessa e de outras festas estão todas registradas no CD-ROM da empresa e são muito impressionantes, mas não podem ser reproduzidas por terceiros. Elas nem sequer são exibidas no site da companhia. Por temer o mau uso do seu conteúdo pela mídia, bem como a exposição dos seus clientes VIP, Knyasev permite que os jornalistas assistam, mas jamais levem o material para casa. Fotos, então, nem pensar.

Por incrível que pareça, foi para uma criança de três anos a festa de aniversário mais cara que já montou: 1,5 milhão de dólares. Transformou um terreno baldio em um gigantesco parque de diversões, com direito a labirintos, pontes, portas misteriosas e salas de gelo, em pleno verão. A superprodução foi feita sob encomenda para agradar um pequeno grupo de dez crianças e vinte adultos.

Para o terceiro casamento de um cliente, organizou um cenário cinematográfico, com celebridades e surpresas para os noivos, como o imenso bolo que foi ao chão no momento de ser apresentado à noiva. O acidente aconteceu quando o garçom tropeçou com carrinho e tudo ao cruzar o salão. Passado o susto, para a alegria da pobre moça, que não tinha ideia do que estava acontecendo, o bolo reserva já estava previsto na piada. Em uma festa corporativa, o primeiro participante a matar uma barata com um revólver ganharia um apartamento. E ganhou.

Outra curiosidade sobre esse empresário, que se lançou no mundo do entretenimento com shows em cassinos de Moscou no final da década de 1990 e hoje, embora mantenha seu escritório na capital russa, mora na Suíça, é que não abre mão de participar de boa parte das festas como animador ou apresentador.

"Sempre gostei de me divertir. Um dos jogos que inventei e de que mais gosto é a corrida de porquinhos. Eles são fofinhos e têm cerca de três a quatro meses. Sempre fazem sucesso."

Quando conversamos, Knyasev não tinha medo da crise econômica. Disse que seu público é especial e que quem realmente tem dinheiro continuará se permitindo esses luxos. "Há muito dinheiro fora do país. As empresas podem diminuir o tamanho das festas."

A caricatura do capitalismo pode estar presente em cenas simples do cotidiano. Nos anúncios de imóveis para alugar, chamou-me a atenção o destaque que se dava à expressão "reformas ocidentais". Tive dificuldades para entender o conceito até visitar cerca de vinte apartamentos. Na verdade, nada mais eram que pequenos sinais de status ou aquilo que se achava ser o padrão no Ocidente. Um amigo disse ter visto um imóvel em que havia uma barra de ferro, daquelas de *pole dancing,* bem no meio da sala de estar.

Em um dos apartamentos onde estive, quase morri de susto ao deparar com uma piscina profunda que dividia espaço com a sauna para oito pessoas no banheiro. Em outro, do teto azul-celeste rebaixado com muita sancas, os vários bocais embutidos para as lâmpadas tinham o formato de estrelas.

O imóvel que aluguei era mais "modesto" no quesito "ocidentalidade". Tinha sofrido intervenções "semiocidentais", como descreveu a corretora quase envergonhada pela falta de atributos de luxo a oferecer. De "ocidental" mesmo tinha apenas a banheira italiana computadorizada. Uma cápsula enorme que podia ficar hermética para funcionar como sauna, com rádio, ducha horizontal, ou simplesmente, hidromassagem. Ela falava, inclusive.

A visão daquele mostrengo dentro do único banheiro da casa, vizinho das máquinas de lavar e secar, era engraçada e exigia explicações sempre que recebia visitas. O equipamento seria ainda mais divertido se funcionasse. Mas estava ultrapassado e foi responsável por uma cena cômica. A engenhoca passou a repetir uma dúzia de vezes por hora algo que levamos quase uma manhã inteira para entender: "anomalia".

A minha empregada soviética jurava que era "Ana Maria". Repetia todas as vezes que ouvia a máquina falar e caía na gargalhada sozinha. Foram sete dias ininterruptos assim. O proprietário se recusou a mandar um técnico para verificar o equipamento porque sairia muito caro. Esse empresário rico e ocupado, como sempre fez questão de frisar, usou seu horário de almoço para abrir ele próprio a banheira. Enfiou-se lá debaixo com a mesma roupa que tinha ido trabalhar para tentar descobrir o defeito, sem sucesso. E ainda levou um jato de água no rosto. Disse que não entendia o que ela estava falando, mas achava uma bela palavra.

Chamei, afinal, um eletricista que lhe extirpou as cordas vocais. Possivelmente, passou dois anos tentando romper a mudez para denunciar a anomalia intermitente.

Na cidade de Biisk, no território de Altai, sul da Sibéria, uma companhia local resolveu valer-se da fé dos consumidores para vender mais. Disse que a água "Fonte da Montanha", que comercializava desde março de 2008, a preços bem mais altos do que a concorrência, era benta. O produto teria sido engarrafado durante a Epifania (celebrada na Rússia no dia 19 de janeiro), quando a fonte teria sido benta segundo as tradições ortodoxas. A publicidade ia ainda mais longe: "Janeiro já passou faz muito tempo e há longas filas na igreja. O que fazer se você não conseguiu garantir seu estoque de água benta? Pode esperar o ano que vem — ou simplesmente ir ao mercado. Nós nos preocupamos com quem precisa de água benta o ano inteiro". A Igreja pediu que a empresa parasse de vender a tal água e ameaçou levar o caso à Justiça.

No vilarejo de Komarovo, a cerca de trezentos quilômetros de Moscou, moradores estariam por trás do desaparecimento da igreja da Ressurreição, de duzentos anos. Teriam vendido tijolo por tijolo por apenas um rublo cada um, mais ou menos seis centavos de real.

É claro que esses casos pitorescos poderiam perfeitamente acontecer no Brasil, como tantos que lemos nos jornais ou assistimos pela televisão. Mas são bons exemplos do capitalismo levado ao paroxismo na Rússia.

O luxo parece não ter limites em Moscou. A fachada do prédio destoa do resto da rua Nikolskaya. Bem no centro da capital russa, entre a Praça Vermelha e a sede da FSB, a antiga farmácia do século XVIII chama a atenção do pedestre desavisado. Não há letreiros luminosos nem néons, como aqueles que ainda se veem em profusão pela cidade. O elegante e discreto "B" prateado na entrada é o único sinal de que ali está a Mansão Baccarat. O endereço não podia ser melhor.

A sobriedade avistada da calçada, no entanto, se transforma em ousadia, quase fantasia, da porta para dentro. Imediatamente depois dos dois imensos seguranças que guardam a entrada da casa, o longo tapete vermelho com o mesmo "B" da porta — dessa vez, feito a partir de pequenos estilhaços de cristal — guia o visitante à butique e ao restaurante.

Só existem duas mansões da Baccarat no mundo: a de Paris, a sede, e a de Moscou. A capital russa não foi escolhida por acaso. Além do apreço dos locais endinheirados pelo que é caro, a Rússia é uma das mais tradicionais clientes da casa de cristais francesa há centenas de anos. Desde o final do século XIX, a Baccarat fabricava objetos de luxo para os czares, como os famosos lustres desenhados para a família de Nicolau II, em exibição ainda hoje no museu da marca na capital francesa. A moda se espalhou pela corte, e era comum verem-se carregamentos de produtos desembarcando no país. Além das taças e copos que a nobreza tinha por hábito atirar ao chão após os brindes, vinham também lustres, fontes e outros objetos de vida mais longa.

Alguns deles existem até hoje no catálogo da Baccarat, como o conjunto de copos do czar. Mas esses artigos são vendidos exclusivamente sob encomenda. Tudo está disponível na loja moscovita que ocupa o térreo da mansão. Para quem estiver disposto a pagar, é claro.

A longa mesa de cristal desenhada por Philippe Starck especialmente para a butique atravessa o salão de ponta a ponta. Próxima da vitrine de joias, outra mesa do designer francês exibe copos pretos com a sua assinatura no fundo. Cada um custa nada menos que quatrocentos euros. Os vendedores, por sinal, já fazem questão de anunciar o preço na moeda europeia.

As escadarias iluminadas por um imenso lustre de cristal levam ao restaurante de nome sugestivo que ocupa todo o segundo andar da mansão: Cristal Room. Ali também tudo tem a assinatura de Starck, exceto a cozinha, que esteve durante alguns anos sob o comando do chef francês David Hemmerlé, que coincidentemente fala português e já morou no Brasil. O cozinheiro estrelado trabalhou no restaurante desde a abertura até 2010, quando se mudou para Dubai.

Tudo foi pensado nos mínimos detalhes. Perto do bar, está a exótica lareira em que quatro aparelhos de televisão antigos compõem as chamas acesas. A luz é tênue, apesar dos vários castiçais e do imenso lustre de cristal ao centro do salão. São instruções do próprio Starck. Até a louça do restaurante é feita sob encomenda: cada prato custa a bagatela de setecentos euros, um belo prejuízo para o bolso dos garçons desastrados.

Como em outros restaurantes da moda, o movimento caiu durante a crise, mas a clientela foi voltando aos poucos.

O chef me garantiu que a cultura da alta gastronomia aos poucos vai conquistando os russos, mas admitiu que é preciso adaptá-la ao gosto local. "As porções não podem ser francesas, por exemplo. Os russos apreciam a boa comida, mas gostam de quantidade também."

Os locais gostam de fartura e apreciam sentar-se à mesa diante de pratos variados em grandes quantidades. É assim que fazem em casa quando querem comemorar. Gostam de estar à mesa. Em todos os restaurantes russos a comida vem sempre bem servida.

Os restaurantes pensados para o público mais abastado costumam custar caro. A filial do restaurante Bon, de Paris, tem uma decoração extravagante, assinada também por Phillipe Starck. Paredes negras e *kalashnikovs* douradas penduradas no teto dão o direito ao local de cobrar a partir de cem dólares por uma garrafa de vinho, um hábito do novo rico. Mas essas pechinchas estão longe de ser de grande qualidade.

Da janela dos dois andares mais exclusivos do Ritz-Carlton — só entra ali quem estiver hospedado nas suítes ultraluxuosas ou quem se dispuser a pagar para frequentar o *lounge* — tem-se provavelmente uma das melhores vistas de Moscou. Talvez não haja melhor ângulo para admirar ao mesmo tempo todas as cores da imponente Praça Vermelha, tendo como pano de fundo uma das sete torres stalinistas e o resto da capital russa com seus 12 milhões de habitantes a perder de vista no horizonte.

Essa é a mesma vista dos janelões do quarto "The Carlton", uma espécie de suíte presidencial, que custa nada menos que a estratosférica quantia de 17,2 mil dólares a diária (segundo a tabela de 2008, excluídas as taxas, de 18%).

Durante o regime soviético, naquele mesmo lugar havia o edifício que abrigava o Intourist, o hotel onde ficavam os estrangeiros que visitavam a URSS.

O 10° e o 11° andares do Ritz-Carlton, na verdade, funcionam como um hotel dentro do hotel. Tem seu próprio pessoal, acesso restrito, check-in exclusivo para não cansar os clientes com filas no balcão da entrada principal, saída independente diretamente para a garagem, de modo que as celebridades não sejam importunadas por fãs ou *paparazzi*, e o *lounge*.

No luxuoso Club Lounge, há champanhe à vontade durante todo o dia. As especialidades da casa são apresentadas em cinco refeições diferentes. Quem não tem direito ao Club Lounge pode pagar quinhentos dólares para ter acesso aos mesmos serviços.

"Não é caro. Por esse preço, a pessoa tem direito a tomar champanhe à vontade o dia inteiro, além de cinco refeições. Acho que vale, não?", explicou o diretor de relações-públicas do Ritz-Carlton Moscou, Sergei Logvinov.

A seleta clientela também tem direito a outro mimo. Para aqueles que estão sempre indo a Moscou a negócios e não querem se preocupar com vulgaridades do tipo carregar malas ou objetos pessoais, o hotel guarda um kit de sobrevivência que será disposto no quarto exatamente como foi deixado sempre que necessário. A ideia é fazer que o hóspede se sinta sempre em casa.

Se poucos cidadãos comuns podem se dar ao luxo de ficar no Ritz-Carlton — e, decididamente, esse não é o público-alvo desse hotel inaugurado em julho de 2007 —, é certamente bem menor o número de possíveis candidatos aos andares exclusivos. Nem por isso a procura é pequena. Os quartos ali passam a maior parte do tempo ocupados, mesmo a gigantesca suíte presidencial, que estava ocupada quando estive lá.

Os mais "simples", fora da área exclusiva, custam entre 1.340 e 1.440 de dólares a diária por pessoa, fora as tais taxas. Vale lembrar que Moscou fechou 2010, pelo sexto ano consecutivo, como a cidade onde as diárias de hotéis para clientes em viagens de negócios são as mais caras do mundo, deixando para trás Nova York, Genebra, Paris e Zurique. Os dados são do Hogg Robinson Group, uma agência inglesa de turismo de negócios. O valor médio das diárias da capital, mesmo apresentando uma pequena queda de 3% no período, ainda estavam em 415 dólares por pessoa.

Na mesa do café da manhã no restaurante Caviarterra, todo em madeira entalhada, inspirado na decoração russa tradicional, não parece faltar nada. Mas se o hóspede for ainda mais exigente, há sempre a opção do café no quarto. É claro que isso tem um preço: 750 dólares por pessoa. Mas quem se importa com cifras se é para degustar especialidades como champanhe Cristal e caviar, com vista para a Praça Vermelha?

No último andar do Ritz-Carlton, o luxo continua. Dessa vez, com ares de modernidade. A decoração arrojada do O_2 Lounge é de um designer alemão que, ao contrário de Phillippe Starck, não merece ser citado nominalmente. O terraço também tem a indefectível vista da Praça Vermelha, que, à noite, é ainda mais especial.

Num país de mulheres deslumbrantes (em geral, louras enormes), o nome de um dos drinques mais conhecidos do bar é sugestivo. "Mar(r)y me Blondie", uma espécie de Bloody Mary reinventado, feito com tomates amarelos, é para os iniciados, ou para os endinheirados. Custa a bagatela de cem dólares. O incauto pode se assustar com as tabelas dos preços dos hotéis.

Para quem prefere uísque, há doses especiais que podem sair por quatrocentos dólares. Outra novidade é o Berry Mojito, que leva morangos e amoras.

A carta de champanhe é variada. Uma simples taça pode sair a 36 dólares. Mas se a ideia for consumir a noite inteira sem qualquer preocupação com cifrões, há a opção da Nabucodonosor, como os franceses chamam a garrafa de quinze litros que, diferentemente dos modelos tradicionais, é feita uma a uma nas caves de Champagne.

Para quem gosta de novidade, o O_2 ainda oferece a possibilidade de o cliente abrir a sua própria garrafa à moda dos hussardos. Explica-se: palavra de origem húngara, hussardo é o nome dado aos soldados da cavalaria ligeira e foi adotada por vários países. Em alguns lugares, o título ainda existe. Na época de Napoleão, na França, adquiriram o hábito de abrir garrafas de champanhe com um sabre. Para a segurança do cliente e seu bolso, a aventura só acontece com a ajuda do barman.

Os amantes de sushi também recebem atendimento especial. O chef Seiji Kusano recebe duas vezes por semana um carregamento de peixe fresco que encomenda diretamente do melhor mercado japonês, o Tsukiji. As pequenas porções saem de 7,6 a 64 dólares.

A dois passos do restaurante administrado por outro chef estrelado do guia *Michelin*, a cave de vinhos do hotel mantém uma seleção muito especial para os clientes cativos. A longa mesa de degustação é cercada por estantes abarrotadas de preciosidades como um Château Petrus 1961, de 68 mil dólares.

Ali, reúnem-se hóspedes ou moscovitas abastados. Apenas a elite, como faz questão de enfatizar o gerente do hotel. Perguntado se o pessoal do governo — o Kremlin está do outro lado da rua — também frequenta a elegante cave do hotel, dá um sorriso maroto, mas não responde nem que sim, nem que não. "Só posso dizer que é a elite", completa.

As marcas do capitalismo desenfreado já determinam com traços fortes as fachadas de Moscou. Pouco a pouco, prédios históricos são derrubados e dão lugar a construções estranhas, caras e sem qualquer personalidade.

Escondido sob andaimes, painéis com publicidade e tapumes por meses, o gigantesco canteiro de obras bem na entrada da Praça Vermelha revelou a cara de mais um hotel de luxo da cidade. Durante quase todo o período que vivi em Moscou, só ouvi o barulho incessante das ferramentas e máquinas que erguiam o prédio. Tirado do embrulho, o imóvel parecia familiar aos locais. As linhas do edifício Stalinista são velhas conhecidas dos moscovitas. Trata-se de uma cópia exata do antigo hotel Moskva — erguido na década de 1930 pelo arquiteto Aleksei Shchusev — posto abaixo em 2004 para a realização de mais este empreendimento polêmico, idêntico ao original.

Alguns quarteirões adiante, a promessa de construções em nova área comercial num terreno baldio ameaça a bela vista do Kremlin, centro do poder da Rússia e patrimônio da humanidade.

Em tese, a região é protegida pelo Estado como parte dos arredores visíveis desse que é o principal cartão-postal.

Especialistas denunciam os excessos e a falta de cuidado das obras que proliferam pela capital desde o início da década de 1990, modificando a paisagem urbana de maneira irreversível. De acordo com o relatório "Patrimônio de Moscou em crise", centenas de edifícios antigos, de igrejas medievais a palácios, passando por exemplares únicos stalinistas e construtivistas — muitos deles tombados — estão sob sério risco.

"Não há outra capital na Europa sem guerra que esteja sendo submetida a tamanha devastação em troca de lucro fácil", disse o estudo elaborado pela Associação de Preservação da Arquitetura de Moscou (Maps).

Arranha-céus desconjuntados, de design duvidoso, brotam pela cidade da noite para o dia.

"Não estamos falando apenas das novas edificações, mas também das réplicas malfeitas e das reformas descuidadas", afirmou a professora de história da arte Anna Bronovitskaya, membro do Instituto de Arquitetura de Moscou e uma das autoras do documento.

O tradicional Hotel Moskva foi demolido para ser reconstruído. Mas a nova versão é diferente da original, como perceberá o olhar cuidadoso. A cor é outra, e algumas formas também.

Conversei com essa apaixonada por arquitetura em seu apartamento caótico em um bairro mais afastado do centro. A entrevista foi no quarto da professora, que, diante da falta de móveis e da desorganização, parecia estar prestes a abandonar o imóvel e fugir do país. Ela estava sentada na cama bagunçada com a mala que preparava para uma viagem naquela tarde, e eu, em um banco de plástico de frente para mesa onde a especialista mantinha o laptop em que trabalhava. Esses eram os únicos móveis da casa, além do pequeno sofá na sala minúscula. O elevador do bloco soviético em que morava era lúgubre. A luz não conseguia iluminar o ambiente exíguo dada quantidade alucinante de pichações. Esta foi, inclusive, por sinal, a primeira vez em que via tanta pichação em um local público. Na Rússia, as pichações não são comuns como no Brasil. Uma amiga russa que esteve comigo no Rio e em Brasília ficou muito impressionada com a quantidade de paredes e muros pichados em nossas cidades. Tirou muitas fotos para mostrar aos conterrâneos.

Durante a conversa, Bronovitskaya criticou a reconstrução que estava sendo feita do zero de um palácio do século XVII, destruído cem anos depois, no parque Kolomenskoe.

"É uma obra que não tem sentido. Está sendo gasto muito dinheiro que poderia ter sido investido na reforma de prédios antigos que ainda existem e correm risco de desaparecer", atacou.

A interminável reforma da sede do Balé Bolshoi também é alvo das críticas do Maps e tem sido tema de debates acalorados no país. Milhões de dólares já foram gastos nas obras que deveriam ter sido concluídas em 2008. O prazo foi prorrogado algumas vezes. A reinauguração só foi acontecer em outubro de 2011. Nos dois anos que vivi em Moscou não consegui ir ao prédio original do Bolshoi. Assisti a várias peças na Malaya Tsena, o salão menor a um quarteirão do principal, e no Kremlin.

Segundo a especialista, o prédio da companhia passou a ter risco de desabar depois do início das obras.

"As reformas estão sendo feitas de maneira compartimentada por diferentes grupos, que parecem não se comunicar entre si. A estrutura do prédio foi muito alterada e corre o risco de entrar em colapso", disse Anna.

Outro marco do período comunista, o детский мир (*diétski mir*), ou o Mundo das Crianças, a maior loja de departamentos da União Soviética, foi fechada para amplas renovações em 2008. Construída em 1957, a alguns passos da sede da KGB, em um período marcado pela escassez, atraiu gente de toda a URSS atrás de brinquedos.

A estação de metrô Mayakovskaya, no centro de Moscou, está ameaçada por vazamentos. Inaugurada em 1938, tornou-se uma obra-prima do *art déco*. Seu design ganhou o grande prêmio da Feira Mundial de Nova York no mesmo ano. Segundo especialistas, as reformas em curso dos belos mosaicos e do interior dessa que é considerada por grande parte dos russos a estação mais bonita da capital só poderiam ser feitas depois do isolamento da água, que ameaça suas estruturas. Mas, para isso, seria preciso interditar a estação, o que não foi feito.

Em 1991, logo após o colapso da URSS, segundo a professora, a regulamentação parou de funcionar. Muitos atribuem o caos da arquitetura pós-soviética ao governo do ex-prefeito moscovita Yury Lujkov, no poder de 1992 até 2010. Ao contrário do que se poderia imaginar, esse homem poderoso que se manteve no comando da maior cidade da Rússia por tanto tempo foi afastado do cargo em setembro de 2010, após diversas denúncias feitas pelo próprio Executivo.

Existem muitas acusações de corrupção no setor da construção civil. E a mulher do ex-prefeito, Elena Baturina, era a única bilionária russa e uma das maiores magnatas da construção do país. Coincidência ou não, no último ranking de bilionários da revista russa *Finans*, divulgado alguns meses depois do afastamento do marido do cargo, ela havia caído várias posições.

"As obras eram autorizadas uma a uma. E quem tomava as decisões nunca era um especialista, o que é bastante estranho", observou Anna.

Apesar dos inúmeros problemas, o relatório do Maps reconhece mudanças positivas no quadro recente. O registro dos prédios protegidos em Moscou foi tornado público, em abril de 2007, pela primeira vez. Mesmo assim, segundo a especialista, o sistema ainda não é totalmente transparente.

"A atitude está mudando, em parte por conta da tecnologia digital. As pessoas veem algo de errado e tiram fotos."

Boa parte do banco de dados do Maps é feita com base nas fotos enviadas por cidadãos comuns e não apenas por seus especialistas.

Durante o período soviético, prédios históricos e monumentos também eram demolidos de acordo com as necessidades das autoridades. Essa é a explicação para o fato de a pequena igreja onde se casou o conde de Sheremetyevo ter sido praticamente engolida pelos prédios gigantescos da avenida Arbat, aberta pela administração de Krushev para passar a comitiva presidencial diariamente sem impedimentos. Foi a única construção remanescente da época. Mas Anna explica que, naquele tempo, havia um plano para a expansão da cidade.

"No final da década de 1990, a situação piorou. Foi a época do *boom* da construção civil. Agora, não há plano algum."

Outras cidades russas também estão sob ameaça. Recentemente, segundo o relatório, boa parte do centro histórico de Kazan foi perdida, assim como importantes construções soviéticas têm sido destruídas no balneário de Sochi como parte dos preparativos para os Jogos Olímpicos de Inverno de 2014. Prédios históricos de Nijny Novgorod (Górki, durante a URSS) e outras cidades também estão sumindo.

No Centro Internacional de Negócios de Moscou (Московский Международный Деловой центр), ou Moscow City, como ficou conhecida a imensa área que está sendo revitalizada há alguns anos perto do centro de Moscou, a apenas seis quilômetros do Kremlin, a história é diferente. Duas décadas atrás ninguém diria que esse delírio do ex-prefeito de Moscou de criar na capital do país um dos maiores centros de negócios do mundo sairia do papel.

O projeto, que teve início em 1992, logo após o fim da União Soviética, deve custar o equivalente a 15 bilhões de dólares e só deve ficar pronto em 2014. A ideia é aproveitar essa época em que a Rússia estará em evidência, por conta das Olimpíadas, para apresentá-la como um país novo, moderno e ousado.

Os arranha-céus de vidro e aço da Moscow City destoam da conformação dos outros prédios da cidade. Os edifícios moscovitas tradicionais costumam ser mais horizontais do que verticais, e de aparência muito menos arrojada do que a dos blocos soviéticos que acabaram datados e maltratados pelo tempo.

A área onde foi construída a Moscow City foi revitalizada e modernizada com o que há de melhor para os padrões internacionais. Não foram poupados esforços para que o centro financeiro da Rússia esteja à altura de outras grandes praças como Londres, Nova York, Tóquio ou Xangai. Arquitetos de renome internacional participaram em várias partes do complexo, como o canadense Frank Gehry, que está à frente do projeto da Torre Russa, que deve ser a segunda mais alta do mundo, perdendo apenas para a Burj, em Dubai. A conclusão do empreendimento está programada para 2012. A torre Naberezhnaya é atualmente a mais alta da Europa.

O complexo da Moscow City vai ter de tudo. De apartamentos residenciais com decoração de Giorgio Armani a hotel-butique do Hyatt, passando por espaços gastronômicos e boates. Grandes empresas e bancos já começaram a se instalar nas imensas torres.

A ala leste da Torre da Federação mais parece um labirinto. Abusa-se de mármores e materiais de alto luxo. Os elevadores só faltam falar. Há pratos enormes com frutas frescas distribuídos em cada andar para serem oferecidos aos convidados VIP, que também têm direito a uma taça de champanhe de boas-vindas. E, claro, para não perder o hábito, um séquito de recepcionistas e seguranças, e a complicada operação de registro para entrar no prédio. Nos primeiros andares, onde está prevista a instalação de um centro gastronômico e butiques, já é possível encontrar uma pequena demonstração do que está por vir. Grandes lojas de marcas luxuosas, como os russos gostam, começam a tomar conta dos imensos espaços vazios.

A Prefeitura se encarregou de fornecer a infraestrutura necessária para a região. Foi criada uma linha de metrô especial para atender a área. As duas estações que já ficaram prontas mantêm o mesmo padrão moderno. São enormes. Quem passa por elas hoje se assusta com as dimensões exageradas para o número ainda discreto de usuários que as frequenta. Mas a ideia é que, depois de tudo pronto, os longos e largos corredores das estações fervilhem de gente na hora do rush. Uma terceira estação deve ser construída.

Também já foi anunciada a duplicação da grande avenida à volta do complexo, assim como a criação de 30 mil vagas para carros e um serviço especial de transporte a partir dos quatro aeroportos moscovitas até o centro de negócios. O projeto ainda prevê que suprimentos e funcionários poderão chegar à Moscow City pelo rio e se deslocar lá dentro por pequenos trens.

As obras sofreram o impacto da crise econômica, que obrigou as empreiteiras a mandar de volta para casa centenas de trabalhadores estrangeiros (das antigas repúblicas e da Turquia) após as turbulências e pode atrasar a conclusão.

O fato é que, ainda que haja muito trabalho pela frente, em 2009 cerca de 4.500 pessoas já ocupavam os modernos espaços para escritórios nos prédios desse lugar que é um das novas caras de Moscou. A expectativa é que esse número suba para 200 mil em alguns anos.

Tudo na Moscow City é superlativo. O metro quadrado dos apartamentos residenciais na Torre da Federação custava a partir de 14 mil dólares no final de 2008. Já os espaços para escritório, 18 mil dólares. Muitos já foram vendidos para a instalação de escritórios. Mas havia muita gente sentada sobre o investimento apenas esperando passar o tempo para poder revender ou alugar por preços ainda mais exorbitantes os imóveis que compraram "na baixa".

Em 1998, as obras da Moscow City pararam, assim como o resto do país, que mergulhou em uma crise econômica sem precedentes. Segundo os administradores, a iniciativa contou apenas com dinheiro russo. Até 2008, não faltaram recursos, por conta do forte crescimento econômico do país. Grandes bancos estatais já haviam investido maciçamente para se instalar ali.

Quando estive lá, o movimento de operários nos canteiros de obras era incessante. Trabalhavam dia e noite e, tendo em vista a quantidade de alojamentos, dormiam por ali mesmo. As imensas gruas em constante movimento, o barulho de caminhões e máquinas a todo vapor mostram que ainda há muito até completar esse que deve ser o maior projeto urbanístico desde o fim da União Soviética.

A transformação da arquitetura e da paisagem moscovita, seja pelos prédios que brotam na cidade da noite para o dia, seja por empreendimentos como a Moscow City, é um sinal inequívoco de que a Rússia não para de se modernizar. A seu modo, o país vai mudando aos poucos e entrando definitivamente no mundo capitalista. No que isso tem de bom e de ruim.

O METRÔ

Uma das grandes heranças soviéticas, o **Московский Метрополитен** (*Moskóvski Metropoliten*), ou Metropolitano de Moscou, é responsável pelo deslocamento diário de nada menos que 9,2 milhões de pessoas. Ou seja, praticamente toda a população da superfície passa pelos subterrâneos da cidade todos os dias. Ao final de um ano, são 3,3 bilhões de passageiros transitando pelas doze linhas que, somadas, chegam a quase trezentos quilômetros distribuídos por 182 estações. Se, como regra geral, as chances de atrasos ou confusões aumentam em função do movimento intenso, a eficiência do metrô moscovita deveria causar inveja a meio mundo. As estatísticas da empresa que administra o metrô mostram que seus quase 35 mil funcionários cumprem à risca 99,96% dos movimentos planejados para os trens que, sempre pontuais, passam a cada minuto e meio.

As estações — palácios temáticos abertos ao uso cotidiano do passageiro ex ou neoproletário — foram construídas com o que havia de melhor pelos comunistas para o povo. São verdadeiros museus subterrâneos. Lustres suntuosos, mármores, estátuas de artistas renomados, afrescos, mosaicos e projetos revolucionários que, à época da construção, desafiavam as condições desfavoráveis do clima e as abissais profundidades.

As 624 longas escadas rolantes somam 65,2 quilômetros. A estação de Park Pobedy, ou Parque da Vitória, é a mais profunda da cidade, com 126 metros. Dizem que, durante a construção do metrô, muitos prisioneiros de guerra e outros trabalhadores usados nas escavações dos longos túneis foram soterrados e ficaram pelo caminho.

O metrô moscovita foi a minha primeira paixão na Rússia, um dos primeiros códigos que consegui decifrar nesse país de outro idioma, outro alfabeto, outra lógica. Foi meu objeto de estudo para tentar entender a dinâmica da cidade e o comportamento da sociedade. Agarrei-me a ele como pude. Dedicava muito tempo à análise do emaranhado das linhas e sempre optava por aquelas em que sabia estarem as estações mais bonitas, ainda que o trajeto me tomasse mais tempo.

Minha desenvoltura naquela outra dimensão russa — que tomava ares de mundo real durante o inverno ao se tornar o eixo da cidade — era motivo de orgulho, a conquista da minha independência em um lugar em que a comunicação precisa ser conquistada diariamente, a cada contato. A pontualidade dos carros também me permitiu algo pouco usual em Moscou: previsibilidade. Jamais me atrasei para um compromisso quando o meu meio de transporte era o metrô. De carro ou táxi, o tempo do percurso era sempre imprevisível, como de resto é o trânsito da cidade, independentemente da hora do dia.

Divertia-me com as descobertas. Ninguém passa pela estação Ploschad Revolutsii (Praça da Revolução) — uma das mais emblemáticas da capital — sem fazer um afago na estátua em bronze do cachorro do guardião da fronteira. Um povo supersticioso jamais dá chance ao azar. A crendice está patente no dourado reluzente do focinho do animal, que destoa do resto da escultura. Ao descer dos trens, as pessoas quase formam filas para não perder a oportunidade de fazer um ou mais pedidos enquanto acariciam o cão. Conta-se que os estudantes chegam a mudar a rota para a escola em dia de prova para garantir a sorte com um afago estratégico.

Meu cinegrafista armênio, que vive em Moscou há mais de vinte anos, não tinha se dado conta do fenômeno até que eu lhe pedisse para registrar as imagens dos esperançosos passantes para uma reportagem. Encantado ele próprio com o que via, filmou por mais de trinta minutos o movimento dos passageiros apressados. Mudou de carro e sentido algumas vezes. Esperou que novos trens passassem. Os personagens mudavam, mas não a crença nos poderes do guardião da fronteira.

A escultura é apenas uma das várias reproduzidas nos arcos da estação. As imagens do escultor Matrey Manizer e sua equipe tinham por objetivo criar as figuras da revolução (jovens atletas, estudantes e soldados). A tarefa mais difícil teria sido conseguir fazer que se encaixassem nos arcos. Reza a lenda que o ditador Josef Stálin teria andado entre as esculturas em bronze, perplexo, murmurando com seu sotaque georgiano que elas pareciam estar vivas. E parecem mesmo.

O frio intenso dita as regras da superfície e transforma os hábitos nos subterrâneos da cidade. O inverno determina o ritmo das pessoas que frequentam as estações de metrô. A população se movimenta em blocos compactos. Massas de chapéus e casacos peludos — a шапка (*shapka*) e a шуба (*shuba*) —, se deslocam como em uma dança cômica pelos intermináveis corredores entre as estações ou pelas longas escadas rolantes. Qualquer passo fora do compasso pode desencadear uma série de cotoveladas, pisões ou insultos indignados.

Os antiquados alto-falantes espalhados pelo trajeto ainda funcionam. Vozes suaves e palavras bem pronunciadas marcam as recomendações de segurança, os anúncios importantes ou os poemas de grandes autores russos recitados para os usuários durante seu trajeto apressado.

Tudo foi feito para agradar. Até aquelas que seriam as vozes anônimas a anunciar as próximas estações, pedir aos passageiros que se afastem da porta do trem ou que deem lugar a grávidas, idosos e veteranos de guerra não são assim tão desconhecidas. Em vários trechos, os passageiros se divertem ao reconhecerem algumas celebridades locais.

Mesmo o tom dos anônimos é agradável aos ouvidos. Falam com a voz impostada como nos teatros. Diz-se que, para não perderem o rumo, os russos sabem que, na linha circular, vozes masculinas anunciam o percurso no sentido horário, e, femininas, no anti-horário. Nas outras linhas, os homens falam no sentido centro, e as mulheres, o contrário. Brinca-se, sem medo de soar machista, que são os chefes lembrando o trabalho e as mulheres chamando os maridos para casa.

Em um dos meus inúmeros trajetos fui surpreendida ao fazer a segunda baldeação a caminho da estação Delovoy Tsentr. Tomei o trem na Arbatskaya. No lugar das cores frias dos tradicionais vagões, muitas flores e cores quentes. Lá dentro percebi que havia tirado a sorte grande. Tomei o único trem da cidade que é diferente de todos os outros: além de colorido, sempre carrega a bordo exposições de arte. Os carros são especialmente adaptados de maneira a acomodar as obras.

Não há como saber quando ele passa. É puro acaso. Em um ano em Moscou, ainda não o tinha visto, apenas ouvido falar. Soube da existência do metrô-galeria quando comecei a pesquisar curiosidades para outra reportagem.

Antes de percorrer o vagão para ver as aquarelas do obscuro artista russo Sergei Andriyaki, puxei da bolsa a máquina fotográfica. Como Moscou tem a capacidade de surpreender todo o tempo, não saía de casa sem a câmera. Diante da minha estupefação, uma russa na casa dos cinquenta anos, que também havia sido surpreendida, não se conteve: "Vivo aqui há quase quarenta anos e ainda não tinha estado neste trem. É a primeira vez...".

O metrô também tem defeitos. Acho que não há pessoas mais antipáticas em toda a Rússia do que as funcionárias (são quase todas mulheres) do Московский Метрополитен.

O microcosmo subterrâneo moscovita é uma alegoria de como as relações se dão na superfície. Do alto do poder que lhes foi conferido naqueles guichês soviéticos empoeirados com cortina de veludo e flores de plástico, as vendedoras de passagens se sentem a prestar um grande favor ao cliente, que também tem obrigação de aturar seus dias de maus-bofes. Comprar tíquetes sem dinheiro trocado pode ser motivo para briga, assim como não falar em alto e bom som quantos bilhetes o passageiro pretende pagar.

As vigias das escadas rolantes são personagens à parte. Ficam claustrofobicamente limitadas às suas cabines de vidro de olho nos monitores e no painel de controle que parece saído de um filme de ficção científica da década de 1970. Acompanham o movimento das máquinas e repreendem por um megafone antigo os baguncistas que ousam desafiar a sua autoridade.

Às vezes deixam as velhas cadeiras e saem para colocar ordem no seu território ou simplesmente para respirar. Também têm o poder de mudar a direção das escadas no momento em que acharem conveniente, de acordo com o fluxo de passageiros. Vez por outra sobem ou descem debruçadas sobre os corrimões com panos encardidos para limpá-los durante o trajeto. Nem mesmo as funcionárias de chapéu vermelho que controlam o movimento de entrada e saída dos trens e parecem dar coordenadas aos motorneiros escapam do mau humor generalizado que, tudo indica, parece ser eficaz. Verdade seja dita, o metrô é bem organizado e extremamente limpo, em especial quando se consideram as hordas apressadas que passam por ali todos os dias.

No metrô, as funcionárias conseguem ser feias e maltratadas, o que pode ser bastante surpreendente em um país de beldades. Essas senhoras subterrâneas ainda são o retrato da antiga União Soviética. Em geral, são aposentadas — como as vigias dos museus — em busca de complemento para as pensões cada vez mais exíguas.

As que não conseguem emprego no final da vida são por vezes obrigadas a engolir o orgulho e vender flores, ou pedir esmolas, nas saídas do metrô. Conversei certa vez com uma senhora que, durante o regime, foi responsável por um depósito de alimentos, posição de prestígio para uma época em que se vivia a escassez, mas insuficiente para garantir-lhe hoje uma boa velhice. Agora vende flores na estação Okhotny Riad, próxima à Praça Vermelha.

Cultas, leitoras vorazes, conhecem música clássica e tricô, mas foram maltratadas pela vida. Não tinham dinheiro nem a opção de comprar os produtos de beleza consumidos pelas russas de hoje. Algumas ainda se vestem como nos velhos tempos (talvez com as mesmas roupas) e usam os mesmos penteados exagerados por seus altos topetes.

Se antes a data de validade da beleza feminina vencia aos 35 anos, agora, parece estar mais elástica. As russas se cuidam, fazem dieta, compram bons cremes, maquiagem, as melhores roupas e joias e, por muito mais tempo, continuam fazendo inveja à categoria pelo mundo inteiro para o deleite dos estrangeiros, sobretudo. Os locais já não parecem se deixar impressionar. Habituados àqueles belos rostos e corpos, transitam indiferentes ao desfile de longas pernas, saltos agulha (mesmo em pleno inverno de calçadas escorregadias) e saias cada vez mais curtas. As centenas de lojas de grife do mundo inteiro que se instalam na cidade são a confirmação de que a nova consumidora veio para ficar.

Eles não têm o mesmo cuidado com a aparência física e não se importam com a gordura ou o mau aspecto que a bebida pode lhes dar. Amparados nas estatísticas que comprovam que elas são historicamente mais numerosas, acomodam-se, fiando-se na velha lei da oferta e da procura.

No inverno, as estações de metrô também viram ponto de encontro de amigos, colegas e namorados que fogem do frio, além de abrigo de muitos dos mais de 30 mil cachorros de rua que perambulam pela cidade regidos por uma lei própria, talvez não muito diferente daquela que parece comandar a população humana, com quem as matilhas compartilham os espaços.

Por sinal, os caninos costumam despertar nos homens e mulheres russos compaixão que seus semelhantes estão longe de provocar. O homem caído por mais de duas horas na Tverskaya, principal avenida da capital, praticamente ao lado de uma guarita policial, causou espécie apenas a estrangeiros.

Os transeuntes passavam sem ao menos olhá-lo, possivelmente para não ter de se deixar convencer a desviar do seu caminho para ajudar o outro. Questão de sobrevivência que ainda se atribui a certos instintos soviéticos. Muitos partem do pressuposto de que o homem estaria bêbado e passam direto, talvez movidos por raiva ou cansaço de ter de lidar com essa grave doença da sociedade russa, o alcoolismo.

Meses antes, na calçada oposta, vi um velho (provavelmente bêbado) caído de bruços, como se estivesse morto, a dez graus abaixo de zero. A poça de sangue escuro já misturado à neve que tinha em volta do nariz era a prova de que estava ali havia algum tempo, sem despertar a compaixão do próximo.

Guia do cachorro em uma mão, celular em outra, eu não sabia para onde ligar nem a quem recorrer. Chamei a atenção de uma mulher que caminhava depressa atrás de mim. Ela me ditou números sem parar. Mas outra alma caridosa resolveu pedir socorro e interceptou dois policiais fardados que passavam. Para o meu espanto, um dos oficiais anunciou que não estavam trabalhando naquele dia. Seguiram indiferentes.

Em um país em que poucas pessoas vão para a cadeia, o bêbado que matou a pontapés o simpático vira-lata da estação Mendeleevskaya — em homenagem ao famoso cientista — foi. Para o pobre cão, restou ainda a homenagem póstuma em forma de estátua de bronze, em tamanho natural, que o eterniza coçando-se diante das máquinas de vender jornal. Até hoje, recebe pequenos buquês de flores ou rosas solitárias.

A um quarteirão de casa, o cão que tentou algumas vezes atacar a mim e ao Tobias, meu basset hound, ganhava marmitas de macarronada e, para o meu espanto, era escovado nas manhãs de sábado por uma moradora do bairro. Ele conhecia os pedestres e sabia bem a quem tinha que agradar.

Os cães se dividem em grupos e partilham o controle da cidade. Não é difícil identificar o líder. À noite, sentem-se donos das ruas e não escondem a sensação de poder. Correm juntos no escuro pelo bairro, sabe-se lá com que propósito. Uma matilha de seis animais liderados por um cachorro branco musculoso e cheio de cicatrizes dominava o meu quarteirão. Dava medo vê-los passar de madrugada do outro lado da rua enquanto passeava com o meu cachorro. Cruzavam a avenida num galope determinado e não pareciam prestar atenção em mais nada, para a nossa sorte.

Leem-se vez ou outra nos jornais casos de morte por raiva transmitida pelos cachorros de rua. Muitos deles são registrados na região do aeroporto e da feira de Ismailov. Em geral, apesar das matilhas noturnas pouco amistosas, os animais são simpáticos e cativam um público fiel de seguidores que os alimenta regularmente a exaustão. Já vi desdenharem de batatas fritas no metrô.

Dentre as inúmeras histórias de cachorro que colecionei, a que mais me impressionou foi a do cão que vi saltar sozinho de um dos vagões do metrô. Eu esperava uma amiga, com quem havia marcado encontro na plataforma da estação, e o acompanhei desde o momento em que desceu do carro. Atônita, me perguntava de onde estaria vindo, por que estava sem coleira e que fim teria levado o dono. Fiquei hipnotizada pelas cenas que se seguiram.

O animal parou no meio da plataforma como quem procura o que fazer. Latiu para um senhor que passou de bengala, fez festa para um grupo de crianças que voltavam uniformizadas da escola, coçou-se, olhou para um lado e para o outro, lançou-se na escada rolante e desapareceu. Teria descido na estação certa? Foi depois dessa cena, devidamente registrada pela câmera fotográfica, que decidi escrever para o jornal um breve texto sobre esses vira-latas do cotidiano e a relação dos russos com cachorros. Fotografei os cães moscovitas por cinco meses.

Investiguei o que registrava a literatura. Minha fonte foi a "soviética" Marina, uma filóloga aposentada que deu aulas em uma universidade na Quirguízia. Trabalhou na minha casa como faxineira para complementar a pensão e fazer as vontades da neta única. Mais de uma vez me deu verdadeiras aulas de literatura russa na sala de casa. Recomendou-me três histórias indispensáveis: "Kashtanka", de Anton Chekov; "Mumu", de Turguenev;

e "Белый Бим черное ухо" ("Cachorro branco da orelha negra"), de Gavril Troepolski, que nunca foi traduzido para outro idioma. Lembrou-se que este último havia virado filme, mas não sabia se eu deveria assisti-lo. Era tristíssimo. Não há um russo que não tenha ido às lágrimas, disse ela. De fato, não consegui ir até o final.

Aos poucos, fui percebendo que todos os russos davam as mesmas três dicas. Eram histórias de amor incondicional dos animais pelos donos. Por conta própria, descobri o livro *Coração de cachorro*,[8] de Mikhail Bulgákov, que conta o caso de um cão que se humaniza e, por isso, vai perdendo suas principais virtudes caninas. Após o transplante da glândula pituitária de um ser humano, foi se transformando aos poucos em um homem cheio de vícios que se deixou levar pelo que havia de pior no regime comunista e se emaranhou na burocracia do sistema. Perdeu a essência de suas qualidades de cachorro. Trata-se de mais uma crítica feroz do autor russo, repleta de metáforas ao regime stalinista. O livro da década de 1920 já faz referência aos milhares de cachorros de rua que circulavam pelas ruas da capital.

Da Moscou contemporânea, há registros da passagem desses animais pelo metrô no site www.metrodog.ru.

O lendário Московский метрополитен não poderia ser alvo mais visado por terroristas. A ousadia maior do atentado de março de 2010 estava na escolha dos locais dos ataques. Estações centrais, a Lubianka e a Park Kultury estão no entroncamento de linhas importantes e, por isso, são muito usadas pela população para fazer baldeações. Além disso, a Lubianka passa debaixo da

---

[8] Obra de 1925 publicada na União Soviética pela primeira vez em 1987.

praça de mesmo nome — que é simplesmente o endereço do QG da FSB. Ali perto ainda, reza a lenda, passaria uma linha secreta do metrô que atenderia o Kremlin. Não se sabe sua localização exata, e a administração tampouco confirma sua existência.

Se o atentado abalou a população, ele pouco alterou a rotina quase imperturbável do metrô moscovita. Nos primeiros minutos, os trens continuaram passando normalmente. Só não paravam nas estações afetadas. Uma conhecida, desavisada, comentou ter passado logo em seguida ao episódio a caminho do trabalho, como faz todos os dias. Quando percebeu que o trem não pararia na estação Park Kultury, olhou pela janela e viu a fumaceira, com pessoas caídas no chão. Não tinha ideia do que havia ocorrido e assustou-se quando soube. Apesar do atentado, o metrô de Moscou permanece o meio mais seguro de circular pela cidade e fugir do trânsito caótico da superfície.

Não por acaso foi inaugurada em junho de 2010, apenas três meses após o ataque terrorista, a estação Dostoevskaya, em homenagem ao grande mestre da literatura Fiódor Dostoiévski. Começou a funcionar um mês depois do previsto cercada de polêmica. Diz-se que o atraso se deveu às inúmeras críticas que teria recebido a decoração de mosaico em tons de cinza e negro que reproduz cenas violentas de assassinatos e suicídios da obra do escritor russo do século XIX. Psicólogos teriam dito, à época, que o tema da bela estação era depressivo e poderia torná-la um convite ao suicídio.

A inauguração desta que foi a 182ª estação do Московский метрополитен mostra que o metrô vai continuar se expandindo, mantendo a mesma preocupação com a estética do passado soviético.

O MISTÉRIO DA FÉ

A natureza da relação dos russos com a religião está longe de ser simples. Parece que nunca foi, nem mesmo durante o comunismo, com o Estado ateu, quando várias igrejas tiveram as portas fechadas ou foram destruídas, e os fiéis, perseguidos. A fé sempre teve o seu lugar entre os russos e se manifestou de maneiras variadas ao longo dos anos. Se a religião, em algum momento, pareceu estar distante da vida cotidiana, as crendices e superstições nunca deixaram de existir. Aliás, nem mesmo nos períodos de maior fervor religioso.

Um sombrio edifício na praça Lubianka, em Moscou, ainda causa arrepios em muitos russos. Como se sabe, ali funcionava o quartel-general da KGB e, hoje, do FSB. Em 1991, a imensa estátua que permaneceu por décadas diante do prédio — homenagem a Félix Dzerjinski, primeiro chefe do serviço secreto criado por Lênin — foi removida num gesto histórico com a grandeza dos eventos que marcaram aquele ano. O monumento ainda está no centro da capital, mas, agora, no chamado "cemitério das esculturas", onde se podem ver bustos de Stálin e outros tantos resquícios do passado.

De volta à Lubianka. Na discreta igreja ortodoxa amarela, escondida por um dos anexos de concreto escuro do FSB, a celebração das dezessete horas de um domingo gelado de fevereiro é reveladora dos novos e dos velhos tempos. O policial que guarda a entrada — e se retira algumas vezes para tossir do lado de fora, sem atrapalhar os cantos que acompanham o culto assistido por uma dúzia de fiéis — mostra que aquela não é uma igreja como as outras. Normalmente, não há seguranças nas igrejas, o que cria certa atmosfera de intimidação. Consagrada pelo patriarca Alexis II em 2002, com a presença do então diretor do FSB, Nikolai Patrushev, a igreja de Santa Sofia da Sabedoria Divina teria sido o refúgio espiritual da antiga KGB.

A placa de cobre afixada após a sua reabertura informa que a igreja havia sido "recriada com a bênção do patriarca de Moscou e de todas as Rússias e com a proteção do FSB". Reza a lenda que Putin, ele mesmo ex-diretor da instituição, tinha o hábito de se confessar ali. Há quem diga que houve muitos agentes entre os religiosos.

Ao longo dos oito anos de presidência de Putin, primeiro líder russo desde 1917 a admitir publicamente sua fé, a aproximação entre poder terreno e poder divino ficou mais clara. Dificilmente se imaginaria, durante o período soviético, que o serviço secreto, pilar essencial do Estado ateu, poderia andar de mãos dadas com a religião.

Em setembro de 2007, cientistas e oficiais militares celebraram o aniversário do programa nuclear russo, em Moscou, junto com a Igreja Ortodoxa em uma missa. Em dezembro de 2007, pouco após Putin indicar Medvedev para sucedê-lo, Alexis II disse a jornalistas: "Se Vladimir Vladmirovitch [Putin] o recomenda, trata-se de uma decisão cuidadosamente tomada, e nós a apoiamos". Algumas semanas depois, o patriarca ofereceu as boas-vindas a Medvedev durante missa na catedral do Cristo Salvador, em celebração transmitida pela televisão estatal.

As referências à igreja são frequentes nos discursos e entrevistas de Medvedev, assim como nos de Putin. As manifestações públicas de fé, ou de proximidade com a Igreja Ortodoxa, são cada vez mais comuns. Em entrevista à revista *Time*, quando foi eleito personalidade do ano em 2007, Putin disse ter lido a *Bíblia* e garantiu ter o livro sobre sua mesa. Quanto ao papel da fé na liderança exercida por ele, respondeu: "Primeiro, e acima de tudo, devemos ser orientados pelo senso comum. Mas o senso comum deve estar baseado em preceitos morais, em primeiro lugar. E não é possível hoje ter a moralidade separada dos valores religiosos".

A fé está de volta ao discurso oficial, não resta dúvida, embora o Estado russo permaneça laico. A aproximação evidente não significa, claro, que a Igreja vá retomar a influência que já teve um dia sobre o Estado. O Kremlin chegou inclusive a rejeitar algumas ideias, como a mudança do currículo escolar, e ressalta vez por outra que a liberdade de religião deve ser protegida. Tampouco tem cedido facilmente às demandas de devolver à Igreja edifícios confiscados durante o regime. Mas não abre mão de apoiar as reformas dos remanescentes.

Em 1931, Stálin decidiu construir imponentes e grandiosos monumentos por toda a capital soviética. O gigantesco Palácio dos Sovietes, por exemplo, edifício de quatrocentos metros que teria no topo uma imensa estátua de Lênin, já tinha até local escolhido. Havia só um senão: o prédio ocuparia o lugar da emblemática catedral do Cristo Salvador, um dos templos mais sagrados da Igreja Ortodoxa, a poucos quarteirões do Kremlin. As relíquias da catedral foram cuidadosamente removidas e catalogadas, e o edifício, então, implodido, mas o palácio sonhado pelo regime para sediar o governo stalinista não saiu do papel. O terreno não era firme o bastante para suportar um arranha-céu. No lugar, foi construída uma piscina pública aquecida ao ar livre.

Hoje, a Nova Galeria Tretyakov, além de uma magnífica coleção de arte contemporânea russa, exibe imagens em preto e branco do filme realizado pelos soviéticos com os momentos precisos do desmonte. Várias obras de arte e artigos religiosos importantes foram levados para outros lugares. Diferentemente do que se poderia imaginar, um plano minucioso foi posto no papel para facilitar o trabalho da demolição. Por sinal, foi com base no filme e em todos esses documentos que os especialistas conseguiram reconstruir, nos mínimos detalhes, a catedral exatamente como era e reinaugurá-la no ano 2000.

Vinte anos depois do colapso da União Soviética, as cúpulas douradas da catedral reconstruída contrastam com o céu branco do inverno. A igreja voltou a ser lugar de peregrinação. Em dezembro de 2008, foi o cenário do funeral do líder máximo dos ortodoxos. Alexis II, que morreu aos 79 anos, recebeu as últimas homenagens de todo o país no templo que ajudou a colocar de pé. Putin e Medvedev cancelaram todos os compromissos e acompanharam a cerimônia.

Histórias como a da demolição da catedral se repetiram durante todo o período comunista. "A religião é o ópio do povo", disse Karl Marx. O ateísmo devia ser a "crença" nacional. Aqueles sacerdotes que se rebelaram contra a destruição da catedral foram mandados para *gulags*. Tijolos, pedras e vitrais de algumas igrejas foram colocados em estações de metrô. A Igreja Ortodoxa Russa, que durante a Primeira Guerra Mundial tinha 54 mil paróquias, passou a ter quinhentas em 1940.

Logo na entrada da Praça Vermelha, a pequena igreja Nossa Senhora de Kazan, também demolida nos anos 1930, foi refeita em 1994. Isso também aconteceu com a mesquita da cidade de Kazan, que seria a maior da Europa. Esta última foi reinaugurada em 2006.

Em Moscou, a bela igreja onde se casou o escritor Pushkin e várias outras também passaram por reformas. Estima-se que, desde o fim do comunismo, 28 mil igrejas tenham sido renovadas, assim como mais de setecentos mosteiros e conventos.

Nem tudo foi posto abaixo durante o regime, e essa era uma espécie de válvula de escape para os fiéis. As autoridades fizeram vista grossa para prédios que não foram demolidos e onde sabidamente se realizavam cultos. A poucos quarteirões do Kremlin, a pequena igreja vermelha e branca construída no início do século XVII, na Bryusov Pereulok — uma transversal da avenida Tverskaya —, não só foi mantida intacta, como também recebeu ícones e objetos valiosos de outras que haviam sido destruídas.

Muitos ainda procuram assistir a celebrações nessa igreja pelo que ela representa. Acompanhei ali a procissão do domingo da Páscoa ortodoxa, em abril de 2009. À meia-noite, por todo o país, os fiéis se reúnem para comemorar a Ressurreição de Jesus Cristo. Velas em punho, dão a volta na pequena igreja da Bryusov, repetem três vezes que Cristo ressuscitou e entram para a celebração. A beleza das missas ortodoxas está sobretudo no fato de serem todas cantadas. Não pode haver música instrumental. Na saída, repetem a mesma frase entre si e se beijam. Dezenas de russos assistem a tudo da janela dos edifícios vizinhos — talvez por medo de enfrentar o vento gelado. No dia seguinte, amigos e familiares se reúnem. Trocam panetones e ovos decorados, muitos deles pintados à mão. Há quem mande benzê-los antes de oferecê-los. Na catedral de Cristo Salvador, a celebração foi transmitida pela televisão local e contou com a presença do presidente Medvedev, sua mulher, Svetlana, além de Putin.

Na Rússia do czar Nicolau II, pouco se decidia sem a consultoria do curandeiro — ou religioso, como preferiam dizer alguns — Grigori Rasputin. Os poderes atribuídos a ele, e a forte influência que exerceu na corte, custaram-lhe a vida. Décadas depois, na era comunista — quando as crendices eram, em teoria, proibidas —, o secretário-geral Leonid Brejnev cercou-se de curandeiros e consultores espirituais. A mais influente, e citada até hoje pelos russos, teria sido Djuna, uma georgiana poderosa procurada por políticos importantes e celebridades.

Durante o regime soviético, nada disso era feito abertamente, embora todos soubessem. A maioria dos curandeiros atendia em casa e, de preferência, fora de Moscou. Eles fazem parte da cultura russa há séculos. Ninguém deixou de acreditar no poder deles, nem mesmo durante os setenta anos do comunismo.

A procura pela cura espiritual para problemas complicados ou corriqueiros ainda é enorme. Por essa razão, os cerca de 800 mil curandeiros de todos os tipos que existem pela Rússia precisam de um certificado aprovado pelo governo para exercer o ofício. Os candidatos são submetidos a uma prova e precisam apresentar o testemunho de dez pacientes que confirmem o seu poder de cura. Aqueles que dizem ter poderes extrassensoriais devem ainda passar por um encefalograma.

"Este mercado não é regulado. É caótico, cheio de charlatães, pessoas fora de controle. Temos que por ordem nisso, goste-se ou não. É a saúde das pessoas", diz a deputada Ludmila Stebenkova.

Páginas inteiras dos principais jornais estampam diariamente dezenas de anúncios de curandeiros, magos e afins. Prometem mundos e fundos aos crédulos: de riqueza à cura de doenças, amor eterno e a extração indolor de dentes. Há até aquele que se diz capaz de "fazer a prostituta com que você está saindo apaixonar-se de uma vez por todas". Sobre o pagamento, em geral, é a velha história de "satisfação garantida ou seu dinheiro de volta". Curandeiros VIP têm clientela especial. O preço da consulta, nesses casos, começa em 5 mil dólares, como mostram anúncios na internet.

O programa de televisão Битва экстрасенсов (*Bitva Extrasensov*, ou algo próximo de Forças Extrassensoriais) tem grande audiência na Rússia. Apresenta curandeiros de toda parte e testa os seus poderes diante das câmeras. "É claro que eu acredito nessas pessoas. Algumas são realmente impressionantes", disse a professora Ekaterina Karlova, fiel telespectadora.

Fora do centro de Moscou, num velho edifício de cor indefinida, caindo aos pedaços, a pequena placa anuncia uma "clínica" de curandeiros e de medicina não tradicional. Ao final de um corredor deserto no segundo andar, a porta de número 8 é o consultório de Nadia Puga. Essa ucraniana de sessenta anos e sotaque carregado trabalha como curandeira há 35 anos na capital russa. No consultório apertado, há apenas uma pequena cama, uma pia, o armário em que guarda livros, ícones e um vaso com flores de plástico, além da mesa com duas cadeiras na qual dá consultas.

Nadia, que já tem o certificado exigido pelo governo, é formada em medicina e psicologia. Tirou o primeiro lugar no concurso "Curandeiros de 2001". Trabalha no Instituto Internacional de Curandeiros de Moscou. Entre os clientes garante ter celebridades e políticos importantes. Os nomes são protegidos pelo segredo profissional. "Os políticos se queixam de desgaste emocional. Os artistas temem a concorrência", contou.

Durante a nossa conversa, recebeu o telefonema de uma mãe preocupada com o filho alcoólatra. Marcara consulta para dois dias depois.

Nadia me garantiu ter curado 80% dos alcoólatras e viciados em drogas ou em jogos que a procuraram nos últimos anos. Há anos recebe todos os meses um cesto de peixes de um cliente antigo. Ex-banqueiro, o homem teria perdido todo o dinheiro com as drogas. Após ter sido curado por Nadia, mudou de vida e virou pescador; pouco tempo depois, um negociante bem-sucedido de peixes em feiras nos arredores de Moscou.

"Há muitos charlatães, é verdade. Tenho formação, e minha família também tinha. Como tratar alguém pela medicina não tradicional se não se conhece a tradicional?", disse.

Para atrair a pessoa amada, pede ao cliente que traga duas toalhas, um buquê de rosas e uma fita vermelha. Após algumas preces, vão jogar o arranjo no rio Moscou. Pela aura da pessoa, garante poder saber se está doente ou não. Preferi não me arriscar. O filho de Nadia, que também é curandeiro — Pai Georgi, conforme o anúncio de jornal —, tem a agenda tão cheia que não tem tempo para entrevistas.

A fé e as crendices não param de crescer, mesmo entre os mais velhos, que passaram a maior parte da vida sob o comunismo. Esse processo é bastante perceptível, mas as estatísticas ainda são díspares e não são capazes de dar a real dimensão da religiosidade da Rússia contemporânea.

Dados do instituto de pesquisa VTSIOM mostram que 16% da população não acreditam em Deus e outros 12% até acreditam, mas não têm religião. A maioria das pessoas se declara ortodoxa (63%). Cerca de 6% se dizem muçulmanos. Nos 4% restantes estariam católicos, budistas, protestantes e judeus. Os números podem variar de acordo com a fonte. O percentual de ortodoxos, por exemplo, pode chegar até 90% da população. Mesmo assim, nem todos aqueles que se declaram ortodoxos são praticantes. Estima-se que o grupo dos frequentadores da igreja esteja estimado em algo entre 5% e 10% do total.

O mais curioso é que independentemente da fé, ou da falta dela, boa parte dos russos é supersticiosa. "A superstição é algo típico em qualquer país. A Rússia não é exceção. Sempre houve, do czar aos bolcheviques. Brejnev evitava passar por gatos pretos. Há vestígios pagãos de antes da cristandade na sociedade russa moderna", contou o professor de história da Universidade de Moscou, Sergei Chernov.

Na feira de Izmailov, a comerciante de *matrioshkas* esfrega os rublos que acaba de receber sobre as bonecas que restaram no balcão. Diz que é para atrair novas vendas. Na Rússia, não se cumprimentam amigos ou conhecidos debaixo do batente da porta. Presentes para bebês antes do nascimento, nem pensar. Jamais dar um objeto perfuro cortante a um amigo. Cair sal sobre a mesa é proibido. Se der flores a alguém, só em número ímpar; em número par, só em velórios. Se esquecer algo em casa depois de ter saído pode até voltar, mas é preciso olhar-se no espelho antes de sair à rua novamente.

Por falar em espelho, ao quebrar um, é preciso jogar os pedaços fora sem se deixar ver refletido nos cacos. Jamais limpar o chão da casa no dia em que se vai viajar. Para olho grande e maus fluidos, incenso. Acender uma vela e andar com ela por todos os cantos da casa também é um ótimo antídoto contra os maus espíritos.

Aprendi muitas das mandingas russas com a minha empregada soviética, que passou a maior parte da vida sob o regime, trabalhou para ele, mas nunca perdeu a fé. Se antes ela não podia praticar por razões óbvias, hoje, qualquer data é desculpa para ir à igreja ou participar de longos jejuns. As superstições, por sua vez, essa mesma mulher que se benze a cada pensamento ruim ou tragédia a que assista pela televisão me garante que nunca perdeu.

A geração de ortodoxos de trinta a quarenta anos ainda evita ir à missa. A explicação é simples, segundo me contou uma professora dessa faixa etária: as pessoas não sabem se comportar na igreja e têm medo de levar pito dos mais velhos. Não dominam os ritos das cerimônias. Sabem rezar e acreditam no que estão fazendo. Mas o que sabem, aprenderam com os avós, em casa, quando rezavam escondidos e improvisavam as suas próprias missas ou os momentos de devoção.

Especialista em Rússia, o antropólogo Boris Chichlo garantiu que o chamado ateísmo militante não conseguiu destruir os ritos tradicionais. Pelo contrário, o sincretismo faz parte da cultura russa. As religiões se adaptaram às crenças ancestrais. As superstições convivem muito bem com a fé religiosa. "As religiões foram substituídas por outras crenças durante o comunismo."

Sobre o crescimento da fé nos últimos anos, o professor Sergei Chernov explicou que o fim do marxismo-leninismo deixou um grande vácuo: "Era um sistema de percepção do mundo. As pessoas não podem viver no caos e, por isso, recorreram à religião para preencher este vazio".

Declaradamente ateu, o professor Chernov foi ainda mais longe e garantiu que se voltar para a fé é uma maneira de o indivíduo tirar a responsabilidade de si. "Os russos não gostam de responsabilidade, sobretudo pelos enganos e insucessos de decisões tomadas. Não aprenderam ainda a viver individualmente, assumir o custo de suas próprias decisões. É um modo de fuga", disse.

Apesar desse inegável movimento de reconciliação com a religião, Chernov afirmou ter suas dúvidas sobre a religiosidade do povo russo e disse acreditar que, no fundo, as pessoas não são religiosas como querem fazer crer. "A religião é uma formalidade. O principal é cumprir as formalidades. Em muitos casos, falta crença. Por isso, foi tão fácil destruir igrejas durante o período do comunismo. As mesmas pessoas que agora construíram as igrejas as destruíram naquela época."

Para garantir o amor eterno, os casais moscovitas têm o hábito de gravar seus nomes em cadeados. Penduram, em geral, na ponte em frente à catedral do Cristo Salvador e, romanticamente, atiram as chaves no rio Moscou. A quantidade de cadeados é tal que o governo resolveu criar estruturas metálicas semelhantes a árvores para pendurá-los um pouco mais adiante. Há desde modelos simples escritos a canivete até incrementados cadeados feitos sob encomenda com caligrafia especial.

O acesso à informação sobre outras religiões é cada vez maior. Por essa razão, blogs religiosos, chats, fóruns de discussão e sites de relacionamento têm sido úteis para reunir fiéis nos onze fusos horários que cortam o país.

"As pessoas têm pouco tempo. Esta é uma maneira de estimular os debates e reunir quem têm interesses comuns", disse Igor Matveev, administrador de um dos sites de relacionamento para ortodoxos mais populares do país, o Sobornoedelo.ru.

Matveev destacou a importância da rede para chegar ao público mais jovem. O site é monitorado com pente fino pelos clérigos para garantir que a moral e os valores cristãos sejam propagados. Os blogs, em geral, são pessoais, mas não deixam de expressar os mesmos valores e princípios. As centenas de comunidades reúnem peregrinos, interessados em conselhos de saúde, associações profissionais e colecionadores de ícones religiosos. Sacramentos e confissões ainda não podem ser feitos on-line. Mas quem sabe no futuro? O patriarcado de Moscou estima que o número de clérigos blogueiros já tenha chegado a quinhentos.

A ideia de usar a internet para atrair os fiéis não poderia ser mais acertada. A Rússia é um dos países que registra o maior crescimento de internautas do mundo. Cerca de 20% da população admite se informar pela rede. Não é à toa que Medvedev e Putin mantêm blog e site já há alguns anos.

Para quem não tem acesso à rede, a "igreja rápida" é a solução. São modelos pré-fabricados que podem ser montados em até 24 horas. A primeira unidade foi erguida na cidade de Kemerovo, na Sibéria, a 3.500 quilômetros de Moscou. A igreja foi construída com recursos do Clube de Ortodoxos Filantropos e o esforço de voluntários. O kit completo, que já inclui os ícones, pode custar algo em torno de 150 mil reais.

A novidade foi bem recebida pelo patriarca e pode ser uma das soluções para a falta de igrejas pelo país, principalmente nas periferias das grandes cidades, onde foram construídas as cidades-dormitório durante o período soviético. Estima-se que, na grande Moscou, existam apenas seiscentas igrejas para uma população de aproximadamente 11 milhões de pessoas. Não é raro ver os pequenos templos das cidades mais afastadas com gente do lado de fora no horário das celebrações.

Em entrevista à imprensa russa, Andrei Poklonsky, presidente do Clube de Ortodoxos Filantropos, contou que a iniciativa ressuscita uma tradição do século XVI, quando as igrejas eram doadas pelos ricos e construídas pela congregação, e prometeu muitas outras pelo país.

O espírito de modernização que vem se disseminando pelo país parece ter contaminado também a Igreja Ortodoxa, que, rapidamente, entendeu o funcionamento do novo mundo e não quer ficar para trás. Em 2010, o próprio patriarca Cirilo disse que os padres deveriam estar on-line e usar as redes sociais para ficar próximos dos fiéis. As comunidades vêm crescendo a olhos vistos e tornaram os serviços voltados para os fiéis um grande filão.

O grau de importância da fé na vida dos russos deve continuar mudando, assim como o espaço que cada religião poderá vir a ter no futuro. Pesquisa do VTSIOM indica que religião e fé são importantes para 68% dos russos. Embora apareça em último lugar entre as respostas dos entrevistados durante a pesquisa, esses dois valores foram os únicos que ganharam relevância para as pessoas nos últimos anos. Em 2005, 65% diziam considerá-los importantes. A família e a amizade continuam no topo da lista, tendo sido apontadas como importantes por 97% e 92% das pessoas, respectivamente.

Os ortodoxos devem continuar maioria nos anos vindouros. Mesmo assim, a comunidade muçulmana tem crescido, sobretudo em função da chegada de imigrantes de antigas repúblicas soviéticas. Por essa razão, o governo vem adotando uma política de aproximação com as outras religiões e pregando a multiconfessionalidade do país e a tolerância. Em visita à Mesquita Central de Moscou, em 2009, a primeira de um presidente russo, Medvedev afirmou que os muçulmanos são influentes e respeitados no país e que suas organizações vêm contribuindo para promover a paz na sociedade ao fornecer educação moral e espiritual para várias pessoas, além de combater o extremismo e a xenofobia. O recado se explica pelas estatísticas que ele próprio citou em seguida: dos 182 grupos religiosos existentes no país, 57 apontam o islamismo como religião principal.

As regiões de maioria muçulmana, apesar do discurso do presidente, são foco de instabilidade interna, inclusive dos ataques terroristas que atingiram o metrô de Moscou em março de 2010 e o aeroporto de Domodedovo, o mais movimentado da capital, em janeiro de 2011. Também não são poucos os enfrentamentos e atentados nas áreas conflagradas do norte do Cáucaso, onde novecentos morreram apenas em 2009. Nos anos Putin, a violência na região foi tratada com a rigidez característica do conhecido pulso forte do homem mais poderoso do país. Foi a dura atuação na Chechênia que teria garantido muitos votos a Putin na primeira eleição a que concorreu. De acordo com dados publicados no jornal inglês *Financial Times*,[9] o PIB per capita da região — onde a taxa de desemprego supera os 43% da população — é de 1.800 dólares, enquanto o da Rússia é de 10 mil dólares. A diferença é vista hoje pelo Kremlin como pano de fundo do cenário de extrema violência, corrupção e falta de horizontes.

Medvedev preferiu travar boa parte desse combate no campo econômico. A Rússia tem tentado desenvolver o Cáucaso com dinheiro e, somente em 2010, injetou 1,8 bilhão de dólares na economia chechena, o equivalente a cerca de 1.600 dólares por habitante, praticamente o mesmo valor do PIB per capita da região. No início de 2011, o presidente ainda anunciou um plano que previa novos investimentos da ordem de 15 bilhões de dólares para desenvolver o turismo na região. Mas há quem diga que os recursos não estão chegando onde deveriam chegar e, por isso mesmo, ainda não teriam sido capazes de reduzir as enormes desigualdades.

A incógnita para o Kremlin é como lidar com essas regiões daqui para a frente. Se privilegiam lideranças que supostamente controlam o extremismo. Mas será que controlam de fato?

---

[9] "In the light", *Financial Times* de 28 de janeiro de 2011.

Vozes da Rússia

"Good night, and bad luck!" Essa foi a manchete da última edição impressa do irreverente *The eXile*, jornal publicado em inglês para o público expatriado. A frase é um trocadilho com o nome do filme dirigido por George Clooney, *Boa noite e boa sorte* (em inglês, *Goodnight, and good luck*). O complemento era ainda mais provocador: "Em uma nação aterrorizada por seu governo, um jornal ousou zombar da sua cara". O periódico quinzenal, que contara onze anos de existência, teria sido fechado após visitas de agentes do serviço de segurança. A casa teria sido enquadrada no artigo 4º da Lei de Mídia, que prevê punições para a apologia do extremismo, da pornografia ou das drogas. Diz-se que o relacionamento com o escritor oposicionista Eduard Limonov, cujos artigos vinham sendo publicados com destaque, estaria entre os motivos.

A notícia do fim do *The eXile* veio poucos meses depois das idas e vindas do tabloide Московский корреспондент (*Moskóvski Korrespondent*), que saiu de circulação após publicar uma matéria de capa surpreendente sobre um suposto relacionamento do ex-presidente Vladimir Putin com a campeã mundial de ginástica Alina Kabaeva. Deputada pelo partido da situação desde 2007, a ginasta mais bem-sucedida da Rússia tem praticamente metade da idade do primeiro-ministro. E é linda.

Um escândalo como esse não teria nada de mais se ganhasse as páginas na Inglaterra ou na Itália, onde não faltam nos noticiários histórias picantes envolvendo autoridades e celebridades. Tampouco seria um problema a publicação de reportagem semelhante no Brasil. Na Rússia, era de esperar que algo assim jamais fosse publicado.

O jornal voltou a funcionar. Na ocasião, o diretor-geral disse que o periódico tinha aprendido "com os erros do passado" e que "terá mais responsabilidade ao escolher matérias para publicação". O *The eXile* também voltou a circular, mas apenas em versão eletrônica. Em sua página inicial na internet, havia uma carta do editor descrevendo a visita que recebeu das autoridades e explicando que o periódico passaria a ter os Estados Unidos como foco e não mais a Rússia, onde manteria um único funcionário.

Esses foram dois casos quase pitorescos a que assisti enquanto vivi em Moscou. Há quem diga que o *Moskóvski Korrespondent* teria criado uma situação extrema para parecer ter sido fechado à força, tendo em vista sua difícil condição financeira. É possível? Na Rússia, tudo é possível.

Acompanhei algumas manifestações de grupos de oposição no período em que vivi em Moscou. Não foram tão numerosas como fez parecer a imprensa estrangeira, nem mobilizaram tantas pessoas. Pouco antes da eleição presidencial, em novembro de 2007, o oposicionista e ex-campeão mundial de xadrez Gary Kasparov, celebridade badalada no exterior e quase ignorada pelos russos, chegou a ser preso por cinco dias depois de organizar e participar de um protesto no centro da cidade.

Narrei as ações do enxadrista às vésperas das eleições e acompanhei de perto a sua prisão. Ao deixar a cadeia, Kasparov deu uma de suas primeiras entrevistas, em inglês. Desisti de tentar entrevistá-lo quando percebi a sua reduzida relevância no contexto político russo. O caso ganhou destaque na mídia internacional. Já a imprensa nacional foi econômica nas palavras.

A maioria das Marchas dos Descontentes, organizadas pela coalizão liderada por ele, a Outra Rússia, reúne algumas centenas de pessoas. Os protestos não duram muito tempo e, em geral, são dispersados pela polícia — que age de maneira truculenta e enche camburões de manifestantes para prestar depoimentos ou dormir na cadeia, sob a alegação de que não tinham autorização oficial para as manifestações. No auge da crise financeira global, algumas marchas foram realizadas. Mas nem essas mobilizações parecem ameaçar o governo. Surpreendentemente, não costumam ser direcionadas contra quem está no poder, mas, sim, contra problemas específicos.

A oposição é desagregada. Não consegue avançar por diferentes razões. Uma delas é o sistema político-partidário, que dificulta a sua estruturação. Além disso, existe um pacto tácito da população com a prosperidade. A oposição não mobiliza a sociedade, mas pequenos grupos dentro dela.

Kasparov é hoje para fora da Rússia uma espécie de Mikhail Gorbachev. São personalidades políticas nanicas dentro do país, embora a imprensa internacional tente projetá-las como influentes ou representativas.

"Kasparov, o enxadrista? Não sabia que era político. Quer se candidatar a quê?", reagiu, surpresa, uma amiga russa.

O que é curioso, nesse contexto, é que a situação tem instintos de controle do poder desproporcionais em relação à capacidade de mobilização dessas oposições.

O público em geral tampouco parece ter especial interesse pela morte de jornalistas. Um colega turco que já morava em Moscou havia bem mais tempo me disse várias vezes como o chocava a falta de organização da categoria. Deparou com alguns gatos pingados nas manifestações que lembravam a morte de Anna Politkovskaya. A jornalista do *Novaya Gazeta*, o periódico mais crítico do país, foi assassinada a tiros no elevador do prédio onde morava, no momento em que voltava das compras, em outubro de 2006. O caso ainda está longe de ser esclarecido. Três envolvidos foram indiciados em 2008 (nenhum deles aparentava ser o mandante do crime). Em fevereiro de 2010, foram julgados e absolvidos. Mas a Suprema Corte determinou que se realizasse novo julgamento.

No dia 31 de maio de 2011, foi preso, na Chechênia, o principal suspeito do assassinato. Rustam Makhmudov estava foragido desde o julgamento dos dois irmãos. A polícia russa teria contado com a ajuda das autoridades belgas nas investigações deste que é acusado de ter puxado o gatilho contra a jornalista. Apesar de expedidos mandados de prisão internacionais e comunicação à Interpol, Rustam teria conseguido fugir para Bélgica depois do crime.

O editor-chefe do jornal garantiu que foram vazadas informações confidenciais das investigações à mídia para facilitar a fuga dos responsáveis. Em março de 2007, outro jornalista também morreu em condições misteriosas. Ivan Safronov, repórter investigativo da área militar, teria se jogado da janela do 5º andar de seu prédio. Dois anos mais tarde, foi a vez de um duplo assassinato. A jovem repórter do jornal *Novaya Gazeta*, Anastasya Baburova, e o advogado especializado em direitos humanos Stanislav Makerov foram mortos no centro de Moscou em plena luz do dia. Em julho de 2009, Natalia Estemirova, jornalista e ativista da ONG Memorial, uma das mais antigas a atuar na Rússia, foi encontrada morta na fronteira da Chechênia com a Ingushetia, após ter sido sequestrada na porta de casa, em Grozny, capital chechena. Ela era amiga de Politkovskaya e participou de várias investigações de abusos contra os direitos humanos no Cáucaso russo. Um mês depois, dois militantes da organização humanitária Save the Generation foram sequestrados e mortos na Chechênia. Em julho de 2010, o presidente Dmitri Medvedev anunciou que o assassino de Estemirova havia sido identificado e expedido um mandado de prisão internacional, sem dar o nome do acusado.

Os casos seguem uma espécie de padrão. São assassinatos cometidos à luz do dia ou em locais bastante óbvios contra pessoas que supostamente investigavam histórias em conhecidos vespeiros russos.

O Comitê para a Proteção dos Jornalistas denunciou 22 mortes de profissionais na Rússia de 2000 a 2009 e garante que o país está entre os dez mais perigosos do mundo para a categoria. A entidade é crítica da falta de empenho do Kremlin na condução das investigações e na busca por justiça, mas ultimamente reconhece progressos no tratamento que vem sendo dado pelo governo Medvedev a esses casos.

Não resta dúvida de que existem riscos importantes para os repórteres locais que têm por ofício mostrar ao público nacional reportagens sobre temas espinhosos em locais conflagrados. Mas a situação é diferente para os jornalistas estrangeiros, por mais incômodos que venham a ser. Como não exercem influência sobre o público que realmente interessa às autoridades, não são motivo de especial preocupação. Podem se envolver em um ou outro entrevero com o poder público, não concordar com certos procedimentos burocráticos ou ter a impressão de constante monitoramento. Mas não ouvi falar de ameaças que limitassem o exercício do trabalho desses repórteres enquanto morei em Moscou.

Eu, particularmente, sempre fui bem tratada por meus interlocutores. É possível que exista uma boa vontade com o Brasil que não se repete com os Estados Unidos ou a Inglaterra, por exemplo, países com os quais a Rússia vive às turras.

Conheci outros correspondentes de grandes jornais europeus e americanos que certamente incomodavam bem mais do que eu. Eles próprios, por mais que tivessem o hábito de colocar o dedo em certas feridas e expô-las ao seu público, não tiveram problemas mais sérios.

Uma colega de um periódico importante europeu recebeu certa vez uma reclamação por escrito. Nada mais. Outro que preparava um documentário sobre a "Rússia profunda" para uma televisão estatal da Europa Oriental me contou ter sido seguido por um carro preto com a placa do serviço de segurança durante todo o trajeto. O motorista o interpelou uma única vez, para perguntar por que não entrevistava um representante da Igreja Ortodoxa, já que o fazia com um budista e um *hare krishna*. A resposta foi simples: "Ninguém respondeu aos nossos pedidos de entrevista".

Em quinze minutos, materializou-se diante de sua equipe um sacerdote disposto a falar.

Uma jornalista canadense esteve a ponto de ser deportada quando viajou para a Chechênia. Acabou recebendo uma advertência. Saíra de Moscou sem solicitar as autorizações necessárias a quem de direito. É sabido que as viagens de estrangeiros a regiões conflagradas devem ser negociadas com o serviço de informação. Gostem ou não os estrangeiros, essas são as regras. As autoridades locais dizem que essa é uma maneira de tentar garantir a segurança dos jornalistas.

Por mais paradoxal que pareça, embora a situação da imprensa na Rússia seja motivo de preocupação entre especialistas e alvo de duras críticas no Ocidente, não se pode dizer que a liberdade de expressão é inexistente no país. Não há, por exemplo, bloqueios a sites na internet, como acontece na China, onde o governo trava uma verdadeira queda de braço com a Google, que quase teve sua licença cassada no país em 2010 por não respeitar a censura e redirecionar algumas consultas para páginas em Hong Kong. Tampouco ocorre de a revista *The Economist* chegar à casa do assinante sem as páginas de reportagens consideradas incômodas para leitura, como me relatou um colega que viveu em Pequim. Apesar de todas as suas limitações, a imprensa russa nunca foi tão livre, como confirmam os locais.

Os controles são mais perceptíveis sobre as emissoras de televisão. Boa parte delas pertence ao governo ou a grupos ligados a ele. Isso explica por que tendem a mostrar uma realidade mais filtrada. Os sete maiores canais atingem a maioria esmagadora da população, mesmo nos grotões mais distantes do país. Há vários temas que perturbam o poder estabelecido — e que simplesmente não são mencionados na TV russa.

Os efeitos da crise financeira global, desencadeada em setembro de 2008, demoraram a ser transmitidos para a população. É como se ela ainda não tivesse batido na porta da Rússia. No início, os repórteres falavam de uma crise que assolava os Estados Unidos.

O termômetro da realidade era a rua. As tabuletas com as taxas de câmbio que mudavam diariamente e os relatos de pessoas que começavam a guardar divisas debaixo do colchão eram indícios da tensão. Flagrei o quirguiz que trocava as plaquetas de cotação na boca do metrô em ação pelo menos três vezes no mesmo dia. A vida foi ficando claramente mais barata para a minoria que ganhava em dólar ou em euro. Os aluguéis caríssimos também caíram de preço, tornando-se menos exorbitantes.

O Russia Today, canal de notícias criado pelo governo para o público estrangeiro — transmite em inglês e em árabe —, mostra diferentes aspectos do país. Os repórteres fazem boas matérias, mas raramente críticas. Quando o tema é mais delicado, fica fácil identificar qual é a versão dos fatos que estão apresentando. Não posso me esquecer da matéria que mostrava como os russos reagiam às reportagens da mídia estrangeira sobre a guerra na Geórgia. Entrevistaram pessoas comuns que claramente não falavam outros idiomas e, portanto, não teriam acesso à cobertura feita no exterior. Uma *babushka* (vovó) com três dentes de ouro na boca e lenço colorido na cabeça dizia, na porta de um armazém, que achava as reportagens internacionais absurdas e injustas.

Não obstante a falta de isenção dessa reportagem específica, os russos estavam realmente muito ressentidos pelo fato de o Ocidente ter prontamente responsabilizado Moscou pelo conflito. Meses depois da guerra, a BBC exibiu um documentário que admitia a responsabilidade dos georgianos pelo desencadeamento da guerra.

Os jornais têm certa abrangência, mas não o poder de penetração das emissoras. Isso explica a menor atenção dispensada pelas autoridades ao que veiculam. Reportagens publicadas em jornais como o *Novaya Gazeta* ou o *Kommersant*, ou ainda discussões levantadas pela rádio Ekho Moskvy, uma das mais combativas, dificilmente serão vistas na TV. Esses meios de comunicação, deve-se reconhecer, preparam matérias críticas e debates informados com bastante liberdade.

Para a editora Maria Lipman, da revista *Pro et Contra*, do Centro Carnegie de Moscou, não se trata de falta de informação. O problema está no fato de reportagens negativas ou críticas ao governo não terem eco pelo país. Legislativo e judiciário, segundo ela, não investigam denúncias apresentadas em reportagens sobre o Executivo. A especialista afirmou que há uma espécie de acordo tácito entre os três poderes.

Apesar dessa análise mais pessimista, ela própria sempre insistiu no fato de a imprensa nunca ter sido tão livre na Rússia e enumerou os bons jornais críticos. "Mas o fato é que não existe a institucionalização da imprensa. Esse governo ficou conhecido pela desinstitucionalização em geral. Um deputado da Duma jamais vai aprofundar uma denúncia da imprensa na Casa, muito menos tentar levar as investigações adiante. O Parlamento está completamente dominado pelo Kremlin. O mesmo acontecerá no Judiciário. É preciso fortalecer as instituições do país."

Segundo o presidente Medvedev, a Rússia não tem "controles especiais sobre a mídia diferentes daqueles que existem em outros países". Quando assumiu o poder, em maio de 2007, prometeu zelar pela liberdade de expressão e combater a corrupção, que chamou de "meio de vida" no país. Para a surpresa de muitos, sua primeira entrevista exclusiva foi concedida ao jornal *Novaya Gazeta*, de Politkovskaya. No pacote anticorrupção que ainda não saiu por inteiro do papel, cogita-se dispensar a jornalistas investigativos a mesma proteção oferecida a testemunhas de crimes. Parece um bom sinal.

De sua parte, a população não demonstra muita preocupação com a liberdade de expressão, ou a falta dela. Pesquisas de opinião mostram que o tema nem sequer vem mencionado pelos russos como uma das prioridades para o país. Ao contrário, uma pesquisa de opinião realizada em maio de 2008 pelo Centro VTSIOM mostrou que 58% dos entrevistados eram favoráveis à censura da imprensa. Outros 25% eram contra, e 18% não sabiam. Entre os que sabiam que a Constituição proíbe a censura, 17% ainda assim a defendiam.

Outro complicador para a disseminação da informação pelo país é a preferência da população pelos periódicos regionais.

Segundo a revista especializada Журналист (Jornalista), a maior parte da mídia regional e até 80% dos jornais locais da Rússia continuam sendo públicos ou ligados aos órgãos municipais, o que se reflete na política editorial e (falta de) independência econômica desses. São patrocinados por fundos regionais ou pelo orçamento municipal. Em outras palavras, na Rússia de hoje existe um grande número de publicações que estariam fora das chamadas relações de mercado.

Há no país entre 17 e 18 mil jornais e semanários registrados. O mercado das revistas também é gigantesco. Rende mais de 1,5 bilhão de dólares por ano, perdendo somente para a Índia e a China. A circulação anual das revistas é de 1,84 bilhão de exemplares. Esse mercado não se limita às inúmeras publicações nacionais. As principais casas estrangeiras montaram filiais em Moscou ou lançaram no país suas versões russas, em idioma russo, como *Newsweek*, *Elle*, *Vogue*, *Cosmopolitan* e *National Geographic*. Os russos leem muito. Outra boa herança do passado soviético.

De todos os meios de comunicação, a internet firmou-se e popularizou-se como aquele que tem menos restrições. É um mundo à parte, considerado uma arena importante de debate nacional, sobretudo político. A rede é usada por pouco mais de 20% da população, em sua maioria jovens das grandes cidades. Esse percentual vai crescendo a olhos vistos, segundo mostram as principais pesquisas realizadas no país.

Durante a eleição presidencial, um cartaz virtual (que imitava os velhos *affiches* soviéticos com suas mensagens positivas para a população) trazia ao centro o desenho de um homem de óculos escuros, braços cruzados, terno e chapéu pretos com traços do ex-presidente Vladimir Putin. O nome do partido situacionista Rússia Unida era ligado a ele por fios como se fosse um títere. Abaixo, sem meias palavras, vinha a seguinte inscrição:

"O presidente do qual é impossível se livrar". Era uma clara paródia do filme O *poderoso chefão*. A sátira surgiu em uma das 427 comunidades cibernéticas criadas para debater política no Live Journal, site de blogs popular nos Estados Unidos, que tem nos russos seu segundo grupo de usuários. Esse *post* em especial recebeu 11.971 comentários.

Pouco após o pleito parlamentar de dezembro de 2007, choveram denúncias de fraudes no processo eleitoral. Opositores do governo passaram a usar estes mesmos blogs para organizar manifestações, ou simplesmente para tentar atrair a atenção do público.

A cinco dias da eleição presidencial, uma série de internautas convidava os cidadãos a um boicote às urnas, ao contrário do que pediam os milhares de cartazes que as autoridades haviam espalhado pelo país. "As eleições são falsas — mais do que os candidatos, os resultados são falsos", dizia um internauta, pregando o boicote. Apesar da proibição da divulgação de dados de pesquisas eleitorais durante a semana anterior à eleição, um usuário da rede resolveu fazer a sua própria sondagem e garantiu que era necessário publicá-la. Teria entrevistado cerca de duzentas pessoas, das quais 110 afirmavam que não votariam. Brincadeiras ou exageros à parte, a internet se tornou o espaço mais procurado pelos jovens russos que querem expressar as suas opiniões.

"A internet é o único espaço de expressão dos jovens. Eles são passivos, e a política não lhes interessa. Não vão a manifestações na rua. Mas estão muito presentes na rede", disse-me o sociólogo Denis Volkov, do Instituto de Pesquisa Iuri Levada, uma das minhas primeiras fontes em Moscou.

Nem mesmo os comunistas mais radicais conseguem evitar o uso da internet. Os autores de um estranho projeto para a criação de um novo motor de busca garantiam que não estavam brincando, mas precisavam de 1 milhão de dólares para executar a ideia. "Engels" seria o nome de batismo da invenção do grupo "Comunistas de São Petersburgo e Leningrado" para competir com o Google, o Yahoo, e o russo Yandex, o mais usado no país.

"Sabemos que vai custar caro, mas esperamos que países como Cuba, Angola, África do Sul, Coreia do Norte, Laos, Zimbábue e Brasil nos ajudem", disse o presidente do grupo, Sergei Malinkovich, que chegou a arriscar alguns nomes que achava que poderiam ajudá-lo nessa empreitada ousada. Para a minha surpresa, o brasileiro Oscar Niemeyer era um deles.

O novo motor de busca teria um conteúdo selecionado com cuidado. Nada de consumismo, sexo, sites de namoro, nem cultura de massa. O Engels seria o ambiente adequado para propagar os ideais comunistas e banir nomes como o do ex-presidente americano George W. Bush ou de Bóris Iéltsin.

"Não achamos tudo o que queremos em sites como o Yandex sobre Lênin ou sobre o comunista brasileiro Luís Carlos Prestes. Apenas pornografia e notícias antirrússia", afirmou Malinkovich.

Esse mesmo grupo divulgou em sua página na internet uma carta aberta acusando de "traição intelectual e moral contra a pátria" a atriz ucraniana Olga Kurylenko, que contracenou com Daniel Craig no papel de Bond Girl no filme 007 — *Quantum of solace*. Tudo isso porque a personagem de Kurylenko se envolve com o espião britânico James Bond, que, segundo a carta, "matou centenas de soviéticos e seus aliados". Se na tela Kurylenko foi a coadjuvante do espião inglês, na vida real os comunistas lembraram à atriz: "a União Soviética educou você, cuidou de você, gratuitamente...".

Por algum tempo, a liberdade da internet na Rússia era atribuída a certa falta de interesse do governo pelo meio. Em 2008, Vladimir Putin admitiu jamais ter enviado um e-mail. Mesmo assim, criou uma agência do governo para monitorar a mídia e a internet. Hoje, a rede está definitivamente no radar do governo. E continua livre.

Por sua vez, Medvedev, desde o início do seu mandato, fez questão de mostrar intimidade com as novas mídias. É ativo com o blog (no próprio Live Journal), o Twitter e o YouTube.

Curiosamente, descobri que os blogs correspondem, hoje, ao espaço que a sociedade encontrava nas cozinhas até alguns anos atrás. Depois de ouvir diversos relatos e as menções à cozinha como cenários das várias histórias que me contavam, percebi a importância que esse cômodo tinha para os russos. Resolvi pesquisar a relação da sociedade com a cozinha.

Testemunha silenciosa da história, ou de várias histórias, a cozinha sempre teve um importante papel social na Rússia. Se antes da Revolução de 1917 resumia-se ao universo dos servos, durante muitos anos do regime soviético foi o abrigo de intelectuais, escritores, músicos e dissidentes. Conversas que jamais poderiam ter ganhado as ruas, ou os ouvidos da polícia secreta, mantiveram-se a salvo nesse que ainda é considerado o principal cômodo da casa.

Velha conhecida dos russos, a expressão "кухонный разговор" (*kujoni razgavor*, ou conversa de cozinha) significa muito mais do que discutir aspectos da culinária, ou as tradicionais receitas de *borsh* (a sopa de beterraba), *blinis* (as panquecas russas) e o creme de champignon. Não é raro ouvi-los mencioná-la até hoje quando querem se referir a um assunto delicado.

"A cozinha é um elemento da cultura política da Rússia", disse-me o professor catedrático de história da Universidade de Moscou Sergei Chernov.

A revolução urbana que acompanhou a transformação da antiga Rússia em União Soviética se encarregou de mudar a função social da cozinha ao longo dos anos. Após a tomada do poder pelos bolcheviques, os belos apartamentos e as casas burguesas foram distribuídos ao povo. Famílias inteiras ocupavam apenas um dos vários quartos dos *kommunalki* — os apartamentos comunitários — e eram obrigadas a compartilhar o banheiro e a cozinha. Mas não era só isso. As cozinhas dessa época eram as áreas neutras da vida cotidiana. Ali, os vizinhos compulsórios dividiam também parte da sua privacidade. Desentendiam-se ou festejavam juntos datas nacionais importantes ou aquelas que seriam relevantes para os que compartilhavam o mesmo teto.

Consegui dois depoimentos interessantes sobre cozinhas anônimas da Rússia. O engenheiro Igor Ivanovitch contou que a vida inteira morou em apartamento comunitário. "Morava com três famílias. A cozinha era grande, e cada família tinha a sua própria mesa. Nossas mães cozinhavam ao mesmo tempo. Não era fácil, porque cada uma tinha direito a uma boca do fogão apenas. Por uma razão ou outra, sempre tinha briga. Mas, muitas vezes, elas se ajudavam. Fazíamos festas na cozinha, onde também comemorávamos o Ano-Novo juntos. A cozinha era o território neutro da casa. Por isso, as pessoas conversavam e discutiam ali."

Mais velho, mudou-se para um *kommunalka* de dois quartos, compartilhando com uma família de quatro pessoas — marido, mulher e duas crianças — que vivia em um quarto pequeno. "Por isso, à noite, quando as crianças estavam dormindo, o casal se sentava na cozinha para conversar. Eu evitava ir ao banheiro, porque era perto da cozinha. Quando recebiam visitas, elas dormiam ali."

No *kommunalka* onde morou a telefonista aposentada Olga Krenkteleva com outras duas famílias, as pessoas tinham o hábito de se manter sempre por perto da cozinha enquanto tinham comida no fogão. Os vizinhos não se davam muito bem e temiam que um jogasse algo na comida do outro. Essas histórias se repetiram muitas vezes.

"Éramos três mulheres. Uma das senhoras mantinha uma faca escondida no vestido. Como a cozinha era comum, as tarefas eram divididas. Cada dia uma limpava tudo. Às vezes, fazíamos uma divisão semanal das tarefas. O telefone também era comum e ficava na cozinha. Não havia muito como manter segredos. Eu tinha a minha própria geladeira na cozinha, embora isso não fosse comum. Todos tinham as suas geladeiras nos quartos para ninguém roubar o que havia lá dentro. Mas eu confiava nas pessoas e sabia exatamente o que guardava no meu refrigerador. Ganhei espaço no quarto com isso. Sempre tive um pouco de mania de limpeza e, vez ou outra, dava uma geral na cozinha por conta própria, além da combinação preexistente. Certa vez, resolvi limpar a janela, que, de tão suja, era fosca. As minhas duas vizinhas ficaram danadas: disseram que outras pessoas poderiam nos ver lá dentro e controlar o que fazíamos."

Segredos ou discussões políticas, nem pensar. Qualquer coisa que se falasse dentro de casa podia ser levada à polícia secreta. E não eram raros os casos de vizinhos denunciados por desafetos pelo simples prazer de se vingar de uma picuinha doméstica, roubar a mulher ou o marido do próximo, ou simplesmente pela vontade de ocupar um quarto mais amplo no apartamento.

"Era muito perigoso discutir qualquer coisa ali. As pessoas falavam abertamente apenas nas cozinhas das suas *datchas* (as casas de campo a que todos tinham direito durante o período soviético)", afirmou Naum Kleinman, diretor do Museu de Cinema da Rússia.

Na cozinha da *datcha* onde viveu o autor infanto-juvenil Kornei Tchukóvski, uma versão russa de Monteiro Lobato, certamente houve discussões importantes, segundo contaram os guias da casa do escritor transformada em museu. Nessa bela casa em um bosque de Peredelkino, perto de Moscou, Tchukóvski abrigou, por algum tempo, o dissidente e amigo Alexander Soljenitsen, que um dia afinal foi detido e mandado para a prisão.

Na era Krushev, as moradias individuais voltaram a existir em maior número. Nas cozinhas daquela época — porto seguro das casas de escritores, dissidentes e intelectuais — aconteciam saraus literários, debates políticos e até mesmo conspirações. Aqueles que temiam os microfones da KGB desenvolveram uma técnica para driblar os agentes.

"Abriam as torneiras e deixavam a água correr enquanto falavam algo mais sério. Causava interferência nos microfones", contou Chernov, rindo do expediente gaiato.

Nem mesmo o revolucionário cineasta soviético Sergei Eisenstein, atuante durante o stalinismo, se viu livre para falar ou produzir o que quisesse. "Ele achava que havia microfones no seu apartamento e, por isso, não falava tudo direta ou abertamente, mas jogava com as palavras. Quem o conhecia bem entendia o que queria dizer. Usava vários códigos, mas os amigos os conheciam", contou Kleinman, possivelmente o maior especialista em Eisenstein.

Segundo Kleinman, o risco de prisão era constante: "A cozinha se tornou o lugar onde as pessoas podiam se sentar à mesa para discutir problemas políticos, sociais e até mesmo estéticos", afirmou Kleinman. "Acho que Eisenstein tinha sua própria 'cozinha' nos cursos que dava. Ali, enquanto discutia como se faz um filme, dizia aos alunos algo mais."

A filóloga aposentada Natasha Borisovna lembrou a época em que vivia na Quirguízia, então parte da URSS, na década de 1970:

"A cozinha era o lugar da *intelligentsia*. Escritores, intelectuais e dissidentes se reuniam para tratar de assuntos sérios.

Discutia-se também sobre literatura e música. As conversas aconteciam entre cigarros, bebidas e muitos tira-gostos".

A cozinha permanece hoje o principal elemento da cultura urbana russa e tem a função de sala de jantar, de estar e de cozinha propriamente dita. A maioria dos apartamentos da capital é pequena, herança ainda do período soviético, de quando Moscou precisou abrigar as massas humanas que não paravam de desembarcar na cidade atraídas pela possibilidade de uma vida melhor.

Os espaços ainda são exíguos na capital mais cara do mundo. Os imóveis privados de maior porte não passariam de 10 mil unidades, em uma cidade de cerca de 10 milhões de habitantes, segundo alguns estudos.

Quando o acesso a informações era realmente difícil na antiga URSS, a palavra самиздат (*samizdat*), ou "edição caseira" em tradução livre, era usada com frequência. Referia-se às cópias dos livros censurados, em geral tiragens bem pequenas, feitas à mão ou datilografadas. Os próprios leitores tinham a tarefa de produzir mais e passar adiante a outros interessados. Faziam em cópias de papel ou microfilme. Quem quisesse o seu livro deveria levar de casa o próprio papel.

Já não há publicações proibidas na Rússia contemporânea. Contudo, persiste o velho hábito de reproduzir as edições para que todos possam ter acesso às diversas leituras. As bibliotecas virtuais herdaram essa função. Propagam pela rede bilhões de páginas de publicações russas de todos os tempos. Edições muitas vezes esgotadas podem ser encontradas com ajuda de alguns cliques. É impressionante o tamanho da procura. Os leitores continuam ávidos e multiplicam-se na mesma velocidade em que aumenta o número de usuários da internet no país. Existem pouco mais de 150 bibliotecas virtuais ativas cadastradas no Yandex, o maior motor de pesquisa da Rússia, que já é está entre os dez mais importantes do mundo.

As bibliotecas eletrônicas fazem sucesso, sobretudo, entre os estudantes. Em Moscou, não há universitário que não conheça ou jamais tenha estudado pela pioneira Lib.ru. Criada em 1994, quando pouco se falava em internet, ainda é uma referência nos dias de hoje. Apesar do design ultrapassado, a página eletrônica registra mensalmente mais de 1,2 milhão de consultas às obras dos 40 mil autores russos mantidos no ar. Livros inteiros, de edições corriqueiras ou raras, recentes ou antigas, foram digitalizados e catalogados por autor, título ou gênero.

A Lib.ru começou como uma modesta coleção de livros na internet. Era (e ainda se mantém assim) apenas um hobby do seu criador. Maxim Moshkov pareceu-me recém-saído de uma obra de ficção científica. Talvez seja a herança dos 360 livros que lia por ano desde criança até o momento em que a URSS o formou matemático numa das turmas mais brilhantes de uma das principais faculdades da sua época.

Comparou-se a Tom Sawyer, quando falou da sua aventura de ter criado a biblioteca virtual mais conhecida da Rússia. Se hoje já não lê todos os exemplares que põe no ar, ele os escolhe um a um. A formação em ciências exatas, com pós-graduação em computação, deu meios para que propagasse sua compulsão pelos livros pela rede.

"Já não tenho mais tempo de ler *qualquer* coisa. Não posso mais ler literatura ruim. É o meu tempo, e ele é escasso", afirmou.

Ao longo dos anos, amigos, conhecidos e desconhecidos passaram a enviar-lhe livros para incrementar a biblioteca. A brincadeira tomou vulto, e a forte demanda obrigou Moshkov a criar outros sites associados à sua biblioteca para não sobrecarregá-la com os milhares de acessos. "Gastava metade do meu dia com a Lib.ru. Mantive ali apenas autores profissionais. Tive que criar outros sites para diminuir o meu trabalho."

Nosso encontro aconteceu sob uma nevasca. Marcamos perto do monumento ao Sputnik, mas tivemos de nos refugiar no café do emblemático hotel Cosmos. Notei que ele estava incomodado desde o momento em que pisamos no tapete de boas-vindas desse imenso edifício erguido para receber estrangeiros durante as Olimpíadas de 1980.

Tirou do paletó surrado o que me pareceu o bisavô do e-book, com as teclas já apagadas pelo uso compulsivo no transporte público. Ainda ressabiado, perguntou-me exatamente o que eu queria e começou a falar. Quase meia hora depois de iniciada a conversa, deu-me a impressão de ter entrado em uma espécie de transe por trás dos pequenos óculos de cientista. Interrompeu o que dizia e mudou de assunto de repente: "É muito estranho eu estar aqui com uma jornalista estrangeira... Fui criado ouvindo dizer que não deveríamos conversar com estrangeiros. E este hotel era o lugar deles... Todos tinham medo. Passávamos longe daquela porta... É a primeira vez que entro neste lugar...".

Feita a autopsicanálise, retornou mais leve à sua empreitada virtual.

O dono da famosa biblioteca eletrônica me contou que vivia exclusivamente do que ganhava como programador de computadores. Trabalhava em um instituto científico e dava aulas. O pouco tempo que sobrava, dedicava à Lib.ru, à mulher e aos quatro filhos.

Hoje, Samizdat também é o nome de uma das bibliotecas virtuais mais populares do país. É uma espécie de filhote da

Lib.ru criada por Maxim. Livros inéditos de autores totalmente desconhecidos do grande público são postos em exposição ali pela primeira vez. Mais de 500 mil romances, contos e poemas de 37 mil escritores amadores ou aspirantes a profissionais são mantidos disponíveis no endereço eletrônico (http://zhurnal.lib.ru/). Outros seiscentos textos vão ao ar diariamente.

Os novos escritores fazem questão de mandar para ele as versões eletrônicas dos livros para que sejam publicadas sem qualquer custo na Samizdat. Os leitores também não pagam nada para consultá-las. A biblioteca é abastecida pelos próprios autores. "Todo mundo sai ganhando. Eu trabalho menos. O leitor tem acesso às novidades. E o autor, a sua vitrine."

Andrei Dishev é um leitor voraz da Samizdat. É ali que busca os títulos que pretende publicar pela Exmo, editora especializada em literatura militar. Seu serviço já está praticamente feito. Há rankings com os livros mais lidos e com as melhores críticas por gênero. Editou, em menos de um ano, doze novas obras sobre a chamada "prosa militar", livros escritos, em geral, por veteranos de guerra tirados da biblioteca virtual de Maxim. Eles acabaram se conhecendo.

"Esta é a minha área. Estamos falando de um tema de grande demanda no mundo russófono. Não quero saber de romances. Tento ler tudo o que publicam no Samizdat. Faço isso já há três anos", gabou-se Dishev.

O personagem Maxim foi um dos que mais me marcou nos dois anos de Rússia. É alguém de outro tempo. Talvez de outro mundo. Ele é prova de que a experiência soviética tentou transformar o ser humano em algo que ele não é. Em alguns casos, teve êxito. O fundador da Lib.ru teima em não gostar de ganhar dinheiro. Não quer saber de anunciantes, de vender o site ou de cobrar percentuais sobre as leituras ou publicações. Provavelmente, se tivesse nascido em qualquer outro país, poderia ser mais um milionário no mundo.

Os russos estão acostumados à presença física das bibliotecas. Por ordem do Partido, foram criadas 115 mil em toda a URSS. De acordo com um decreto publicado por Vladimir Lênin, cada pessoa deveria ter uma biblioteca a uma distância equivalente a, no máximo, quinze minutos de caminhada de casa.

Paradoxalmente, a difusão do livro dos grandes centros às cidades mais afastadas não significou acesso amplo e irrestrito ao imenso acervo nacional no período soviético. Foi preciso quase uma década após o colapso do sistema para que obras que ficaram escondidas fossem levadas a público.

Em 1998, a maior biblioteca da Rússia e uma das mais importantes do mundo resolveu abrir seu Arquivo Especial (AE). Assim era chamada a seção secreta da Biblioteca Lênin, em Moscou, onde ficaram trancados os livros censurados pelo comunismo. Boa parte dos exemplares mantidos ali voltou para as prateleiras de origem, e os documentos engavetados por décadas passaram a ser esmiuçados por especialistas. O que os diferencia dos outros, hoje, é apenas um carimbo indicando terem passado pela AE.

Os anos passaram, mas o interesse não diminuiu. Por essa razão, a biblioteca resolveu lançar a coleção *Túmulos Não Esquecidos*, que já está no oitavo volume. Reúne todo tipo de informação sobre russos emigrados ou desaparecidos no antigo regime. São dados de periódicos, obituários, revistas e livros mantidos a sete chaves na era soviética que estão sendo organizados pelos próprios funcionários da biblioteca.

Pesquisadores, professores e o público em geral querem encontrar parentes desaparecidos, ou entender a biografia e a obra dos autores apagados da cena soviética. A instituição tem o hábito de organizar exposições com os antigos "moradores" da AE, com o intuito de popularizar esse material que ficou tanto tempo fora do alcance dos leitores.

A partir da década de 1930, o regime foi endurecendo e, concomitantemente, as longas fileiras de livros distribuídos pelas prateleiras das bibliotecas soviéticas foram minguando. No começo, tinham paradeiro desconhecido apenas aqueles títulos de natureza política, claramente contrários à situação. Pouco a pouco, os critérios de censura foram se tornando mais complexos e numerosos. Entre os títulos proscritos estavam aqueles que tratavam de religião, sexo ou qualquer outro tema desenvolvido pelos inimigos do povo.

As restrições levaram o Главлит (*Glavlit*, órgão responsável pela seleção daquilo que se lia no país) a publicar periodicamente versões encadernadas com as extensas listas dos títulos a serem tirados de circulação, o сводный список. Tive em mãos um dos exemplares de 1973. Páginas amareladas e levemente amassadas, a edição que já não tem capa ainda é assustadora. Foi encaminhada à Biblioteca Lênin, em Moscou. Trata-se de um segundo volume (portanto, na mesma leva houve um primeiro) com nada menos que 330 páginas e 7 mil títulos a serem recolhidos.

A "Lista geral dos livros sujeitos à exclusão das bibliotecas e da rede de distribuição" não tinha data certa para sair. Publicada à medida que o mercado editorial soviético a tornava necessária, a edição era montada em ordem alfabética para facilitar o trabalho dos funcionários das várias bibliotecas. Na maioria dos casos, os títulos ali relacionados deveriam ser destruídos. Sua sobrevida estaria nas mãos daqueles que executariam ou não as ordens que vinham de cima. Por sorte, milhares de exemplares foram escondidos e poupados por todo o país, graças ao bom senso e à coragem daqueles que não quiserem cumprir as, em muitos casos, bizarras determinações de seus superiores.

Nas bibliotecas Lênin, Saltikov-Chedrin (da Academia das Ciências) e da Universidade Politécnica de Tonisk, o caso foi diferente. Não era necessário destruir os livros. Nessas três instituições foram criadas seções secretas para manter longe dos olhos do grande público tudo aquilo que fosse considerado uma ameaça aos ideais socialistas, segundo me relatou uma das responsáveis pelo setor especial da Biblioteca Lênin. Essas repartições não constavam das listas de ramais telefônicos dessas instituições. Ninguém sabia onde ficavam nem seu horário de funcionamento.

O AE da Biblioteca Lênin, no centro de Moscou, não poderia ser mais bem escondido. Do imenso portal de entrada do imponente edifício soviético até a sala onde funciona o departamento que se ocupa dos livros censurados leva-se um quarto de hora. Depois dos longos procedimentos de identificação, deixados chapéu e sobretudo no guarda-roupa, é preciso cruzar um verdadeiro labirinto de salas, corredores e escadas. O documento com carimbo da administração recebido no térreo deve estar sempre à mão para ser exibido à segurança. Dois guardas no caminho pedem para vê-lo. Sem isso, ninguém entra e ninguém sai.

O elevador verde-água da etapa final do périplo parece ter se perdido no tempo. Lá dentro, a velhinha também soviética perguntou a quem subia lentamente os andares em sua companhia se sabíamos que o salário sairia no dia seguinte. Com um grande sorriso acrescentou que viria com 10% de aumento. Trabalhou naquela biblioteca a vida inteira e já não reconhecia mais os colegas.

O cheiro dos livros antigos está por toda parte. Na entrada do último corredor, a chefe do departamento precisou passar seu cartão magnético para abrir a porta. Nadejda Rijak é responsável pelo Departamento do Estrangeiro Russo, o equivalente ao "russo emigrado".

Ela contou que a maior parte dos livros censurados, títulos antileninistas, antibolchevistas, religiosos e eróticos, já não fica mais nas salas contíguas. Voltaram a seus lugares de origem nas estantes da biblioteca. Com eles naquelas salas ficavam também as obras de autores estrangeiros ou russos emigrados que hoje estão reunidos em uma ala exclusiva.

"Após os anos 1960, recolheram-se também os científicos. Cibernética e genética, por exemplo. Uma cartilha de alfabetização foi tirada de circulação porque nela havia uma pequena frase de Trótski após ter sido proscrito", contou Rijak.

Os próprios funcionários da biblioteca já não conseguem identificar por que motivo boa parte dos livros teria ido parar ali nas diferentes épocas do regime. Pouco se sabia sobre essa seção até bem pouco tempo. Era uma biblioteca dentro da biblioteca, submetida diretamente ao órgão censor.

"Não era totalmente fechada a seção. Era consultada por algumas pessoas. Mas só tinham acesso a estes exemplares aqueles que eram ideologicamente preparados", explicou Rijak.

Os livros de emigrados editados no exterior no idioma russo iam automaticamente para lá. Bastava deixarem o país para que fossem considerados inimigos do povo. A coleção desses autores na Biblioteca Lênin é atualmente a maior do mundo.

"As edições não são luxuosas, não têm capas bonitas, porque os exilados não tinham dinheiro. Desde 1998, esta ala da biblioteca chama-se seção do Estrangeiro Russo justamente em homenagem à coleção. Temos até autores russos emigrados para a Argentina. Será que não há também no Brasil? Se houver, a nossa biblioteca está mais do que interessada em adquiri-los. O lugar deles é aqui. Acho que ainda há muita coisa na América Latina, mas temos poucas informações", contou.

A biblioteca foi originalmente criada em São Petersburgo, em 1828, com a coleção do nobre russo Nikolai Rumiantsev, e transferida para Moscou em 1861. Em 1925, mudou de nome, por motivos óbvios. Passou de Rumiantsev para Lênin, que também dá nome à estação de metrô que serve ao quarteirão. Tem um acervo de 43 milhões de livros, que incluem a Bíblia de Gutemberg, evangelhos manuscritos, entre muitos outros. A biblioteca recebe 3,3 mil visitas diárias e empresta 20,4 mil livros todos os dias. Cerca de 1,1 mil novos títulos engordam a coleção diariamente.

Na Universidade de São Petersburgo, a mais antiga e tradicional da Rússia, criada por decreto pelo czar Pedro, o Grande, em 1724, a história está presente até no reboco do velho edifício erguido no período em que a cidade ainda era a capital imperial. Dali saíram personalidades que marcaram os últimos séculos. Formaram-se figuras tão diferentes quanto Lênin, Igor Stravinksy, Mikhail Vrubel e Sergei Diaghilev. Todos esses filhos da festejada Faculdade de Direito, a mais antiga do país, nascida junto com a universidade.

Momentos e pessoas que governos tentaram fazer esquecer ou apagar da memória russa venceram o tempo e a repressão. Foram guardados sob a forma de livros na Biblioteca de Direito da Universidade — a maior da Rússia e uma das mais completas da Europa —, apesar das ordens de se eliminarem todos os títulos considerados incompatíveis com as ideias do momento.

A censura aos livros não é exclusividade do período comunista — durante o czarismo também houve ordens para que vários títulos fossem eliminados —, e tampouco da Rússia.

Conheci a ex-professora de direito e atual chefe da biblioteca, Natalia Matsneva, quando estive na Universidade para tentar refazer a trajetória de Medvedev, que também estudou e ensinou ali. A bibliotecária contou que o acervo de 700 mil livros exclusivamente sobre direito inclui títulos condenados durante o czarismo e o stalinismo.

Não soube dizer ao certo quantos foram salvos (quando eram eliminados também deixavam de existir nos arquivos da biblioteca), mas disse acreditar que haja pelo menos algumas centenas deles. Bastante procurados até hoje, os livros do professor Olimpiad Ioffe, que se tornou inimigo do povo após emigrar para os Estados Unidos, não existem sequer na Universidade de Moscou. Mas nas longas estantes do subsolo do novo prédio da biblioteca há pelo menos dez exemplares do que hoje se tornou uma relíquia. "São edições raras e muito requisitadas atualmente", orgulhou-se a especialista que já parece fazer parte ela própria daquelas estantes.

Matsneva tampouco soube explicar ao certo como fizeram os funcionários à época para manter os livros que vinham incluídos nas listas de títulos a serem eliminados, sobretudo nas décadas de 1930 e 1940. "Havia pessoas que faziam o que precisava ser feito e outras que simplesmente não faziam. É impossível eliminar tudo. O país é enorme. Havia lugares onde era possível ler os livros proibidos da época. Temos um ditado aqui que diz mais ou menos o seguinte: a lei é severa, mas pode ser flexibilizada se não a cumprimos", brincou a professora aposentada que comanda a biblioteca há doze anos.

Ainda no subterrâneo a que os frequentadores da biblioteca continuam sem ter acesso, Matsneva mostrou um livro de Veneaiktov, autor que todos imaginavam constar das famosas listas stalinistas. Mas o destino deu aos seus escritos outro fim. Ao se descobrir que o autor era originário da mesma pequena cidade às margens do Volga de um dos secretários de Stálin, seus livros não só foram poupados como, tempos depois, Veneaiktov receberia o prêmio que levava o nome do ditador. O volume trata de direito societário — portanto, de propriedade, conceito que só fazia parte do léxico comunista para explicar justamente a necessidade de sua extinção.

No belo salão onde são guardadas em armários de madeira maciça as preciosidades da biblioteca, o livro sobre direito natural de Alexander Kounitsin, do século XVIII, foi proibido em 1820 durante o czarismo por ser considerado o desenvolvimento de algumas ideias de Rousseau, tidas à época como liberais. O autor foi professor de Alexander Pushkin. Também foi salvo no mesmo período, e está exibido ao público, *O espírito das leis*, de Montesquieu, edição de 1749.

Segundo Matsneva, a política da biblioteca hoje é guardar tudo, "mesmo os livros menos populares".

Há desde a *Resolução do Partido Bolchevique*, de 1940, a um livro que pertenceu a Stálin, oferecido por um dos antigos alunos à instituição. Ao fundo do salão da biblioteca, hoje totalmente informatizada, há um enorme óleo que retrata Lênin fazendo o exame de admissão. Ele teria sido um dos melhores alunos da universidade, segundo Matsneva. Fazia as provas à distância porque a vida de revolucionário o impedia de estar presente às aulas todos os dias, como os demais colegas da época.

Vladimir Putin e outras figuras importantes do atual governo também saíram da faculdade mais antiga do país. Parte do acervo da Biblioteca de Direito, que pertence à Biblioteca Científica da Universidade de São Petersburgo, ainda está no prédio antigo. Há 30 mil livros anteriores a 1917, dos quais 1,5 mil de antes de 1825.

A Biblioteca do Conservatório Tchaikóvski, em Moscou, tampouco passou incólume à censura. As partituras de Dmitri Shostakovitch (1906-1975), ex-professor do compositor Mstislav Rostropovitch (1927-2007), teriam saído das estantes após a reunião do Conselho da União dos Músicos da URSS de 1948, que escolhia as peças que podiam ser executadas à época. O Conselho avaliou que a música de Shostakovitch não era compreendida por todos e censurou várias partituras. Após o episódio, o compositor escreveu uma cantata que satirizava o Conselho, mas nunca mencionou sua existência. A peça veio a ser publicada apenas depois de sua morte, após ter sido encontrada em sua casa, em 1975.

Amigo do dissidente Alexander Soljenitsen, Rostropovitch também teve suas partituras censuradas. Enquanto buscava asilo, após ter deixado o *gulag*, Soljenitsen ficou hospedado na *datcha* de Rostropovitch por três anos, quando estava sendo perseguido pelo regime.

A diretora, Emma Parisovna Rassina, no entanto, garantiu que a repressão sobre a música foi menos intensa do que em outras áreas culturais. Segundo ela, as partituras tiradas de circulação pelos conselhos ficaram apenas escondidas para depois voltarem ao lugar original. "A União não tocou em um fio de cabelo dos músicos. Eles foram os que menos sofreram. Talvez porque falassem uma outra língua: a da música. Todo mundo gostava de música, até mesmo Stálin", afirmou Rassina, que trabalha há quarenta anos na biblioteca do Conservatório e, portanto, esteve lá durante parte do período soviético, o que talvez explique sua aparente condescendência.

A Biblioteca do Conservatório é a mais completa da Rússia. Está entre as cinco bibliotecas musicais mais completas do mundo. O acervo é de 1,5 milhão de partituras, livros e periódicos. Seus 16 mil usuários têm acesso a partituras que podem ser levadas para casa, assim como todos os artigos publicados sobre música durante os setenta anos da União Soviética, divididos por tema. Há ainda um catálogo com informações e resumos de jornais e revistas sobre músicas e concertos dos últimos 140 anos.

"Durante os 140 anos de existência da biblioteca, não houve músico no mundo inteiro que não tenha usado o nosso acervo. Viramos uma referência internacional. Os próprios compositores hoje mandam suas partituras para nós. Funciona como uma espécie de chancela de qualidade e de garantia de que serão vistas e terão reconhecimento", afirmou Rassina, autora de um livro sobre a história da biblioteca.

Livros estrangeiros, por mais inocentes que fossem, eram raros na União Soviética. Revistas, periódicos e livros estrangeiros teriam começado a chegar com mais frequência após 1945. Nem por isso a população passou a ter acesso a eles.

A seção onde estão mantidas as fichas dos livros estrangeiros censurados da Biblioteca Lênin é enorme. São vários armários com centenas de pequenas gavetas de madeira. Curiosamente, livros escritos por autores de esquerda no Brasil, em português, foram mantidos fora do alcance do público soviético. A chefe do Arquivo Especial não soube explicar como, por exemplo, o livro *Bahia de todos os santos* (1977), de Jorge Amado, foi parar ali.

Há apenas duas gavetas de brasileiros, mas são centenas de fichas. *O modelo político brasileiro e outros ensaios* (1972), de Fernando Henrique Cardoso, está lá, assim como *Vida de um revolucionário* (1978), de Agildo Barata; *Brizola e o trabalhismo* (1975), de Moniz Bandeira; *A pré-revolução brasileira*, de Celso Furtado; *O caminho da liberdade* (1957), de Carlos Lacerda; *Problemas políticos brasileiros* (1975), de Afonso Arinos de Melo Franco; *Brazil: an interpretation*, de Gilberto Freyre, e *Conjuntura política nacional: o poder executivo e geopolítica do Brasil* (1967), de Golbery do Couto e Silva.

O Arquivo Especial tirou de circulação também Graciliano Ramos, com *Linhas tortas* (1962), Érico Veríssimo, com *Incidente em Antares* (1978) e *México: história de uma viagem* (1957),

Clarice Lispector, com *La belle et la bête, Suivi de passion des corps* (1984).

A leitura é um hábito russo saudável, apesar de compulsivo. Existe ainda no país uma dezena de revistas literárias. Herança soviética, esses periódicos expõem uma cena literária viva, porém bastante diferente daquela que os criou. A Знамя (*Znamia*, "estandarte", em português) disputa com a Новый мир (*Novoy Mir* ou "Novo Mundo") quem é a mais antiga, ambas nonagenárias. A Дружба Народов (*Drujba Narodov*, "Amizade dos Povos") tem 77 anos. A Звезда (*Zviesda*, "Estrela"), de São Petersburgo, também teria cerca de oitenta anos. Já a Урал (*Ural*), de Ecaterimburgo, e a Нева (*Neva*), de São Petersburgo, têm meio século de existência.

Durante o período soviético, essas revistas tinham uma circulação de pouco mais de 250 mil exemplares, algo de fazer inveja a qualquer país. Seu melhor momento aconteceu logo após a Perestroika, quando começaram a publicar tudo o que havia sido proibido durante os setenta anos de comunismo. De Bulgákov a Pasternak, passando por Soljenitsen e vários dissidentes. Cada uma delas chegou a imprimir mais de um milhão de exemplares para saciar a sede de leitura dos russos. Eles queriam recuperar o tempo perdido.

A *Novoy Mir*, que publicou *Arquipélago Gulag*, de Soljenitsen, teve uma tiragem de 1,8 milhão. Já a *Drujba Narodov* imprimiu 2,5 milhões de exemplares na edição em que apresentou *Doutor Jivago*, de Bóris Pasternak, aos russos.

"Dá para imaginar todo mundo lendo na rua? Todos queriam ter acesso àquilo que nunca puderam ler", contou Borisovna, que, além de editora da *Znamia*, é uma das maiores especialistas vivas em Pasternak.

O contexto histórico e político, hoje, é outro. Sem a mesma penetração do passado, a *Znamia* tem uma tiragem de 5 mil exemplares, perdendo para sua maior concorrente, a *Novoy Mir*, com seus 9 mil. Mas isso não significa que tenham perdido importância. Nas centenas de páginas que publicam a cada edição há todas as novidades do mundo literário russo contemporâneo. O mercado editorial no país é o terceiro maior do mundo em quantidade de publicações. E o russo é o segundo idioma científico do planeta, atrás apenas do inglês. Isso explica, em boa medida, os baixos preços dos livros.

As edições não são as mais bonitas, é bem verdade, mas são baratas e acessíveis. Uma amiga lançou um romance em meados de 2010. A tiragem inicial, em brochura, era de 5 mil exemplares, considerada baixa para padrões russos (no Brasil, seria uma edição bem acima da média das tiragens do mercado, de 2 a 3 mil exemplares).

"As revistas se adaptaram aos novos conteúdos. Nas nossas edições da *Znamia* temos literatura pós-moderna, poesia e prosa de novas gerações de escritores nunca publicados. Temos que saber escolher o que vai entrar nos números."

O que se produz de qualidade no país deve passar necessariamente por essas revistas, que são a referência do mercado editorial. Edições mais comerciais não passarão por ali, o que não impede que estes autores apareçam nas famosas revistas literárias. Seus editores recebem todos os meses por correio eletrônico, ou pelo tradicional, centenas de novos textos de autores inéditos que querem estar nessas publicações. Eles sabem que, se tiverem a chancela dessas tradicionais vitrines, uma espécie de grife, antes de se lançarem no mercado para valer, suas chances de sucesso são ampliadas de maneira considerável.

Por coincidência, no número de abril de 2008 da *Znamia*, que recebi de presente de Borisovna quando nos encontramos, havia um conto inédito de Maria Ribakova — neta de Anatoli

Ribakov, autor de *Os filhos da rua Arbat*, que também foi publicado pela primeira vez em uma revista literária durante a Perestroika. O conto começa na Rússia e termina no Brasil.

"Isso mostra que os autores não estão mais fechados na Rússia. Estão abertos para o mundo, para as novidades. Não é como no passado, quando pensavam apenas no país, na União Soviética, nos problemas soviéticos."

A relação dos russos com a informação confirma que, nesse país, nada é preto nem branco. É preciso viver na Rússia para entender a existência dessas zonas cinzentas que acabam distorcidas pela distância ou pelas lentes de quem as descreve. Mas há que se despir dos preconceitos para reconhecer que houve mudanças para melhor nos últimos anos. A velocidade pode não ter sido a esperada por tantos, mas tudo ainda é muito recente.

Essa foi uma das histórias que me fizeram entender que as restrições à imprensa na Rússia estão longe de ser o que se alardeia no Ocidente. É claro que houve a intimidação ao jornal. Teria sido apenas uma demonstração de força? O tabloide acabou retomando as atividades de todo modo.

Um país cada vez menor

Em 2009, o governo russo reconheceu publicamente que a população era ainda menor do que todos pensavam. Em vez de 142 milhões, havia 139,8 milhões de habitantes no maior país do mundo. Ao longo dos últimos anos, vêm se tornando cada vez menos numerosos, para o desespero das autoridades. Em 1993, ainda eram 148,6 milhões de pessoas.

O drama demográfico não chega a ser propriamente uma novidade na Rússia, e nem é preciso morar no país por muito tempo para entender o motivo do encolhimento populacional. Hábitos pouco saudáveis, perdas humanas expressivas durante sucessivas guerras, os anos de chumbo, a redução da taxa de fecundidade a partir da década de 1960, acompanhada de queda na qualidade do sistema de saúde, crises econômicas e AIDS formam o conjunto de razões.

O risco de morte violenta entre os homens (por acidente, assassinato, suicídio ou envenenamento), em geral causada pelo abuso de álcool ou drogas, é de três a quatro vezes superior ao de outros países da Europa e das Américas.

O colapso da União Soviética contribuiu para agravar o quadro historicamente difícil, ao criar condições econômicas e sociais que levaram as pessoas a pensar duas vezes antes de procriar. As mulheres passaram a se casar e a ter o primeiro filho mais tarde. A vontade de estudar por mais tempo, o acesso mais fácil aos métodos contraceptivos e o fim da obrigatoriedade do casamento de papel passado para garantir um lugar na fila dos apartamentos do Estado também explicam o novo comportamento das famílias a partir da década de 1990.

Psicologicamente, essa situação exerce um efeito negativo sobre o povo russo, acostumado com a ideia de que seu país era a outra superpotência mundial e tinha uma população equivalente à dos Estados Unidos, hoje mais que o dobro da russa.

A realidade demográfica reforçou um antigo temor: a "iminente" invasão da China. Enquanto várias nações pelo mundo se preparam para a entrada maciça de produtos chineses em suas economias, os russos estão muito mais preocupados com a chegada dos próprios cidadãos do país vizinho, com quem dividem uma enorme e desabitada fronteira. A sensação é de que tudo não passa de uma questão de tempo.

Proibidos pelas leis da China, os segundos filhos de um casal seriam mandados para a Rússia sem documentos. Ali, se juntariam a outros, obteriam papéis falsos, criariam raízes, trabalhariam e povoariam a região. Nada pior para um país que perdeu poder relativo e que vê sua população nativa minguando. A China é um país ávido por energia, algo que a Sibéria tem de sobra.

Nascida perto da fronteira com a China, a avó de uma amiga contava que, há muitas décadas, chineses se postavam na fronteira e berravam por megafone para o lado russo: "Venham, moças, venham se casar com os nossos homens. Teremos crianças lindas como as russas e inteligentes como os chineses...".

O drama demográfico explica os cartazes distribuídos pelo país nos quais se pede à população que se reproduza. No metrô, chama a atenção o pôster com a foto da mulher que carrega uma criança em cada braço. Não é preciso entender russo para saber o que está sendo dito.

Nesse momento de clara aproximação entre a Igreja e o Estado, as campanhas em prol da família são numerosas. Os esforços vêm de todos os níveis de governo. Prefeituras inventam alternativas para estimular a reprodução. Em Ulyanovsk (cidade natal de Lênin), a 900 quilômetros de Moscou, a data 12 de setembro foi decretada feriado desde 2007. Virou o "dia da concepção". Ficam todos liberados do trabalho para se engajar na tarefa patriótica de aumentar a população escassa do lugar. Quem apresentar os novos cidadãos ao governo local exatos nove meses depois do feriado concorre a uma série de prêmios que vão de dinheiro a geladeiras, passando por carros e máquinas de lavar. Pode não ter resolvido o problema, mas, em 2008, o número de nascimentos foi 4,5% superior ao ano anterior.

O governo federal mantém há alguns anos uma ajuda financeira para famílias numerosas. Os pais recebem uma espécie de mesada a partir do segundo rebento. O Ministério da Saúde e Desenvolvimento Social garante que vai conseguir estabilizar a população em 145 milhões até 2025. Os dados do Anuário Demográfico da Rússia 2010 projetam uma média de 139 milhões de habitantes em 2031, podendo variar entre a máxima de 147,7 milhões e a mínima de 126,9 milhões.

O fato é que os nascimentos já não vêm compensando o número de mortes nesse país de expectativa de vida africana. Os homens russos vivem, em média, 62,7 anos, e as mulheres não passam dos 74,6, de acordo com as estatísticas oficiais. Nas áreas rurais, o indicador masculino é de pouco mais de 51 anos. Projeções para a expectativa de vida mundial propostas pela ONU para o período de 2010 a 2015 mantêm a Rússia entre os níveis mais baixos do planeta, com 62 anos para os homens e 74 anos para as mulheres. A estatística masculina é a mesma indicada para países como Namíbia, Mianmar e Benin. Para as mulheres, a situação é um pouco melhor e se iguala à da Guiana, de Fiji, do Cazaquistão e do Uzbequistão.

As pessoas encaram a situação de maneira resignada, como se nada pudessem contra aquilo que já estaria escrito nos seus genes. Costumam dizer que são otimistas e, com uma ponta de ironia, repetem a frase: "A gente vive mal, mas, pelo menos, não vive muito".

Apesar dos evidentes esforços das autoridades, estima-se que a população russa deve continuar caindo nos próximos anos. Dados do Escritório de Referência de População (PRB, na sigla em inglês) indicam que, em 2050, o país terá 110,1 milhões de habitantes, bem menos do que as projeções mais pessimistas do anuário russo. Isso significa uma queda de mais de 20%. A notícia foi encarada inicialmente pelos jornais locais com certo otimismo, uma vez que números anteriores da ONU apontavam algo próximo de 107 milhões.

O álcool, o tabaco e, mais recentemente, as drogas estão entre os principais responsáveis pela morte precoce dos locais, sobretudo dos homens.

Se o regime soviético conseguiu deixar uma herança social positiva que ainda hoje é reconhecida pelas pessoas, não teve meios de eliminar um dos maiores vilões da nação: o álcool. Chama a atenção do estrangeiro a relação dos russos com a bebida. Homens e mulheres podem ser vistos a qualquer hora do dia carregando garrafas graúdas de cerveja pela rua. No calorão do meio do ano, os anúncios da bebida (brasileira, inclusive) proliferam. Tomam o espaço de filmes e produtos de luxo nas calçadas da Tverskaya. Cartazes adesivos com as diversas marcas de cerveja estão em todos os vagões do metrô. Os russos acreditam ser uma bebida mais leve. Talvez, mas, certamente, não nas quantidades que consomem.

Nas minhas primeiras férias no Brasil depois de me mudar para a Rússia, achei pequenas as latas brasileiras. Cheguei a suspeitar de algum tipo de campanha em andamento para reduzir as embalagens. Nesse momento descobri que já havia me acostumado aos tamanhos exagerados das latas russas. Não há nada inferior a quinhentos mililitros. Em Moscou, vi pela primeira vez uma garrafa de dois litros de cerveja.

Em uma viagem de trem pelo norte da Rússia, tive a sensação de que a solução para o alcoolismo não virá no curto nem no médio prazo.

Ainda em Moscou, antes de partir, na estação de trem Leningradskaya, às oito horas de uma manhã de sábado, havia pelo menos duas dúzias de homens alcoolizados, garrafas em punho, dispostos a continuar bebendo até perderem as forças, ou a usar as poucas que lhes restavam em brigas. Não havia como disfarçar os rostos inchados, com pequenos cortes ou grandes feridas expostas. Certamente, estavam ali desde o dia anterior. No metrô, já havia tido uma pequena demonstração do que veria na superfície. Na bela estação Komsolmolskaya, com os azulejos que festejam a juventude revolucionária comunista, chocava a imagem da sujeira. Havia garrafas e cacos de vidro pelo chão. É proibido vender bebidas alcoólicas na estação e nos arredores depois das 23 horas, sinal de que quem passou por ali tinha outros fornecedores.

A bordo do trem, no trecho entre Petrozavodsk, na região da Carélia, e São Petersburgo, era intenso o movimento ao vagão das bebidas depois da meia-noite. Claramente sob o efeito do álcool, alguns viajantes eram impertinentes com as pobres ferromoças, como pude constatar em uma curta caminhada até a cabine da responsável pelo meu vagão. A minha desculpa para o passeio no meio da madrugada foi comprar uma xícara de chá, o item mais barato do cardápio e sempre disponível no imenso samovar fervente.

Encontrei-a enlaçada pela cintura por um homem de cara inchada, visivelmente embriagado, que lhe cochichava ao ouvido. Conseguiu se livrar do sujeito e voltou ao trabalho. Não resisti e puxei assunto. Perguntei se era sempre assim.

"É normal, já estou acostumada. Todos os homens bebem assim. É mais forte do que eles."

Na deslumbrante ilha de Kiji, depois de um dia inteiro debaixo do sol, sonhava com uma boa água mineral. As marcas locais são ótimas, embora muitos estabelecimentos pretensiosos gostem de desprezá-las para vender as francesas ou as italianas. Nas geladeiras das biroscas próximas ao cais, só havia cerveja, mais de vinte marcas diferentes. Ali, fui apresentada, também pela primeira vez, à extravagante embalagem de cinco litros.

Por toda a Rússia, não é difícil encontrar garrafas vazias atiradas ao chão, sobretudo nos becos. Uma das imagens clássicas do inverno é a de garrafas de vodca enterradas parcialmente na neve. Alguns dos seus donos acabam na mesma situação. Reza a lenda que se a nevasca for muito intensa e o gelo durar por muito tempo, só são encontrados depois de passado o inverno. No verão, os locais frequentados por jovens também assustam o estrangeiro habituado a sucos, refrigerantes e água de coco. Quase ninguém abre mão das bebidas alcoólicas. Em algumas rodas de amigos, a mesma garrafa de vinho passa de boca em boca.

O maior problema é que, na Rússia, o hábito de consumir álcool não é apenas aceito, mas esperado. Há contratos que só são fechados se uma garrafa inteira de vodca for esvaziada. Assim, supostamente, pode-se provar a confiabilidade de quem os negocia.

Em uma inocente entrevista que fiz sobre sapatilhas de balé no centro de Moscou, acabei tomando conhaque no meio da tarde de uma terça-feira. Muito simpático, o entrevistado me ofereceu água e café. Recusei. Mas ele foi logo avisando que à bela garrafa de conhaque francês que tirava do armário eu não poderia dizer não. Puxou quatro brindes diferentes. A insistência foi tal que bebi um pouco. Só não me senti compelida a virar o conteúdo em um só gole — fiquei na mesma dose até o final da entrevista — pelo fato de ser mulher e estrangeira. Certamente, se eu fosse um russo, teria sido obrigada a acompanhar o ritmo dele e do assessor de imprensa.

Li em um jornal local uma história que seria cômica, não fosse trágica: uma mulher, cansada de tentar acordar o marido de seu pife diário, chutou o sofá rebatível em que o sujeito dormia. O homem foi engolido pela engrenagem do móvel e morreu instantaneamente. Poderia ter terminado em tragédia ainda mais grave um voo Aeroflot entre Moscou e Nova York no dia 28 de dezembro de 2010. O pior não aconteceu graças aos passageiros, que, ao perceberem a voz pastosa do comandante, promoveram sua destituição à força, antes mesmo da decolagem.

Mesmo na URSS, que agiu com pulso forte contra o alcoolismo, os filmes água com açúcar, de histórias leves, finais felizes e mensagens positivas mostravam que a falta de moderação era motivo de graça. Não há programa de humor sem o bom e velho personagem bêbado.

Desde o tempo dos czares, como se pode ver no Museu do Kremlin, já eram presença recorrente os copos em formato de chifre — que só podem ser colocados sobre a mesa depois de completamente vazios. A dureza do clima e as privações que a história impôs ao povo russo em diferentes momentos fizeram da vodca uma aliada. Por sinal, o nome da bebida, que surgiu no país no século XVI, é diminutivo de вода (*voda*) ou "água". Consta que, no início do século XVIII, o czar Pedro, o Grande, costumava condecorar com uma vistosa medalha os convivas mais resistentes à vodca servida em suas festas.

O czar Nicolau II tentou conter o consumo de álcool entre seus súditos, assim como, setenta anos depois, o ex-presidente Mikhail Gorbachev. Este último adotou medidas tão radicais, como o importante aumento dos tributos sobre as bebidas, que os russos passaram a destilar sua vodca no fundo do quintal. Depois de incontáveis casos de envenenamento, o governo precisou voltar atrás.

Durante a era Putin, as autoridades se lançaram em uma grande empreitada contra o álcool e o tabaco. Já avisaram a intenção de aumentar em sete anos a expectativa de vida até 2020. Chegaram a anunciar o toque de recolher em algumas localidades para menores de dezoito anos, a fim de evitar sua exposição a bebidas e drogas nas ruas.

A Rússia está na lista dos países com padrões de consumo de álcool de maior risco da Europa, segundo a Organização Mundial da Saúde (OMS). A média é de 15,2 litros per capita por ano. Perde apenas para Moldávia (25 litros), Hungria (17,4 litros), Croácia (dezessete litros) e Ucrânia (15,6 litros). As estatísticas do governo russo, no entanto, apontam para o consumo de dezoito litros anuais de vodca per capita no país. Há quem garanta que este número é ainda maior.

Dmitri Medvedev reconheceu que os casos de alcoolismo no país atingiram os piores patamares desde a década de 1990, pouco após o colapso da URSS, período em que a Rússia mergulhou em uma profunda crise.

Estive na única clínica pública do país que trata crianças e jovens com problemas de alcoolismo. Fica no centro de Moscou. A visita me deixou com uma sensação persistente de incômodo. Duas semanas antes, havia desembarcado ali a bela Sasha, de dezesseis anos. Permaneceria internada por pelo menos 45 dias. Essa foi a alternativa encontrada pelas autoridades e pelos pais à prisão da loura, flagrada totalmente embriagada, roubando um aparelho de celular.

De casaco e calça de moletom brancos, a menina parecia uma boneca. Tinha trejeitos de criança e, como se fosse uma, falava sobre o sonho de se tornar psicóloga e cozinheira. "Começávamos com pequenas garrafas de coquetéis e cervejas. São baratos. Depois passávamos para as de cinco litros. Não sei quanto bebíamos no final das contas".

Mais de 6 mil jovens entre sete e dezessete anos encontram-se, oficialmente, na mesma situação de Sasha em Moscou, segundo as estatísticas que me foram apresentadas pela vice-diretora do Centro Médico de Crianças, Elena Petrovna, responsável pela jovem. Esses são apenas os casos de que se tem notícia. Dois anos antes, haviam sido 4.887. Fora da capital o cenário é ainda mais devastador.

Cerca de 500 mil pessoas morrem todos os anos por motivos relacionados ao álcool na Rússia. Não há uma única família que não tenha histórias trágicas para contar. Na minha segunda semana na capital, em pleno verão, a 35 graus, vi um pedreiro comprar uma pequena garrafa de vodca, esvaziá-la e voltar para o sexto andar do prédio que ajudava a construir. O mais curioso é a naturalidade com a qual o problema é tratado, a mesma da ferromoça a caminho de São Petersburgo.

Sasha teve a sorte de ter sido aceita na clínica. Não é fácil conseguir uma das 25 vagas nessa que é uma das poucas instituições criadas pelo governo para combater o alcoolismo. Lá trabalham profissionais sérios, que se apegam às crianças e torcem por elas como se fossem da família. Talvez até conheçam melhor as suas necessidades do que os mais próximos. As fotos tiradas em festas ou reuniões com os jovens que passaram por ali, ou com aqueles que ainda lutam contra o vício, ficam expostas em um imenso mural.

Existem por toda a Rússia cerca de quinhentas instituições semelhantes, mas voltadas para adultos. As **Вытрезвитель** (*vitrisvitel*), como eram chamadas no passado, cuidam de adultos e existem desde o czarismo. Multiplicaram-se durante o período soviético. As pessoas são levadas para essas clínicas pela polícia e só são liberadas depois de voltarem ao estado sóbrio. Todos ainda conhecem as clínicas pelo antigo nome, вытрезвитель, (em tradução livre algo próximo de estação de reabilitação), que até hoje é usado em piadas e programas de humor.

Petrovna garantiu que o alcoolismo é um problema que não escolhe classe nem etnia. Ela contou que muitos pré-adolescentes começam a beber porque os pais são alcoólatras e lhes oferecem bebida. Há aqueles que simplesmente não se importam que bebam. Pouco antes de Sasha, recebeu um jovem de quinze anos que consumia nada menos que dez litros de cerveja por dia. Pretovna lembrou que seu paciente mais jovem tinha sete anos.

No quarto que dividia com uma colega, outra moça concordou em conversar comigo e me autorizou a fotografar a parede pintada por ela e pacientes que já haviam passado por ali. Eram ursinhos e outros personagens tirados de sonhos infantis que, certamente, ainda acalentavam ou se esforçavam para voltar a ter. A enfermeira que cuidava de boa parte dessas crianças vibrava ao contar as histórias de sucesso. Mas admitiu, ao final da conversa, que a maioria dos casos não tem um desfecho feliz.

Mais do que restrições, a Rússia precisa de medidas sérias e de um processo de mudanças profundas na cultura do álcool. Não há solução fácil à vista.

Aumentar os impostos, medida que o governo sempre tem na manga, pode ajudar, sim. Mas não se sabe quais seriam os efeitos colaterais. Casos de envenenamento com сомогон (*somogon*) a aguardente feita em casa, foram registrados em outras ocasiões em que se lançou mão desse expediente. O próprio presidente Medvedev já admitiu algumas vezes que não adianta simplesmente adotar restrições.

Em fevereiro de 2011, a Duma aprovou em primeira leitura o projeto de lei que reconhece a cerveja como bebida alcoólica. Até então, era considerada "produto alimentício". A medida cria uma série de restrições à produção e ao consumo, como já acontece com os destilados, e é mais uma ação para tentar conter o alcoolismo no país, que o presidente chamou de "desastre nacional".

Em entrevista ao jornal Московский комсомолец (*Moskovski Komsomolets*), o deputado do partido Rússia Justa Anton Belyakov garante que a cerveja está disponível até mesmo na sala de conferência do Parlamento.

Por enquanto, pelo texto original, todas as restrições seriam aplicadas apenas para as cervejas com teor alcoólico acima de 5%, que respondem por cerca de um terço do consumo. É um bom começo. Em janeiro de 2010, os impostos sobre o produto haviam sido aumentados em cerca de 200%.

O квас (ou *kvas*), bebida popular feita a partir de trigo, não será afetado pelo projeto de lei. O produto, fermentado, tem menos de 1,2% de teor alcoólico.

O mesmo projeto de lei restringe o conteúdo de latas e garrafas a 330 mililitros, o que certamente vai elevar os custos de embalagem das empresas. Calcula-se que o consumo de cerveja na Rússia tenha triplicado nos últimos quinze anos por causa dos baixos preços e da disponibilidade da bebida.

O problema do tabaco trilha o mesmo caminho, o das proibições. Para quem perdeu o hábito dos lugares fechados em que é permitido fumar, a Rússia pode causar estranheza. Bares e restaurantes normalmente estão impregnados pela fumaça do exército de tabagistas que não se importa em acender um cigarro enquanto o vizinho da mesa ao lado tenta sentir o gosto da comida. Estima-se que 75% dos homens fumem. E, mais alarmante: 50% das grávidas também. Pesquisas realizadas nas escolas russas mostram que 70% dos estudantes na faixa dos treze aos dezoito anos se declaram fumantes.

Os números são impressionantes. Cerca de meio milhão de pessoas morrem por ano na Rússia por problemas relacionados ao fumo. Diante da fumaceira de arder os olhos na maioria dos estabelecimentos fechados, os dados do Ministério da Saúde não chegam a surpreender: pouco mais de 80% dos russos são fumantes passivos. O vício é tanto que, em 1990, a escassez de cigarros desencadeou a "rebelião do tabaco" nas ruas das grandes cidades russas, o que obrigou o governo a recorrer a um carregamento importado de emergência.

Vladimir Putin não fuma e não bebe. Faixa-preta de judô, fez questão de ter a sala de primeiro-ministro na Casa Branca reformada pouco antes de assumir o cargo, em 2008, para garantir que não faltaria a pequena academia de ginástica onde continuaria se exercitando. Assim fizera no Kremlin durante seus dois mandatos de presidente. Esse homem que gosta de passar a imagem de exemplo de vida saudável lançou-se em uma grande empreitada contra os velhos vícios que tanto matam no país.

Em setembro de 2010, conseguiu aprovar uma lei que tem por objetivo acabar em definitivo com toda a publicidade do fumo a partir de 2012 e — quem viver verá — proibir o fumo em ambiente fechado até 2015. Mas, ironicamente, o documento diz que bares e restaurantes podem ficar de fora. Ou seja, os russos não vão necessariamente precisar abrir mão de um dos seus vícios prediletos.

Maior consumidor de heroína do mundo, a Rússia tem nada menos que 2,5 milhões de dependentes de drogas, segundo o próprio governo. O número aumenta para 5 milhões se forem contabilizados os usuários esporádicos. A maioria na faixa de dezoito a 39 anos. Estima-se que 220 pessoas se tornem viciadas todos os dias e que 30 mil morram anualmente por causas relacionadas às drogas.

O consumo de entorpecentes na Rússia seria o dobro da China. Apenas uma em cada dez pessoas conseguiria se livrar do vício, que limita a expectativa de vida dos usuários a apenas 28 anos. A heroína tem origem no Afeganistão, maior produtor do planeta, e passa pela antiga república soviética do Uzbequistão antes de chegar ao país.

A questão das drogas passou para o topo da agenda das autoridades. Não bastasse a infestação de heroína (e, na carona, a contaminação de usuários com o vírus da aids), as drogas sintéticas estariam ganhando a simpatia dos dependentes. Já ocupam o segundo lugar na lista de preferência dos usuários.

A relação dos russos com o aborto é outro complicador no quadro de decréscimo populacional. A tradição soviética do ateísmo ajudou as mulheres a verem na prática uma solução pragmática para seus problemas sem qualquer tipo de embaraço ou constrangimento advindos de questões religiosas.

A cada ano, 1,2 milhão de mulheres interrompem a gravidez. Dentre elas, cerca de 30 mil ficam estéreis, sequela dos 180 mil abortos ilegais realizados no país no mesmo período.

Pela lei, pode-se interromper uma gravidez até a 12ª semana. Mães que tenham tuberculose ou sejam acometidas por algum tipo de doença mental podem fazê-lo mais tarde. O prazo se estende até a 22ª semana para casos de estupro, prisão, indigência, ou ainda de morte ou invalidez permanente do marido ou parceiro. O que mais surpreende nessas estatísticas é que a quantidade de abortos praticados em toda a Rússia equivale a praticamente o mesmo número de nascimentos no país. As autoridades reconhecem o problema e o atribuem à queda na qualidade dos serviços médicos, às questões sociais e ao alcoolismo.

Antes da Segunda Guerra, os abortos eram comuns. Diz-se que uma mulher fazia até dez abortos. Era o método contraceptivo da época. Depois da guerra, Stálin proibiu a prática. Queria estimular o aumento da população. Mesmo assim, as mulheres continuaram fazendo. As mais pobres não queriam ter filhos. À época, não havia anestesia, o que tornava tudo ainda mais difícil. As próprias mulheres tinham que arcar com as complicações da cirurgia, tendo em vista que a prática era ilegal. Muitas morreram ou ficaram mutiladas para o resto da vida. Em 2010, segundo números do governo, eram 118,9 para cada mil mulheres grávidas de primeira viagem.

"Na geração da minha mãe, todas faziam. Na minha geração era muito comum, mesmo entre os círculos mais esclarecidos e educados. Havia também uma espécie de feminismo, de ideal de mulher independente, jovem, que tinha os seus namorados, e o assunto 'filho' não era algo tratado com o parceiro. Eu, felizmente, não precisei passar por isso", contou Maria Lipman, do Centro Carnegie, que viveu a juventude na União Soviética.

Os preservativos fabricados na URSS eram de má qualidade, e as pílulas eram caras. Não chegavam a ser caríssimas, mas faziam diferença no bolso das consumidoras. Além disso, não havia estabilidade no fornecimento. Ora havia no mercado, ora, não.

"A geração da minha filha nem sequer considera a possibilidade de um aborto. Mas ela pertence a um grupo esclarecido da população que tem uma vida boa."

Em outros países da antiga União Soviética — não tanto na muçulmana Ásia Central —, as estatísticas demonstram o mesmo quadro. Nunca foi preciso dar muitas explicações para se fazer um aborto. Procurava-se um médico e fazia-se.

Hoje, embora a religiosidade redescoberta ainda não seja capaz de interferir de maneira perceptível nesse assunto em sua dimensão ética e moral, existe a consciência de que o aborto faz mal à saúde. Mesmo assim, as taxas ainda são altas. De acordo com os dados do Ministério da Saúde e Desenvolvimento Social citados no Anuário Demográfico de 2010, registravam-se 34,2 abortos para cada mil mulheres na faixa etária de 15 a 49 anos. Em 1995, a proporção era de 72,8 para cada mil e, em 2000, 54,2. Em comparação com o número de nascimentos, eram 73,7 para cada cem. Este indicador também já foi pior, tendo batido os 202,6 em 1995 e 168,7 em 2000.

Em junho de 2011, o presidente Medvedev aprovou um conjunto de novas regras em relação ao aborto, obrigando as clínicas a alertar os seus potenciais clientes sobre os riscos de uma intervenção na gravidez. A novidade já é vista por especialistas como o primeiro conjunto de muitas novas regras que devem ser discutidas para lidar com a questão do aborto no país.

A peculiar equação demográfica russa tornou as mulheres mais numerosas no país. O comunismo fortaleceu seu papel na sociedade, embora não tenha conferido a elas o poder de comando. Existem hoje cerca de 10 milhões de mulheres a mais do que homens em toda a Rússia.

Em 1918, os bolcheviques decretaram a igualdade de direitos entre os dois sexos. Logo após a Revolução de Outubro, a feminista Alexandra Kollontai convenceu o líder Vladimir Lênin de que o dia das mulheres deveria ser comemorado oficialmente. Em 1965, a data foi transformada em feriado nacional por decreto da presidência do Soviete Supremo "pelos méritos das mulheres soviéticas na construção da sociedade comunista e na defesa da pátria durante a Grande Guerra Patriótica".[10] Por essa razão, é festejada até hoje na Rússia e nas ex-repúblicas soviéticas.

É impressionante a dimensão das comemorações do 8 de março. Moscou amanhece florida. No início do dia, homens passam apressados com sacolas de presentes, buquês de flores, tortas e doces. As filas nos floristas improvisados dos переход (*perehod*), as passagens subterrâneas que cortam as principais avenidas da cidade, serpenteiam os longos corredores e avançam pelas escadas de acesso. Caixas de chocolates e cestas incrementadas enchem as vitrines das maiores *delicatessens* da cidade. No final do dia, as mulheres passam sorridentes carregando as lembranças que receberam dos colegas no trabalho. Na Rússia, não receber um presente nessa data é quase uma ofensa.

No período comunista, as mulheres tiveram ganhos sociais importantes como a alfabetização em massa, o acesso a serviços básicos de saúde e o direito ao trabalho. Sempre tiveram um papel fundamental na sociedade.

"Milhões de russos morreram durante as grandes guerras mundiais, e a expectativa de vida dos homens é bem mais baixa. Elas tiveram de assumir responsabilidades", afirmou o sociólogo Denis Volkov, do Centro Levada.

Herança do período comunista, o contingente de mulheres no mercado de trabalho ainda é grande. Elas representam a metade da mão de obra do país. Muitas delas são arrimo de família. Embora tenham formação melhor e sejam mais nume-

---

10 Великая Отечественная война, ou Grande Guerra Patriótica, como chamam a Segunda Guerra Mundial.

rosas, ainda não são muito presentes em posições de comando. No Parlamento, ocupam apenas 10% das cadeiras — não muito diferente da situação brasileira.

Como na Rússia sempre há uma pesquisa de opinião sobre qualquer tema, principalmente os comportamentais, há uma explicação para isso.

"A maioria das pessoas diz não confiar em mulheres para o cargo de presidente, por exemplo", diz Volkov, com base em uma sondagem.

Às mulheres cabem majoritariamente funções importantes nos setores de educação, saúde e cultura, nos quais representam mais de 80% da força de trabalho. Mas também disputam vagas em outros setores. Trabalham em fábricas, na construção civil ou como condutoras de bonde. Esse foi um dos aspectos da vida cotidiana russa que me chamou a atenção durante os meus dois anos no país: mulheres atuando em profissões que, em outros países, são tradicionalmente masculinas. Desde a União Soviética não têm medo do serviço pesado e podem ser vistas fazendo um pouco de tudo. Pelo menos era isso que eu imaginava até descobrir que a legislação trabalhista russa proíbe as mulheres de exercerem certas profissões.

Descobri essa informação depois de ler nos jornais sobre a decisão da Suprema Corte em 2009 de indeferir o recurso da russa que queria autorização para trabalhar como condutora de metrô. A estudante Anna Klevets, de 22 anos, entrou com uma ação por discriminação em São Petersburgo. Teria sido preterida no processo de seleção para a vaga pelo fato de ser do sexo feminino.

O Código Trabalhista russo — elaborado ainda no período soviético — prevê uma lista de 460 profissões consideradas muito perigosas ou de algum modo inadequadas para ser exercidas por mulheres. O curioso é que a Constituição russa garante a igualdade de oportunidades para os dois sexos. A crise levou Klevets a desafiar as autoridades, que, durante todo o processo, garantiam que o objetivo da legislação era proteger as mulheres.

O metrô chegou a reconhecer que a lei é obsoleta e que as condições de trabalho nos trens de hoje já não são as mesmas do período soviético. Por sinal, não existem disposições que impeçam que mulheres sejam motoristas de ônibus ou bonde, por exemplo.

A lista das exceções, que inclui de limpador de chaminé e mergulhador, passando por maquinista de trem e operador de oleoduto a especialista em explosivos e faxineiro de abatedouro, teria sido criada para evitar que a tal igualdade produzisse excessos num período em que todos eram obrigados a trabalhar. Nesse país que perdera tantos milhões de seus homens em guerras, as mulheres, sobretudo, tinham de sustentar suas famílias.

Vinte anos depois do esfacelamento da União Soviética, o papel da mulher na sociedade russa passa por transformações, assim como os relacionamentos. Segundo me contou a editora de uma das maiores e mais prestigiosas revistas de moda do país, a Rússia teria retomado, nos anos 2000, os valores da família e proclamado o que essa russa, nascida ela própria na URSS, hoje vestida com todos os acessórios de grife a que tem direito, tentando fazer um estilo intelectual, chamou de "era da esposa". A nova era estaria tomando o lugar da "era da amante", desencadeada na onda *trash* do fim da URSS, quando surgiram os novos ricos que enriqueciam da noite para o dia e tentavam viver, de uma só vez, tudo aquilo que não conseguiram em décadas. Naquele período, os homens resolveram mudar de vida, transformaram em mulheres as amantes jovens trazidas de cidades do interior, sedentas por dinheiro e ascensão social. Segundo a especialista em mundo feminino russo, essas mulheres mudaram de patamar e de jovens amantes tornaram-se mães de famílias distintas.

A poderosa editora admitiu que há um fundo de verdade em uma história que se repete pelo país. Diz-se que o regime comunista era tão invasivo que as pessoas quase não faziam sexo. A constatação, que chocou alguns, teria sido feita por uma mulher na televisão no final da década de 1980 e é repetida até hoje em tom de piada. "Não havia romance. Não havia a cultura do sexo. Tudo era platônico porque a realidade esmagava qualquer romance. Em grande parte dos casos, o sexo era apenas o cumprimento de uma obrigação ou de uma necessidade fisiológica", disse-me.

A mudança no comportamento não estaria apenas ligada ao que seria uma maior presença do romance na cena cotidiana. As russas estarão ficando mais exigentes e, embora ainda sejam mais numerosas que os homens, já não se importam tanto de não conseguir um bom marido. Podem se tornar grandes executivas de sucesso, como a editora em questão, dedicar-se aos estudos ou até mesmo deixar o país. Muitas manifestam a vontade de casar-se com estrangeiros.

Historicamente, os russos se acomodam e se sentem donos da situação, dada a "oferta" de mulheres. Sabem que não precisam escolher porque serão escolhidos. E, queira a editora feminista ou não, essa ainda é uma realidade. Ela se revoltou ao falar dos homens ricos que ainda, nos dias de hoje, largam suas mulheres depois de muitos anos de casamento para viver com belas jovens que só se interessam por seu dinheiro.

"Se eu tivesse recursos, acabaria em três anos com a percepção de que esta atitude deve ser aceita. Faria uma grande campanha para que eles virassem motivo de chacota. Charges em grandes jornais, por exemplo, mostrando um velho gordo endinheirado que se pergunta por que a jovem mulher é tão apaixonada por ele. Todos ririam deles. Ficaria feio", sentenciou.

Beleza pode ser fundamental, mas a sexta edição do Miss Átomo, que acompanhei de perto na capital russa, prova que concurso de beldades não precisa se limitar a rostinhos bonitos e a respostas-padrão de conteúdo duvidoso a uma plateia basicamente machista. As 350 concorrentes tinham uma característica curiosa em comum: todas trabalhavam no ramo de energia nuclear. Nada menos sexy do que fissão de urânio ou reatores nucleares.

Pode parecer estranho, mas, como nesse país tudo é possível, várias moças de biquíni exibiam as curvas bem feitas diante de feiosas instalações nucleares durante o concurso. Outras simplesmente apareciam em discretas fotos à mesa de trabalho.

O Miss Átomo foi criado em 2004 pelo site Nuclear.ru sob o patrocínio da empresa Atomenergoprom, principal holding russa do setor, com o objetivo de mudar a imagem dessas empresas que causam tanta desconfiança no cidadão médio desde o acidente de Chernobyl, na atual Ucrânia, em 1986. Mais de 200 mil internautas procuraram a página do concurso naquele ano. Desse total, 24 mil fizeram questão de votar na profissional mais atraente do setor.

A nova mulher russa também começa a procurar serviços exclusivos. Descobri um deles no meio da rua. Com uma pequena, porém chamativa, frota de Volvos cor-de-rosa, a empresa "Táxi Feminino" (tradução aproximada do russo женскои такси) só transporta mulheres. Crianças, cachorros e gatos são tolerados. Mas homens, só se estiverem acompanhando as passageiras. As motoristas não fogem à regra: são todas mulheres.

Os carros chamam a atenção nas ruas de Moscou, principalmente no inverno, quando a cidade parece mais monocromática e os automóveis — geralmente escuros — que circulam nas largas avenidas estão sempre sujos da lama formada pela mistura de neve derretida, poluição e produtos químicos usados contra o acúmulo de gelo.

Resolvi testar a novidade, pedindo um táxi para me levar a uma recepção sisuda de fim de ano, organizada pelo governo para os correspondentes estrangeiros. A surpresa começou com o telefonema, no horário combinado: "Meu Volvo rosa está estacionado em frente ao seu edifício", avisou a motorista. A chamada foi feita do celular vermelho com sacolejantes enfeites de bichinho que ela carregava em um compartimento perto do freio de mão.

Ao abrir a porta do carro, deparei com uma enorme cadeira de criança no banco de trás. A motorista me chamou para sentar na frente. No país das beldades, a morena de olhos azuis era, de fato, linda como uma modelo. Estudava história na Universidade de Moscou. Contou ao longo do trajeto que seu período preferido da história russa era o pós-perestroika.

Ela me garantiu não ter medo de dirigir em meio ao caos moscovita, mas admitiu que os homens não resistem ao Volvo rosa. Buzinam e fazem gracinhas. Em seguida, atendeu a um telefonema do pai, que chamava para saber por onde andava e se estava correndo tudo bem em mais um dia atrás do volante do bólido fúcsia.

No centro cultural onde aconteceria a festa, dezenas de carros escuros deixavam os convidados. De repente, desembarquei do meu táxi rosa, para a perplexidade dos recepcionistas. Momento Barbie, uma vez na vida.

Mas meu encantamento com o táxi rosa acabou depressa. Fiquei com raiva da companhia quando a responsável me pediu dinheiro para aparecer em uma reportagem que eu preparava para a televisão. Isso é comum na Rússia, mas ainda assim fiquei decepcionada.

É recente o surgimento de companhias de táxi em Moscou. Começam a proliferar, por exemplo, os automóveis amarelos vistos em qualquer grande cidade com a tabuleta indicando tratar-se de um táxi. Parece óbvio, mas até bem pouco tempo não existiam.

Essas empresas vão preenchendo o espaço dos "táxis" herdados do período soviético. Basta fazer sinal na rua que qualquer carro pode parar para transportar o passageiro. O preço é combinado na hora, assim como o trajeto. O motorista, muitas vezes, só aceita o cliente se o destino estiver no seu caminho.

Normalmente, os tradicionais Jigulis — um dos modelos tipicamente soviéticos que ainda hoje são fabricados pela Lada no país (no Brasil dos anos 1980 foram vendidos com o nome Laika) — perambulam pelas ruas em busca de passageiros e, claro, são mais baratos que as companhias de táxi. Andam devagar na expectativa de que alguém faça sinal. O curioso é que eles param pelo menos de três em três. Sabem que as negociações de trajeto e preço podem não dar certo com o primeiro da fila. Muitas vezes, chegam a se aproximar do meio-fio e acompanhar o transeunte para oferecer seus serviços. Um motorista que cruzava a Tverskaya lentamente em busca de passageiros de madrugada me perguntou se eu precisava de um táxi. Eu passeava com o cachorro e nem sequer carregava uma bolsa.

Esse ainda é um meio de transporte barato (sobretudo para os locais que mesmo bem-vestidos não despertam a cobiça do motorista como os estrangeiros durante a negociação da bandeirada) e seguro, à noite inclusive. Conheço mulheres que tomam esses táxis de madrugada sem qualquer medo ou complexo. É uma tradição soviética, do tempo em que os felizes proprietários de veículos tentavam esticar a renda da família cobrando pequenas somas pelo transporte de outros proletários menos afortunados.

O decréscimo populacional pode criar uma situação irreversível de redução da mão de obra do país, com efeitos limitadores sobre o crescimento econômico. O problema só não é mais grave porque parte dessa queda tem sido compensada com a chegada de imigrantes. A Rússia recebe maciçamente cidadãos das antigas repúblicas soviéticas em busca de uma vida melhor. Russófonos, muitos vão atrás dos empregos descartados pelos russos. É comum identificar nas ruas da cidade os olhos puxados dos imigrantes da Ásia Central — tadjiques, quirguizes e uzbeques — que se encarregam da limpeza. Em viagem ao Uzbequistão, chamou-me a atenção o fato de que, na lavoura, trabalhavam quase exclusivamente mulheres. Perguntei ao guia onde estavam os homens. "Na Rússia", disse ele, "trabalhando para mandar dinheiro para casa".

Os motoristas de táxi, hoje, também têm fisionomias mais estrangeiras. Conheci um turcomeno em São Petersburgo durante uma viagem de trabalho que fiz à capital imperial com uma amiga francesa, também jornalista. Quando o taxista soube que passaríamos uma semana na cidade, implorou para que o contratássemos. Insistiu, barganhou e ofereceu um preço especial para que lhe garantíssemos a exclusividade.

Não obstante o cheiro de gasolina que parecia vazar dentro do carro, o que nos obrigava a escancarar as janelas apesar do frio cortante, e a carroceria que dava a impressão de estar prestes a desmoronar, ficamos com pena do sujeito e aceitamos a proposta.

O pobre homem estava na cidade fazia um ano e meio. Havia deixado cinco filhos e mulher para trás. Disse que seu salário mensal líquido era suficiente para dar boa vida à família. É claro que poderia ganhar muito mais se estivesse legalizado, o que era, entretanto, praticamente impossível. Comprou a carteira de motorista logo que chegou por 1.500 dólares. Mas a falsificação era tão grosseira que os policiais a identificavam à distância e, por isso, cobravam caro para liberá-lo: cerca de cinquenta dólares a cada vez que era parado. Calculava sua renda descontando um percentual para as propinas.

Era muito solícito e pontual. No entanto, ao final de dois dias, estávamos loucas para nos livrar daquele homem cuja curiosidade e perplexidade com um mundo que não era o seu oscilava entre a ignorância e a impertinência. Cismou que eu era do Cáucaso — não foi o primeiro nem terá sido o último. Queria saber por que uma "mulher bonita e saudável" não tinha muitos filhos. Tampouco se conformava com o fato de a minha amiga ser casada com um turco que não a obrigou a tornar-se muçulmana. "Como é que ele permite uma coisa dessas?", perguntou, indignado.

A situação dos imigrantes deu origem a outra reportagem mais adiante. A tensão racial está no ar na Rússia. O *face control* dos ambientes bacanas de Moscou tem por um dos critérios as feições dos clientes. Não são raros os casos de violência contra imigrantes. Os guardas param para pedir documentos na rua sobretudo às pessoas de olhos puxados ou de cabelos escuros, nariz pronunciado e sobrancelhas grossas (caucasianos e/ou muçulmanos).

Resolvi sair atrás das histórias desses estrangeiros. Estive na associação da Diáspora Tadjique, em Moscou. Os entrevistados não quiseram se identificar. Tampouco se deixaram fotografar. Mas, ainda que desconfiados, acabaram falando.

Seis meses sem receber salário, A., o jovem de 28 anos, já não tinha como se sustentar na capital russa, nem como levar a mulher e o filho pequeno de volta ao Tadjiquistão. A construtora em que trabalhava desde que desembarcou em Moscou devia a ele e a outros dois colegas 120 mil rublos (cerca de 4.800 reais). A caminho da sede da associação — a que recorreu para ajudá-lo a reaver o prejuízo —, em um bairro mais afastado de Moscou, foi parado pela polícia, levado para prestar informações e solto duas horas depois de uma exaustiva conferência de seus documentos. Estava alguns rublos mais pobre.

Três meses antes da minha visita à associação, Ekaterina, uma aposentada russa de 62 anos com quem cheguei a conviver, testemunhou uma cena impressionante. No trem de Moscou para a cidade histórica de Vladimir (ela morava no meio do caminho, a duas horas da capital), dois jovens atacaram um homem, segundo ela, de "aparência caucasiana", no momento em que as portas dos vagões se abriram em uma das estações. O primeiro chute derrubou a vítima, que levou outros três pontapés. Os agressores desceram e sumiram rapidamente. Os outros passageiros ficaram impassíveis. Ao levantar-se, a vítima tirou um lenço do bolso, limpou o sangue do canto da boca e se sentou em um dos bancos vazios.

"Perguntei a ele por que não reagiu. Era grande e forte. Respondeu que tinha mãe e, se morresse, ninguém cuidaria dela. Os dois foram rápidos. Eram 'profissionais' e sabiam o que faziam", contou ela.

Karomat Sharipov, presidente da Diáspora Tadjique, já não se impressiona com as histórias que ouve diariamente. Vive delas. Sobre a mesa de sua saleta no segundo andar do prédio imundo que sedia a associação, há mais de mil demandas de trabalhadores que jamais foram pagos e dezenas de casos de violência. Estima-se em 2 milhões o número de imigrantes tadjiques na Rússia. O Tadjiquistão, celeiro dessa mão de obra mal paga e maltratada, é a mais pobre das ex-repúblicas soviéticas.

"Eles não têm direitos, sofrem todo tipo de abuso. Cerca de 60% dos tadjiques presos não cometeram crimes, e 50% dos deportados não receberam salários", denunciou, apontando a sala de espera ao lado, onde eu poderia confirmar o que ouvia.

Dados do Centro Sova, uma organização não governamental especializada no monitoramento de crimes raciais, registraram quatrocentos ataques motivados por racismo e xenofobia no país em pelo menos 44 das 83 regiões russas, em 2010. Desse total, 37 resultaram em mortes. A maior parte dos ataques aconteceu em Moscou ou na região de Moscou, com dezenove mortes e 174 pessoas feridas, Nijny Novgorod, com quatro mortos e dezessete feridos e São Petersburgo e arredores da região de Leningrado, com dois mortos e 47 feridos.

A instituição acredita que os números são sempre subestimados e alerta para o fato de existirem na Rússia dezenas de milhares de ativistas de direita especialistas em ataques contra imigrantes. Fundado em 2002 pelo grupo Moscow Helsinki e o centro de informações Panorama, o Sova recebe recursos do instituto National Endowment for Democracy and the Open Society e do governo federal russo.

Em 2008, quando haviam sido registrados 428 ataques, o Ministério Público divulgara um aumento preocupante nas estatísticas. Até julho de 2008, 73 crimes raciais e outros ataques considerados extremistas haviam sido cometidos em Moscou, seis vezes mais do que no mesmo período de 2007. Em todo o país, o aumento havia sido de 67%, passando de 150 para 250. Mas a quantidade de crimes em geral tinha caído 9%.

Sharipov contou que 2 mil corpos de tadjiques são repatriados todos os anos e garantiu que, desse total, 5% costumam ser vítimas de *skinheads*. De acordo com uma reportagem da agência russa Ria-Novosti, até alguns anos atrás, as autoridades relutavam em tratar ataques de *skinheads* como crimes de xenofobia. Eram considerados atos de vandalismo. A boa notícia é que o número de processos contra ataques racistas cresceu. Mesmo assim, o número de condenações teria crescido na mesma proporção.

A crise financeira global desencadeada em setembro de 2008 acertou a Rússia em cheio e levou para a rua 300 mil trabalhadores apenas no mês de janeiro de 2009, o que dificultou ainda mais a vida dos imigrantes.

"O problema da violência sempre existiu. A crise apenas potencializou e serviu de desculpa adicional", disse Sharipov.

Como outros países europeus, a Rússia vai precisar aprender a conviver com a ideia da imigração, que lhe é cada vez mais necessária. Além de ser traço indissociável dos impérios, extintos ou não.

Um país que se quer cada vez maior

Os russos ainda têm dificuldade de lidar com o fato de que a União das Repúblicas Socialistas Soviéticas (URSS) é pouco mais do que uma lembrança do passado. O país vive hoje o paradoxo de tentar se adequar ao mundo moderno sem conseguir se desligar das glórias da superpotência.

O grande império foi fragmentado, e o resultado foi a maior perda territorial da história contemporânea — cerca de 5 milhões de quilômetros quadrados, ou o equivalente a duas Argentinas. A mudança brutal por que passou a antiga URSS também fez que, da noite para o dia, cerca de 25 milhões de russos étnicos passassem a viver do outro lado da fronteira.

Sob o impacto das transformações que levaram o gigante russo a se alimentar da própria desordem, o país se manteve em uma espécie de hibernação para o resto do mundo após o esfacelamento em 1991. De superpotência, despencou ao rol dos países em desenvolvimento para ressurgir, em 2004, na lista dos emergentes que poderão carregar o planeta nas costas nas próximas décadas, os chamados BRIC.[11]

---

11 Acrônimo criado em 2001 por Jim O'Neill, do banco de investimentos Goldman Sachs, em relatório distribuído a clientes para designar Brasil, Rússia, China e Índia como os quatro países em desenvolvimento com caracterís-

O futuro brilhante, contudo, ainda não está garantido. A crise financeira global de 2008, que atingiu com muito mais intensidade a Rússia do que os outros três integrantes da sigla, deixou no ar dúvidas sobre a capacidade de o país se manter nesse grupo restrito de economias promissoras. Enquanto China e Índia continuaram crescendo a taxas significativas após as turbulências desencadeadas pela falência do Lehman Brothers, em setembro daquele ano, o Brasil passou por uma breve estagnação, ou a "marolinha", nas palavras premonitórias do então presidente Luiz Inácio Lula da Silva. Já a Rússia, que viu seu PIB despencar em 2009, havia ficado para trás. Economistas de todas as nacionalidades, russos inclusive, chegaram a mencionar em mais de uma ocasião que o BRIC perderia seu "R" e estaria limitado ao BIC. O país interrompeu uma trajetória de dez anos de crescimento acima de 7% anuais, reduzindo o ritmo para 5,2% em 2008, até chegar a uma retração de 7,9% em 2009. Em 2010, com o início da recuperação, cresceu 4%.

Para crescer de maneira consistente e se modernizar, a Rússia ainda precisa enfrentar os desafios da decadência estrutural, da falta de investimentos na indústria e em inovação tecnológica, da dependência do petróleo, da corrupção e do drama demográfico. A situação pós-crise global é difícil, mas está muito distante de se parecer com o que aconteceu na década de 1990, período demonizado até hoje por aqueles que tiveram de enfrentá-lo.

O país hoje parece bem mais confiante no futuro. Em outros momentos históricos, a Rússia estava atrás de panaceias transformadoras, como no final do século XVII, quando Pedro, o Gran-

---

ticas comuns — como dimensão territorial, demografia e potencial de crescimento — que se tornariam a principal força da economia mundial até o final de 2050. Em 2011, o grupo incorporou a África do Sul.

de, quis fazer da nova capital São Petersburgo a utopia europeia, ou, séculos mais tarde, com os bolcheviques e a utopia comunista. A Rússia contemporânea parece se sentir mais à vontade com o que é.

A década de forte crescimento econômico sob o comando firme de Vladimir Putin despertou o velho sentimento de grandeza adormecido desde o fim do império soviético e da crise subsequente dos anos 1990. Em seus dois mandatos presidenciais consecutivos, Putin recuperou a prosperidade e o orgulho da Rússia. Essa é a principal razão para que as demonstrações de força do Kremlin tenham ganhado vulto — e aceitação por parte do grande público.

Tive a sorte de testemunhar, literalmente da minha janela, um espetáculo monumental. Em maio de 2008, blindados cruzaram a Praça Vermelha para comemorar a vitória sobre os nazistas e homenagear 25 milhões de soviéticos mortos na Grande Guerra Patriótica. Naquele ano, a tradicional parada militar do dia 9, o "Dia da Vitória", teve proporções nunca vistas pela Rússia contemporânea. A grandiosidade foi proporcional à imagem que o ex-presidente Vladimir Putin e seu sucessor, então recém-empossado, Dmitri Medvedev queriam passar da nova Rússia para o resto do mundo.

Já no início da madrugada, ouvi do meu quarto o ronco assustador de 111 tanques de guerra e caminhões carregados de armamentos, como o míssil balístico intercontinental Topol-M e os S-300, que desfilariam sua imponência. Posicionaram-se ali, debaixo da minha janela, numa das principais avenidas da cidade, que foi mantida bloqueada até para os próprios moradores. Ninguém entrava nem saía.

Lá embaixo, às oito horas da manhã, em meio à fumaça espessa dos escapamentos, tive de fazer meia-volta com o cachorro, que aguardava ansioso seu passeio matinal. As restrições tiveram início bem antes do começo do desfile, previsto para as dez horas.

— Mas como faço com ele? Vou só até a esquina e volto rápido, então.

— É proibido. Agora, só depois do meio-dia, quando todos os carros tiverem ido embora — berrou o soldado que vigiava a calçada como se estivesse, de fato, em um campo de batalha.

Seguindo a tradição soviética, o desfile só pode ser assistido *in loco* pelos convidados especiais. A população acompanha a transmissão ao vivo em vários canais de televisão. Mas ainda há aqueles que não se dão por satisfeitos e espremem-se nas ruas transversais, debruçando-se por cima dos cavaletes de ferro para tentar assistir, ainda que de relance, a um trecho que seja de todo aquele aparato. O mais curioso é ver no topo dos prédios, em cima dos telhados, fileiras de pessoas empoleiradas como em arquibancadas para acompanhar o espetáculo.

Passados os veículos pesados pelo asfalto, foi a vez dos mais de trinta aviões militares e helicópteros rasgarem os céus moscovitas, percorrerem a Tverskaya de uma ponta a outra para sumirem atrás do Kremlin.

Os anúncios da grande festa apareceram com bastante antecedência pela cidade. Houve até ensaios gerais para o espanto dos desavisados. Fui surpreendida pelo primeiro, quando voltava das compras. Ao sair do metrô com minhas sacolas, deparei com dezenas de blindados na avenida. Não tinha a menor ideia de que aquilo fosse possível. Dois dias depois, conversando com a empregada, que encontrei saindo da missa de manhã, me assustei com o voo baixo e a vibração ensurdecedora de cinco aeronaves de guerra. Em dias normais, nada perturba o céu do centro, uma vez que é proibido sobrevoar a capital.

O Dia da Vitória é um dos feriados mais importantes do país. A capital russa é tomada por milhares de bandeiras vermelhas e cartazes anunciando as comemorações. O governo se encarrega de espalhar pela cidade, sobretudo nos mastros remanescentes das fachadas desde os velhos tempos, as bandeiras tricolores da Federação da Rússia.

A decoração do Parque da Vitória também é caprichada, para o deleite das centenas de famílias que vão se confraternizar ali. É como se tudo fosse organizado para que, por algumas horas, a população voltasse a respirar os ares gloriosos da União Soviética.

Nada poderia estragar a festa daquele ano. A segurança foi reforçada. As autoridades já haviam avisado, desde o início da semana, que não mediriam esforços para garantir o tempo bom durante as comemorações. De fato, aviões lançaram produtos químicos para dispersar nuvens ameaçadoras.

Da varanda do meu apartamento, tive a nítida impressão de estar diante de um país em guerra. O cenário me fez sentir pequena, o que, por sinal, talvez fosse o propósito de todo aquele aparato.

Algumas horas depois do desfile militar, outra surpresa. A larga avenida havia sido tomada por uma grande manifestação do Partido Comunista. Correligionários e simpatizantes percorriam o mesmo trajeto dos blindados. em sua maioria, pessoas de mais idade, alguns mais curvados do que outros, caminhavam lentamente, empunhando a velha bandeira vermelha com a foice e o martelo ou rosas vermelhas. Os rostos pareciam saídos dos velhos livros de história do colégio, numa versão convincente do estereótipo da URSS. No peito, carregavam dezenas de condecorações do passado. Nas mãos, não eram raras fotos do ex-ditador Josef Stálin. Entoavam canções soviéticas.

A tradicional Parada Militar em comemoração à vitória na Segunda Guerra Mundial vista da minha janela. Acontece anualmente em toda a Rússia.

Nesse dia, jovens e crianças costumam distribuir rosas vermelhas aos heróis de guerra. No monumento aos soldados mortos, no Jardim de Alexandre, aos pés do Kremlin, é longa a fila daqueles que aparecem para homenageá-los. O presidente é um deles. As pilhas de flores precisam ser removidas de tempos em tempos para permitir a passagem dos numerosos visitantes.

Só soube da tradicional passeata dos comunistas porque vi da minha janela. Amigos russos que moravam em bairros mais afastados nem sequer ouviram falar do evento. E custaram a acreditar quando contei. A própria televisão o ignorou, possivelmente para que o resto do povo também o fizesse. "Não, você está enganada. Não vi nada disso na televisão", teimou uma amiga.

Durante a Guerra Fria, paradas militares como a de 2008 tinham por objetivo desafiar o Ocidente e ostentar o poderio bélico da URSS. Na era Stálin, demoliu-se o antigo Portal da Ascensão (reconstruído anos depois exatamente como era) para que os mísseis tivessem espaço suficiente para cruzar a Praça Vermelha.

Mas o desfile daquele ano teve um significado especial. Se no discurso de posse, apenas dois dias antes, Dmitri Medvedev projetara uma imagem mais moderna e rejuvenescida do poder, a monumental parada militar foi a outra face da mesma moeda: a Rússia ocuparia seu espaço de grande potência no concerto das nações, como Putin deixara claro nos últimos anos de sua presidência. Em sua última reunião de gabinete, havia declarado que a parada militar não tinha por objetivo desafiar esse ou aquele país, mas demonstrar a crescente capacidade de defesa russa.

Na televisão, comentaristas destacaram a importância daquele desfile grandioso em meio à ameaça de vizinhos. Era uma maneira de mostrar não apenas que a Rússia continuava sendo uma força econômica, mas também uma potência militar. A parada de 2010, que marcou o aniversário de 65 anos do fim da guerra, foi ainda mais portentosa e contou com a presença de tropas americanas, britânicas e francesas. Teria custado quarenta milhões de dólares ao país. Mas as autoridades garantiram que, dali para frente, só seriam assim a cada cinco anos.

Os gastos não se referiam apenas à festa propriamente dita. As estruturas por onde passariam os tanques e armamentos precisavam ser reforçadas cada vez que eram obrigadas a suportar os blindados. As passagens subterrâneas embaixo da Praça Vermelha receberam escoras de aço para aguentar o peso. Passado o desfile, também foram necessários reparos em novecentos metros quadrados de asfalto e tubulações de água e esgoto.

Mobilizações como essas confirmam que a era Putin resgatou, não raras vezes, o gosto da Guerra Fria. A tensão não incomoda os russos. Pelo contrário, dá a sensação de que voltaram ao jogo. Mostra que o país humilhado há duas décadas ainda está longe de ter perdido importância.

A massa aplaude orgulhosa a cada vez que se endurece o discurso com os Estados Unidos, ou que se ameaça cortar o gás da Europa em pleno inverno.

O plano americano de instalar bases de um escudo antimísseis na Polônia e na República Tcheca, ainda na era Bush, provocou duras reações por parte da Rússia. Os americanos diziam que o sistema era necessário para proteger o país de eventuais ataques com mísseis vindos de "Estados hostis", como o Irã.

Um acordo foi assinado entre Washington e Praga ainda em julho de 2008, mesmo ano da grandiosa parada militar em Moscou. Com o governo polonês, o documento saiu um mês após a guerra entre a Rússia e a Geórgia, em agosto.

O Kremlin fez questão de deixar bem clara sua desaprovação. Chegou a anunciar a implantação no enclave de Kaliningrado de mísseis táticos Iskander com alcance entre cinquenta e trezentos quilômetros que poderiam transportar vários tipos de cargas de até 480 quilos. Também deu a entender que poderia haver retaliações militares contra a Polônia. As trocas de farpas se intensificaram, e o clima de tensão chegou a um grau que não se via desde a Guerra Fria.

Pouco depois da eleição do presidente americano Barack Obama, em novembro de 2008, os russos anunciaram o congelamento dos planos para Kaliningrado por terem entendido que a condução dessas questões seria outra na nova gestão. A Rússia aproveitou para dar o primeiro passo, mostrando-se disposta ao diálogo. Obama suspendeu o projeto das bases em 2010.

Em artigo publicado pela ONG britânica OpenDemocracy.net, o editor do semanário *Delo*, Dmitri Travin, comparou a atitude do seu país em relação à política externa a um exemplo famoso citado entre antropólogos sobre a ética entre os vários povos. Perguntado sobre o conceito de mal, um índio norte-americano definiu ser quando alguém lhe roubava o cavalo. O bem era quando ele roubava o cavalo alheio. Para os russos, o mal seria quando os americanos ampliam sua esfera de influência. O bem seria quando a Rússia o faz. A visão se aproxima do que, em relações internacionais, se chama de "jogo de soma zero": um ganha quando o outro perde.

O cidadão médio se sente incomodado com a intrusão americana, que as autoridades russas, por sua vez, procuram evidenciar. As campanhas dos Estados Unidos no Iraque, no Afeganistão e as ameaças de ações semelhantes contra o Irã, além da expansão da Otan em direção aos países da antiga URSS e o apoio americano às "revoluções coloridas" ocorridas nos seus ex-vizinhos soviéticos são particularmente irritantes. Daí o apoio da população, como mostraram as pesquisas de opinião, às iniciativas russas mais agressivas no xadrez internacional. Ora, se a expansão das áreas de influência era importante para os Estados Unidos, por que não seria para a Rússia?

A Rússia não superou o desfecho da Guerra Fria. A atitude russa em relação ao Ocidente, sobretudo nos últimos anos da presidência Putin, deixa evidente um complexo de derrota, interpretação que os Estados Unidos fizeram questão de dar quando se encerraram os anos em que disputaram com os soviéticos a hegemonia mundial em trincheiras virtuais.

Em uma de nossas conversas, Fyodor Lukianov, editor da revista *Russia in Global Affairs,* afirmou que "as palavras de Bush declarando o fim da Guerra Fria e a vitória dos Estados Unidos, além do fato de o Ocidente ter deixado a Rússia de lado durante alguns anos, criaram uma espécie de sentimento de revanchismo".

O especialista garantiu que o país ainda precisa de tempo para completar a transição inacabada e lembrou que ninguém tem experiência em transformar um antigo império, uma potência que costumava ser um dos dois pilares do planeta.

Poucos têm a consciência plena de que a grande União Soviética do passado, agora, são quinze países independentes, cada qual com a sua trajetória própria. Essa talvez seja a explicação para o fato de ainda não existirem na Rússia institutos ou centros de pesquisa especializados nos estudos das antigas repúblicas. É como se não fosse necessário estudá-las de maneira isolada porque, inconscientemente, continuam parte do império que gravita à volta da Rússia.

Disputas geopolíticas e múltiplas questões étnicas ou de demarcação de fronteiras expõem a fragilidade da separação ainda recente das ex-repúblicas. A partilha ainda desperta sentimentos controversos nos cidadãos que hoje já não fazem mais parte da Rússia e naqueles que ficaram no país.

Os russos não gostam de ser chamados de belicosos. Mas, durante os dois anos em que vivi no país, tive a nítida sensação de estarem sempre prontos para a guerra. "Não tenho medo nem de um enfrentamento contra os Estados Unidos. Estamos sempre preparados. Somos sobreviventes, sabe?", disse-me um russo.

Essa frase emblemática não saiu da minha cabeça até o meu último dia em Moscou. Daquele dia em diante, compreendi melhor o comportamento dos locais nas diversas situações da vida. Portavam-se como sobreviventes. Ou seja, não tinham muito a perder.

A quem não está habituado, causa estranhamento a quantidade inexplicável de soldados a circular pelas ruas. Não raro, depara-se com dezenas de homens fardados sem qualquer razão especial.

A sensação do conflito iminente deixou de ser apenas uma sensação quando foi deflagrada a guerra na Geórgia. A invasão-relâmpago do pequeno país vizinho, em agosto de 2008, também contou com apoio interno e foi outro recado importante ao Ocidente naquele ano de tensão. A intervenção começou como um conflito entre o governo central georgiano e separatistas da Ossétia do Sul.

Depois de confrontos na capital ossétia Tskhinvali e de ataques promovidos por Tbilisi (capital da Geórgia), que tentou retomar o comando da região, as autoridades da Ossétia do Sul pediram socorro à Rússia. Para complicar ainda mais a situação, a maioria dos habitantes da pequena província tinha cidadania russa.

Ainda me surpreendo com a velocidade que levei para topar a aventura de cobrir a guerra. Outros colegas que partiram para

Tbilisi tinham feito treinamento de correspondente de guerra, andavam com coletes à prova de balas. Eu não. Foi na minha última noite na cidade que tive medo pela primeira vez. Um estalo, provavelmente do sistema de ar-condicionado do hotel, me fez pensar em bombas. O que eu fazia ali, afinal?

Passei quatro dias intensos na capital Tbilisi, onde trabalhei praticamente sem pausa. Entrava ao vivo para a CBN, a Radio France International e a Globonews. Preparava minhas reportagens para O *Globo*, que me enviou ao país, e ainda abastecia o meu blog na internet com as poucas forças que me restavam de madrugada.

Começava a apurar as reportagens por volta de oito horas e só ia dormir depois das quatro, quando, no fuso local, terminava o *Jornal das Dez*, da Globonews, e publicara o *post* do dia seguinte no site do jornal. Em menos de 48 horas já estava praticamente afônica.

Entre o jornal me pedir para viajar para Tbilisi e eu efetivamente partir, levei menos de doze horas. Meu marido apoiou a minha decisão sem titubear. Impôs uma única condição, que achei justa: teria de mandar mensagens do celular ao longo do dia para dizer que estava tudo bem. Não sei como conseguiu, mas, religiosamente, a cada hora, me mandava sempre a mesma mensagem: "hora de dar notícias".

Não quero vender aqui qualquer tipo de heroísmo, mesmo porque a cobertura de guerras registra incontáveis experiências bem mais espetaculares que a minha. Talvez tenha padecido, isso sim, daquela febre irresponsável que acomete os jornalistas quando aparece a chance de uma boa reportagem. O fato é que viajei sozinha, sem tradutores, assistentes, produtores ou motoristas. Quando dei por mim, estava em lugares onde jamais me havia imaginado um dia, negociando tudo o que precisava para viver e trabalhar em russo, a língua franca das ex-repúblicas soviéticas até hoje.

Fui movida por uma curiosidade sem limites. Tinha comigo caneta, bloco de notas, um aparelho de celular (para o qual compraria *chips* a cada fronteira que cruzasse de modo a cumprir a minha promessa conjugal), um gravador e três mudas de roupa.

Ainda em Moscou, descobri o telefone celular do porta-voz do Ministério das Relações Exteriores da Geórgia, pouco antes de os sites georgianos saírem do ar na Rússia. O diplomata explicou que meu visto só seria emitido na fronteira terrestre do país com a Armênia. Ou seja, somente lá saberia se poderia entrar ou não.

O território armênio era o caminho mais rápido para quem saía de Moscou. Outros jornalistas foram pela fronteira da Turquia. A maioria deles estava em férias na Europa. Agosto, verão no hemisfério norte, é o mês em que a maioria das pessoas descansa. As próprias autoridades russas foram surpreendidas pela guerra justamente naquela época e tiveram que voltar às pressas para Moscou.

Fui de avião até a Ierevan, capital armênia, e, de lá, partiria de carro para Tbilisi. O embargo imposto por Moscou à Geórgia em 2006 impedia as importações de produtos georgianos pela Rússia, assim como os voos entre os dois países. No aeroporto de Ierevan, dois motoristas se dispuseram a me levar a Tbilisi. Peguei o que me cobrou menos: 150 dólares.

— Por este valor, o senhor me leva até Tbilisi?

— Não. Esta é a tarifa até a fronteira. Não podemos atravessar, por conta da guerra.

— Mas como sigo de lá até a capital?

— Há vários táxis esperando jornalistas, comerciantes e moradores que estão fazendo o mesmo trajeto que a senhora.

— E quanto custa o táxi de lá até Tbilisi?

— Uns cinquenta dólares.

O motorista era simpático, como percebi que seriam os armênios em geral e os próprios georgianos, apesar do clima de tensão na região. Era uma diferença sensível em relação à Rússia, onde as pessoas são menos expansivas e sorridentes, mesmo em tempos de paz.

Paramos em um supermercado horrendo, por sugestão dele, para comprar água. A viagem estava prevista em cerca de quatro horas.

Assim que pegamos a estrada, pôs os óculos escuros, virou-se para trás e disparou: "A senhora gosta de música? Meu toca-fitas é *auto-reverse*", disse orgulhoso, apontando para o equipamento que considerava de última geração no bólido de bancos de couro.

Mal sabia eu que a trilha sonora de toda a viagem, que foi bem mais longa do que imaginava, ficaria a cargo de ninguém menos que Barry White.

O trajeto não foi dos mais simples. Primeiro, o homem cismou em parar para que eu provasse a "verdadeira melancia da Armênia". Em seguida, resolveu que precisávamos parar em uma fonte de água mineral (o Cáucaso é a terra das boas águas), jogar fora o conteúdo da garrafa que compramos e encher com aquela outra, bem mais saudável. Disse-lhe que acreditava no sabor único da melancia e nas propriedades da água da fonte — supostamente responsável pela longevidade daquele gente —, mas pedi para seguirmos.

O carro, movido a gás, apesar de relativamente novo, enguiçou quatro vezes pela estrada sinuosa. Cada estouro vindo do motor anunciava uma pane. O motorista já parecia ciente do problema: visivelmente contrariado, abria o porta-luvas, tirava de lá um rolo de fita adesiva, abria o capô, fazia a intervenção necessária e chutava o pneu dianteiro esquerdo — de raiva, suponho. Era o suficiente para que pudéssemos prosseguir. Retomava a direção ainda mal-humorado, mas, segundos depois, deixava a cabeça dançar ao som de Barry White. "Let the music play."

Ao quarto enguiço, a gambiarra já não surtia efeito. O motorista recorreu a dois transeuntes. Não sei bem como tudo se resolveu, mas vi um dos homens trazendo um punhado de terra e — juro — penas de galinha. Solução criativa ou sobrenatural, a iniciativa evitou que eu precisasse dormir de favor, no interior da Armênia.

A quinta parada me assustou. Mas, dessa vez, foi só para recarregar o botijão de gás. O posto não podia ser mais sórdido. A fila para abastecer era enorme. O homem me pediu que descesse do carro e, por motivo de segurança, esperasse perto do caixa (a cinquenta metros dali, o que não adiantaria muito, suponho, em caso de explosão). Era uma casinha de madeira, onde um adolescente controlava a registradora. O cenário não poderia ser mais insólito. Ele jogava futebol, com bonecos que vestiam a camisa do Brasil, em um computador velho. Na televisão ao lado, em preto e branco, passava uma novela brasileira. Não resisti e puxei assunto. Disse-lhe que era brasileira e que conhecia aqueles personagens. Perplexo, o garoto parou o que estava fazendo e me olhou como se eu tivesse acabado de desembarcar de um disco voador em terras armênias. Ficamos melhores amigos. As nossas novelas são muito comuns ainda hoje nas antigas repúblicas soviéticas e, frequentemente, constituem boa desculpa para um começo de conversa.

A viagem até a fronteira georgiana levou pouco mais de seis horas. Despedi-me do táxi armênio e fui negociar com o motorista georgiano que me levaria a Tbilisi. Ele estava a pé do lado armênio da fronteira, enquanto o carro estava estacionado em território georgiano. Não há visto para os nacionais dos dois lados. Mas, na Armênia, a taxa cobrada para a passagem de veículos, que varia com o tamanho da propina cobrada após a demorada inspeção a que são submetidos, torna quase proibitiva a travessia com o carro.

— O senhor pode me levar a Tbilisi? A corrida custa cinquenta dólares, não é isso?

— Posso levar, sim. Mas o preço é oitenta dólares.

— Impossível, me disseram no aeroporto em Ierevan que me custaria cinquenta dólares — argumentei, com uma irracionalidade sovina da qual só me daria conta depois.

— Olha, só há um táxi aqui neste momento, o meu. E está começando a chover.

Não sei o que deu em mim, mas resolvi enfrentá-lo:

— Eu também sou a única cliente aqui neste momento e, por oitenta dólares, não vou.

Fechamos em sessenta dólares, o que me deixou bastante contente até descobrir que o homem já tinha outro passageiro que o esperava do outro lado da fronteira. Viajaríamos os três. Por sorte, era um senhor armênio muito educado que vivia na Alemanha havia trinta anos e estava ali a negócios. Fomos debatendo em russo, mais uma vez o idioma franco, a situação política e econômica dos georgianos.

Antes de tomar o novo táxi, tive de atravessar a fronteira a pé para receber o carimbo de saída armênio e, mais adiante, retirar o tal visto, prometido por telefone, na véspera, pelo governo georgiano. Guardas armênios, que franziram a testa ao ouvir que era jornalista, abriram simpáticos sorrisos ao saber que era brasileira. Os georgianos também. Dos dois lados, todos disseram que gostariam de conhecer o Brasil, falaram do Rio, de futebol — enfim, o kit de sempre.

Viajei por mais uma hora e meia até o centro de Tbilisi. Já na entrada da cidade, passei perto da base aérea bombardeada. Os russos estavam destruindo os armamentos do país.

A tranquilidade em Tbilisi era superficial e, a rigor, não escondia o clima de tensão. O país estava sob ataque cerrado em suas áreas estratégicas. Os russos tinham como alvo bases militares e estruturas importantes para a Geórgia. A cidade de Poti, maior porto do país, no mar Negro, foi ocupada pelos russos durante algum tempo.

O palácio presidencial estava protegido por um importante aparato policial. Havia toque de recolher às dezoito horas em Tbilisi. No hotel onde fiquei, na principal artéria da cidade, os hóspedes eram todos jornalistas. Já no saguão descobri pelos colegas o grande episódio do dia. Naquela tarde, poucas horas antes de eu chegar, um comboio russo havia saído da cidade de Gori, terra natal de Stálin, onde se concentravam as tropas do país vizinho, em direção a Tbilisi. Mudaram de ideia e recuaram a apenas cinco quilômetros da capital, para alívio de todos.

Boa parte dos conflitos entre a Rússia e a Geórgia foi travada não em campos de batalha, mas na mídia. Ameaças, acusações, guerra de informações e tentativas de manipulação da opinião pública marcaram a disputa dos dois lados. O mais importante era chamar a atenção da comunidade internacional para a verdade. E foram apresentadas várias versões dela.

Coincidência ou não, a operação georgiana teve início no primeiro dia da Olimpíada de Pequim, quando todos os olhos estavam voltados para a China, num momento em que, teoricamente, começaria a vigorar a tradicional trégua olímpica.

Logo após a ofensiva georgiana à Ossétia do Sul — que acabou por desencadear a desproporcional reação russa —, todos os sites de domínio ".ru" foram tirados do ar na Geórgia. As informações a que se tinha acesso no país eram pró-Geórgia em sua maioria. Na mídia georgiana — majoritariamente favorável ao governo —, ninguém via os ataques das forças nacionais à Ossétia do Sul, nem a situação dos cidadãos russos que fugiram para a Ossétia do Norte. Só se via o revide. Havia apenas um canal em russo, supostamente livre, que era usado pelos jornalistas estrangeiros para a cobertura dos desdobramentos dos conflitos.

De olho nos jornalistas estrangeiros, que não paravam de chegar ao país, o governo georgiano improvisou um comitê de imprensa no lobby do hotel, prestando informações em inglês sobre as alegadas atrocidades russas. Os vários responsáveis pela comunicação com os jornalistas passavam o dia com notebooks e internet. Tinham sempre uma fonte disponível pronta para dar entrevista, qualquer que fosse o tema da reportagem, a qualquer hora. Entrevistei, depois da meia-noite, uma das principais autoridades em energia do país para um texto que preparava sobre a infraestrutura de passagem de petróleo e gás, estratégica para a Geórgia.

O estranho presidente Mikhail Saakashvili mantinha-se praticamente 24 horas no ar. Dava, pelo menos, uma entrevista por dia aos principais canais de televisão, além de longas exclusivas, muitas vezes em inglês.

No dia em que o acordo de cessar-fogo foi negociado entre a Rússia e a União Europeia, Saakashvili surpreendeu a todos com a presença dos líderes da Polônia, Ucrânia, Lituânia, Letônia e Estônia em um imenso palco onde haveria um show de música popular. Tratava-se de uma provocação e tanto aos russos. Eram os chefes de Estado de antigas repúblicas soviéticas e um ex-satélite (a Polônia) com os quais a Rússia se mantinha às turras. Nesse dia, o presidente da França, Nicolas Sarkozy, que estava em Tbilisi, não apareceu.

O palco ficava no mesmo pátio no qual o governo georgiano montou, a céu aberto, o espaço para as coletivas de imprensa quase diárias. O cenário se compunha de um painel gigante com a imagem da fachada do prédio, então em reforma, margeado por bandeiras da Geórgia e, curiosamente, da União Europeia. A Geórgia vivia a alegar que a bandeira era do Conselho da Europa, entidade mais antiga e relativamente menos importante da qual faz parte, que tem como símbolo o mesmo pavilhão azul com estrelas amarelas.

Ex-advogado em Manhattan e ex-aluno da Universidade de Columbia, Saakashvili mostrou dominar a arte de fazer marketing. Esse ex-cidadão soviético disse que a Geórgia tinha "olhado o diabo nos olhos", ao referir-se à Rússia. Viciado em informação, lia todos os meios de comunicação, a ponto de poder citar, em minúcia, articulistas ou reportagens durante as entrevistas.

Quando o vi de perto em uma das entrevistas coletivas, percebi que estava usando pesada maquiagem. Provavelmente para disfarçar as profundas olheiras que alimentava com as noites em claro. Era como se ele nunca desligasse. No pronunciamento que fez ao lado da então secretária de Estado americana Condoleezza Rice, parecia estar sob efeito do sono ou de medicamentos. Empastou a voz e confundiu-se mais de uma vez.

Após ser criticado e enquadrado por usar indevidamente a bandeira da UE como pano de fundo de suas entrevistas, passou a fazer suas aparições na televisão com um mapa da Geórgia em que apontava com uma batuta a posição das tropas russas.

A hiperatividade midiática de Saakashvili levou os russos a fazer algo a que não estão acostumados: expor-se ao escrutínio da imprensa. Sua jovem equipe fluente em inglês se encarregava de municiar a imprensa estrangeira com informações a qualquer hora do dia. Começava com um tabloide em inglês, editado provavelmente por alguma empresa vinculada ao governo, pendurado nas maçanetas dos quartos do hotel pela manhã bem cedo.

Tradicionalmente, o Kremlin não dá grande satisfação de suas ações à opinião pública, muito menos à internacional. Naquele período, porém, o chanceler russo Sergei Lavrov concedeu várias entrevistas em inglês a canais de televisão importantes. Isso também foi feito pelo vice-primeiro-ministro Sergei Ivanov. Oficiais do Exército russo passaram a dar coletivas diárias ao meio-dia em Moscou.

O presidente Dmitri Medvedev, no entanto, preferiu se preservar. Veio a público logo após o início dos conflitos em um pronunciamento oficial e durante a entrevista coletiva em que aparece com Sarkozy para explicar os seis pontos do acordo de cessar-fogo. Nesse dia, aproveitou para atacar Saakhashvili e o chamou de "lunático".

Na Rússia, a TV não mostrava os ataques das tropas russas e se concentrava nas imagens das vítimas e refugiados que chegavam ao hospital de campanha montado pelo Ministério das Emergências russo na Ossétia do Norte, região vizinha ao conflito, já no território da Rússia.

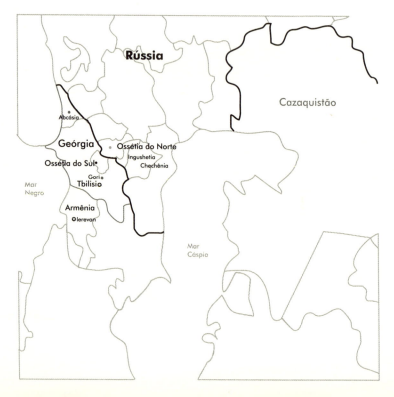

Inaugurada em 1938, a estação Ploschad Revolutsii, ou Praça da Revolução, nas proximidades do Kremlin, é uma das mais emblemáticas de Moscou.

Kiev também foi herdeira da tradição soviética das belas estações dedicadas ao proletariado.

Na estação Mendeleevskaya, a homenagem ao cachorro desconhecido morto a pontapés.

Cachorros vadios, personagens da vida moscovita, em cima e embaixo da terra.

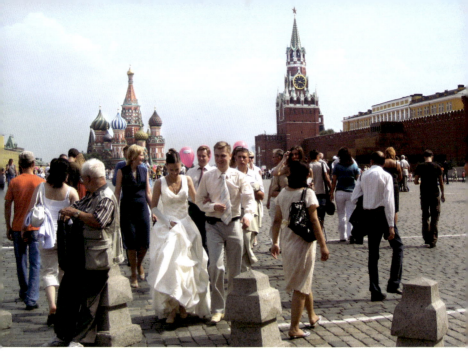

A Praça Vermelha é o cenário favorito para as fotos de nove entre dez noivas.

Indústria pesada, a fé redescoberta e as loiras longilíneas: caricatura da Rússia?

Noites brancas: São Petersburgo a 0h26.

O poeta Maiakovski na praça que leva o seu nome: engajamento e desilusão com o regime.

Sob a neve, sem vista para o Kremlin.

Novidade na década de 1980, o hambúrguer americano se incorporou à paisagem.

Rivais em 1917, Lênin e Nicolau II posam juntos para fotos com os turistas.

Até o velho Lada se comove com o pôr do sol sobre a idílica Suzdal, a 215 quilômetros de Moscou.

Diante do Mausoléu de Lênin, em plena Praça Vermelha, a antiga loja de departamentos soviética, o GUM, é hoje o mais luxuoso shopping center da capital.

Ostentação não é ter um Porsche dourado,
é ter um Porsche de ouro.

No extremo norte da Rússia, na ilha de Kiji, a Catedral da Transfiguração (século XIV),
com suas 22 cúpulas, é um dos principais monumentos em madeira do país.

Para o alto e avante: o monumento ao primeiro satélite enviado ao espaço sobre o Museu da Cosmonáutica.

Verão em Moscou: a transformação dos cenários e do humor da cidade.

Feliz Ano Novo!

O gigantesco Fiodor Dostoievski guarda a entrada do suntuoso prédio da Biblioteca Lênin.

Comparado a Hitler no Ocidente, Stálin ainda encontra fiéis seguidores entre os russos.

Anualmente, em 9 de maio, dia em que se comemora a vitória da "Grande Guerra Patriótica", Moscou volta a ser a capital da União Soviética.

O chamado "cemitério das esculturas" abriga os grandes vultos do passado.

As montanhas do Cáucaso: cenário de belas imagens e grandes desafios para a Rússia.

Alcoolismo: desafio desde o tempo dos czares.

Logo nos primeiros dias de guerra, durante a missão diplomática da UE a Tbilisi e a Moscou, o presidente da Organização para Segurança e Cooperação na Europa (OSCE), Alexander Stubb, perdeu a paciência em uma das entrevistas coletivas e disse que estava "farto da troca de acusações dos dois lados". Por trás do conflito, eram patentes os ressentimentos de russos e georgianos.

O afastamento da Rússia e a aproximação dos Estados Unidos são evidentes. Nas proximidades do palácio presidencial, em Tbilisi, a homenagem aos Estados Unidos não podia ser menos discreta: a avenida que foi batizada de George W. Bush liga o aeroporto ao centro. Claramente, a Geórgia já vinha tentando cortar os poucos vínculos que ainda mantém com o passado soviético para fazer parte do que Saakashvili vinha chamando de "século XXI", o que também irritava a Rússia. Das glórias da antiga URSS, subsiste no país apenas o duvidoso orgulho de ser a pátria de Josef Stálin.

Diante disso, o próprio governo vem tomando as providências cabíveis para que o ex-líder caia no esquecimento. Em 2010, arrancou da principal praça de Gori, sua cidade natal, o imenso monumento ao conterrâneo. Ao pé da estátua, quando lá estive alguns meses depois da guerra, havia desenhos feitos a giz por crianças. Todos faziam alguma referência à sonhada acessão da Geórgia à UE.

A Academia Americana de Tbilisi, ginásio privado criado com a ajuda do Departamento de Estado, é hoje um modelo de ensino no país. A apresentação da escola no site diz que sua fundação tem por objetivo servir de "modelo para a transformação da educação da Geórgia à medida que o país faz a transição do sistema soviético para uma economia de mercado democrática".

As Forças Armadas georgianas também vinham sendo modernizadas e treinadas com a ajuda americana. Havia, inclusive, um grupo de tradutores disponíveis em tempo integral para fazer a ponte entre os soldados georgianos e seus monitores.

Esse país de 4,6 milhões de habitantes — até 1991, uma fração do império soviético — resolveu se voltar para o mundo dos negócios. Facilitou a vida dos investidores estrangeiros e, por isso, passou a atrair dinheiro de fora. Bancos e companhias internacionais compraram instituições financeiras georgianas e têm investido em infraestrutura. Além disso, a localização estratégica do país, bem no meio da rota dos combustíveis fósseis que vão da Ásia Central à Europa sem passar pela Rússia, também serviu para deixar a pequena Geórgia em evidência.

Desde a Revolução das Rosas, que levou Saakashvili ao poder em 2004, o governo promoveu uma série de reformas. Uma das mais importantes seria o combate à corrupção, considerada crônica no passado recente. A Geórgia deixou o topo da lista dos países mais corruptos do mundo.

A economia georgiana vinha crescendo a passos largos até a guerra. Até certo ponto, a Rússia teve uma parcela de responsabilidade pelos bons resultados econômicos do país, apesar de todas as restrições impostas aos produtos georgianos nos últimos anos. Sempre às turras com a Geórgia, os russos suspenderam as tradicionais importações georgianas para punir a rebeldia do país.

"O embargo foi muito doloroso, porque, de repente, a Geórgia perdeu o seu principal mercado. Mas acabou sendo bom. Obrigou as empresas a se diversificarem", afirmou o economista de um importante banco que opera na Geórgia.

Se o governo Saakashvili fez importantes reformas para o país, o presidente era uma figura controversa e criticada por conter a imprensa e a oposição, segundo denunciaram algumas vezes as ONGs Human Rights Watch e Freedom House. Foi acusado de manipular os resultados das eleições e intimidar eleitores. Após a eleição de 2004, emendou a Constituição para garantir mais poderes ao presidente. Além disso, seu relacionamento com a Rússia não poderia ser pior.

Não estive na Ossétia do Norte, unidade que integra a Federação da Rússia. Mal ou bem, já tinha explorado o lado russo da história em Moscou. Estive na Geórgia com refugiados da Ossétia do Sul, que perderam parentes, casas e o horizonte. Por mais que os conflitos tenham sido desencadeados pelo lado georgiano, não há como negar o sofrimento das pessoas com a reação russa.

Não que eu tivesse expectativas de que a experiência — visitar um acampamento de refugiados — pudesse ser agradável. Mas nunca imaginei que fosse tão dolorosa.

Estive nas escolas de número 11 e 13, nas cercanias de Tbilisi, ambas caindo aos pedaços. Vi gente que perdeu tudo. Que não sabia onde estavam os filhos. Que não tinha mais casa para onde voltar. Que foi vítima de saques. Que passava dos acessos de raiva ao pranto sem se dar conta. A maioria vinha de Gori, a cidade de Stálin, a poucos quilômetros da Ossétia do Sul, já em território efetivamente georgiano.

Uma senhora já bem velha de repente parou de chorar e quis conversar comigo. Disse que gostava do Brasil, que eu parecia georgiana e me abraçou. Ofereceu-me um pedaço de pão e uma caneca de café. Minutos antes, digladiava-se com outras duas colegas de infortúnio pelos mesmos pão e café que a ONU distribuía. Foi atrás da neta para me apresentar. Mandou a menina me dar um beijo também. As crianças, por sinal, estavam por toda parte, muitas delas maltrapilhas.

Esses relatos podem soar piegas — a descrição do sofrimento é sempre um pouco piegas. Mas, quando é real e absurdo como o que vi naqueles dias, acho que merece ser registrado de alguma maneira.

Em Mskheta, vinte quilômetros a nordeste de Tbilisi, estive com outro grupo de refugiados. Com mais de 3 mil anos de história, essa pequena cidade foi capital da Geórgia até o século v. Tombada como patrimônio da humanidade pela Unesco, Mskheta — ou მცხეთა, no ininteligível alfabeto georgiano — costuma estar apinhada de turistas, atraídos sobretudo pela beleza da catedral de Svetitskhoveli (século XI), cercada pelas montanhas do Cáucaso.

A cidade está no caminho de Gori. De lá veio boa parte das cerca de 4 mil pessoas que os combates empurraram sobre Mskheta e arredores. Muitos foram abrigados em casas de desconhecidos que se voluntariaram a recebê-los. Nesse que é um dos principais cartões-postais da Geórgia, em pleno mês de férias, os refugiados tomaram o lugar dos visitantes.

A incursão a Mskheta era "segura", segundo me garantiram em Tbilisi. Lá fui eu, num carro velho como poucos, estrategicamente selecionado pela agência de turismo de modo a não chamar a atenção dos bandidos que vinham assaltando quem se aventurasse fora de Tbilisi. No caminho, meu motorista recebeu a ligação de um colega pelo celular. Soube que um conhecido de ambos havia sido roubado na estrada para Tskhinvali e deixado a pé na estrada. Estava desaparecido desde então — situação de muita gente, aliás.

Tamuna Kikacheishvili, de 72 anos, era duplamente refugiada. Originalmente moradora de Tskhinvali, capital da Ossétia do Sul, fazia parte da minoria georgiana quando, com o fim da URSS, o território declarou independência. Fugiu para Gori com amigos. Com a entrada dos russos na cidade naquele ano, fugiu para Mskheta. Disse-me que estava cansada de fugir e queria voltar para casa. Já não sabia mais o que chamar de casa. Mas para a Ossétia do Sul, agora menos georgiana do que nunca, acho que não voltará mais. Não voltei a encontrá-la. Pode estar vivendo em uma das casas construídas pelo governo da Geórgia a quarenta minutos de Tbilisi. Duas minicidades com milhares de casas idênticas foram erguidas em pouco mais de seis meses depois da guerra para abrigar aqueles que já não tinham mais para aonde ir.

A guerra gera lucro não só para quem vende armamentos. Um jornalista que resolve se meter nessa confusão sente no bolso o preço da aventura. Em condições normais, meu táxi com guia até Mskheta teria custado quase nada, mas me foi oferecido por cem dólares. No quinto dia da guerra, a corrida Tbilisi–Gori estava cotada em 180 euros. O longo trajeto de Ierevan até Tbilisi tinha custado apenas cem dólares para colegas que chegaram um dia antes de mim.

Em Tbilisi, onde habitualmente nada é muito caro, nenhum hotel de certo padrão cobrava menos de 350 dólares pela diária. Sem café da manhã. Na hora da partida (acho que valeu o "pague para entrar, reze para sair"), o trajeto Tbilisi–Ierevan custou irredutíveis 320 dólares. Inflação oportunista? Taxa de risco? Não sei. Talvez a velha lei da oferta e da procura, apenas.

Voltei à Geórgia nove meses depois dos conflitos com meu marido. Os turistas ainda eram esporádicos. Muitos guias haviam mudado de emprego até que a situação se normalizasse. A grande surpresa foi ter encontrado o mesmo motorista, Goga, que me acompanhou durante a guerra dentro da Geórgia. Ele também ficou contente com a coincidência: reencontrou a única brasileira que havia conhecido na vida. Foi a desculpa para nos tornarmos velhos amigos.

Os sinais da reconstrução pelo país eram evidentes. Em Gori, a cidade mais destruída durante o confronto, já não havia quase marcas da destruição. O fato é que o país ainda precisa de muitas reformas e investimentos para crescer por igual. E a guerra interrompeu a boa fase que vinha passando e as promessas de um futuro melhor. Fora de Tbilisi, as cidades georgianas que não foram tocadas pela guerra são deterioradas.

Aos pés de Kashbegi, a segunda montanha mais alta do país, a situação não é diferente na cidade decadente de Stepasminda, que já foi o principal ponto de passagem do comércio com a Rússia. Desde o embargo russo aos produtos georgianos, a localidade, na instável fronteira com a Ossétia do Sul, a Chechênia e a Ingushétia, está às moscas. Hoje, há uma estrada de ferro que liga a Rússia diretamente à Ossétia do Sul (região separatista agora reconhecida pelos russos como Estado independente). Com o fechamento definitivo das fronteiras com a Rússia, essa cidade soviética parece ter parado no tempo, no período do comunismo. É quase uma cidade-fantasma. Virou ponto de passagem de andarilhos. Os mochileiros que aparecem em busca de aventuras na montanha nevada complementam a renda minguada da população. Poucas pessoas nas ruas, imóveis caindo aos pedaços e uma velha ambulância soviética.

Nossa insistência para subir o Kashbegi e visitar a bela igreja do século XIV que havíamos visto na capa de um guia de viagem virou uma grande aventura nas mãos do simpático e obstinado Goga. Dissemos não poder ir embora do país sem conhecer uma das belas montanhas do Cáucaso. Nosso desejo foi uma ordem, e fomos os primeiros a passar por aquela estrada desde o inverno, que ainda não havia acabado por completo. O jipe que nos levou até lá perdera o acelerador em Stepasminda. Um gatilho permitiu a Goga acelerar com a mão, com a ajuda de um barbante que conectou a uma peça dentro do capô até consertar o veículo. Ficamos a pé na cidade, imaginando que teríamos de dormir ali, nessa fronteira esquecida do mundo pós-soviético.

A estrada estava repleta de barreiras, buracos e deslizava como sabão. Não havia qualquer tipo de contenção. O carro ameaçou rodar várias vezes. Mas nada parecia poder deter nosso Goga. Chegamos a dizer que deixaríamos o passeio para outra ocasião, tendo em vista as dificuldades e os riscos que se impunham diante de nós. O teimoso georgiano não cedeu e seguiu guiando aos trancos e barrancos até a grande parede de neve intransponível. Ao tentar fazer meia-volta, o carro atolou. Os pneus patinavam no gelo, e já não havia o que pudesse ser feito. Perplexos, no meio do nada, naquela estrada deserta, só pensávamos em como fomos parar ali e o que teríamos de fazer para sair. Naquele momento, Goga nos revelou ter sido piloto de rali. Mandou seguirmos a pé até a igreja e aproveitarmos a paisagem que tanto queríamos conhecer. Ele cuidaria do resto.

A vista lá do alto se mostrou absolutamente deslumbrante. Valeu cada miligrama de adrenalina. Goga havia pedido ajuda a três homens que trabalhavam com tratores nas proximidades da igreja. O socorro viria do jipe soviético verde-água que os buscaria para levar para casa mais tarde. O veículo, que devia ter pelo menos trinta anos, foi forte o suficiente para virar o nosso carro coreano para o sentido correto e rebocá-lo até um local seguro.

A oeste do país, Kutaisi estava longe de parecer a segunda principal cidade da Geórgia. Estava deteriorada e já não conseguia reter seus habitantes. O trânsito caótico no centro era disputado por carros que não se veem desde os tempos de Brejnev. Por sinal, como em outras antigas repúblicas, está muito claro que reformas mais profundas não acontecem desde o comunismo. A infraestrutura certamente data daquela época. Esses lugares pararam no tempo, sobretudo depois das relações estremecidas com a Rússia e o fim do comércio bilateral, que sempre foi intenso.

Na principal estrada do país, que corta a Geórgia de leste a oeste, o movimento voltou, passados nove meses de paz. Durante a guerra, e por algum tempo depois dela, boa parte do trajeto esteve fechada. Havia soldados russos em vários trechos do percurso. As dezenas de ambulantes, que vivem de vender água, pães, doces e artesanato dos dois lados da estrada aos motoristas que seguem para o porto de Batumi (o segundo maior do país) ou que chegam de lá, haviam perdido sua principal fonte de renda.

Na estrada era constante a presença de carros de luxo usados com placas da Alemanha, cena típica de países que não produzem seus próprios veículos e importam o que os países ricos não querem mais. Era o caso do Mercedes antiquado que usamos na maior parte da viagem. Ainda eram bem visíveis as logomarcas de empresas alemãs nas portas dos velhos caminhões trazidos para a Geórgia. Os novos donos dos veículos nem sequer se davam o trabalho de pintar por cima.

No imaginário russo, as montanhas do país caucasiano, repleto de velhas tradições, são o cenário idílico por excelência. Os georgianos são vistos como um povo alegre e cheio de vida. Em Moscou, os restaurantes *gruzínski* estão em cada esquina, e os russos se deliciam com o *hatchapúri* (espécie de pizza recheada com o queijo *suluguni*, tipicamente georgiano) e outras iguarias frescas e bem temperadas do pequeno vizinho como se fossem parte da sua própria tradição culinária. Lamentam com nostalgia a ausência da ultragasosa água mineral Borjomi, cuja importação está embargada há tempos, por causa da briga política que se arrasta há anos entre os dois países.

Também proibidos na Rússia estão os vinhos georgianos — mas não os da Abcásia (outra região separatista da Geórgia reconhecida como Estado independente pela Rússia), liberados em 2009. Em Moscou, o aposentado Vladimir Nikolaievich, doido por companhia, sentou-se ao meu lado num banco de praça para puxar assunto. Lamentava a guerra e se dizia um nostálgico. Quis saber se essa palavra existia em português. Coincidentemente, ainda durante a União Soviética, havia servido o exército na Geórgia, onde viveu por três anos e meio. "Eles são ótimos. Um povo alegre. Não poderia ter tido melhor experiência. Sinto falta daquele tempo. Esta guerra é horrível e não serve para nada", disse.

Desde 2004, quando o presidente Mikhail Saakashvili assumiu o comando da Geórgia, afastando o país da Rússia e aproximando-o dos Estados Unidos e da Otan, as relações de amizade entre russos e georgianos começaram a esfriar. "Não tenho afinidade com os georgianos. Para mim, um já é demais", disse-me uma professora que entrevistei na rua.

Quando perguntados se a Geórgia representava uma ameaça aos interesses da Rússia, 53% responderam "certamente sim".

Na Geórgia, os conflitos também estimularam a antipatia em relação à Rússia. Ressentidos, os georgianos culpam o grande vizinho por suas mazelas e o acusam de imperialista. Aos poucos, o idioma russo, que é falado pela maioria das pessoas, vai deixando de ser importante. Os jovens já não falam com a mesma proficiência, embora os filmes no cinema continuem sendo dublados em russo e a língua ainda seja aprendida na escola — apenas como idioma opcional, desde 2008.

"Antes, quando a Geórgia era parte da URSS, era praticamente uma colônia. Produzia chá, conhaque, vinho, água gasosa. Ficou conhecida por ter a melhor cozinha da União Soviética, dança e música. Queremos mais do que isso. Queremos ser independentes, e eles não querem. São truculentos", disse-me um economista local.

"Os russos nunca saíram de fato da Geórgia. São donos de tudo na Abcásia, lugar lindo, onde todos têm as suas *datchas* de férias. Durante a URSS, era para lá que todos os altos oficiais iam quando ninguém tinha acesso a nada. Por isso, virou um lugar de endinheirados. Eles não deixam espaço para os georgianos", disse-me uma guia de turismo em Tbilisi.

Em gesto unilateral, ao final da ação militar na Geórgia, Moscou ainda reconheceu a independência da Ossétia do Sul e da Abcásia e enviou tropas para as regiões de modo a garantir a defesa contra novos enfrentamentos com os georgianos. Na comunidade internacional, somente a Nicarágua e o Hamas seguiram o gesto.

Não bastassem as diferenças cada vez maiores entre a Rússia e a Geórgia, o desejo acalentado por georgianos e ucranianos de entrar para a Otan, como fizeram os bálticos, irritou o Kremlin. "Se Ucrânia e Geórgia entrarem, as tropas da Otan estarão logo ali, perto de Moscou. A Rússia se veria cercada, perderia territórios estratégicos e influência internacional. Isso não é possível na cabeça dos líderes russos", afirmou o professor de história da Universidade de Moscou, Sergei Chernov. Os países bálticos foram os primeiros a integrar a aliança militar norte-atlântica, em 2004, quando também ingressaram na UE. "É a síndrome de ter feito parte da URSS. Esses países têm medo da Rússia e querem ter a garantia de que vão preservar a sua independência, o que é compreensível."

Esse medo a que se referiu o professor parece alimentar a atitude negativa das ex-repúblicas soviéticas em relação à velha Rússia. E, em muitos casos, toma a forma de nacionalismo, usado para criar um distanciamento ainda maior do passado.

Durante o governo do presidente Viktor Yushchenko, de janeiro de 2005 a fevereiro de 2010, o relacionamento com os ucranianos também se deteriorou. Ele foi levado ao poder pela chamada Revolução Laranja, derrotando o candidato pró-Kremlin Viktor Yanukovich. Em 2008, por exemplo, determinou-se na Ucrânia a proibição da dublagem de filmes estrangeiros para o russo.

A península da Crimeia é motivo de atrito até hoje. O balneário russo por excelência foi "dado de presente" por Nikita Krushev, em 1954, à Ucrânia, num gesto de política doméstica aparentemente inofensivo, pois, naquela época, tanto a Ucrânia quanto a Rússia eram parte de um só país. O importante porto de Sebastopol, que abriga a Frota Russa do mar Negro, é ucraniano, mas arrendado por Moscou conforme acordos assinados entre os dois países.

Com o colapso da URSS, essa região de maioria russa ficou do outro lado da fronteira, e até hoje os russos se ressentem da medida de Krushev. Não há um que não lamente o fato de o país ter perdido a idílica Crimeia de belas praias e falésias tão exploradas nos filmes soviéticos.

Ainda em 2008, os russos cortaram o fornecimento de gás para a Ucrânia por quase três semanas, em pleno inverno, enquanto negociavam os preços das tarifas para o ano seguinte. De quebra, suspenderam por quinze dias os suprimentos da Europa (que passam por território ucraniano) sob a alegação de que Kiev estaria desviando o gás para uso interno. A crise com a Ucrânia provocou cortes de abastecimento em alguns países e grande inquietação em toda a Europa. A briga comercial tornou-se um jogo político do qual os europeus não quiseram participar e, por isso, evitaram tomar partido.

O episódio aconteceu apenas quatro meses após a guerra na Geórgia. No ano seguinte, as disputas voltaram à cena. Foi quase uma reprise do inverno anterior, o que reabriu na Europa o recorrente debate sobre a dependência do gás importado da Rússia, que passava obrigatoriamente pela Ucrânia.

Em fevereiro de 2010, a eleição do mesmo Yanucovich que tinha perdido para Yushchenko cinco anos antes veio com a promessa de que o relacionamento entre os dois países melhoraria. De fato, foi o que aconteceu, sobretudo no que se refere a dois dos temas mais importantes da agenda bilateral — pelo menos os dois mais ruidosos dos últimos anos. Kiev aceitou prorrogar até 2042 o arrendamento da base naval da Crimeia para a Rússia e, em troca, recebeu um desconto de 30% sobre as taxas de trânsito da maior parte do gás que passa pelo país até 2019.

O entendimento adia novos atritos entre os dois países no médio prazo. Mas não é a garantia de que as diferenças entre os dois lados estejam superadas de uma vez por todas. Existe na Ucrânia uma tensão interna definida justamente por conta de se alinhar ou confrontar com a Rússia. E as relações mais próximas com Moscou vêm provocando a reação da oposição que, na assinatura do novo acordo de arrendamento, atirou ovos e lançou bombas de gás no Parlamento, sob a alegação de que o governo estaria traindo os interesses nacionais de integridade territorial.

Nem mesmo a literatura passa incólume às históricas desavenças: ironicamente, Nikolai Gogol, o autor que de maneira tão precisa captou e retratou a alma russa, nasceu na cidade ucraniana de Sorotchintsy. Mas escreveu em russo — que é a língua materna de quase 30% dos ucranianos. Viveu em São Petersburgo após se graduar na cidade de Nejin, próxima de Kiev, em 1828, e morreu em Moscou, em 1852. A origem do autor é mais um motivo de disputa. Pelos festejos do aniversário de duzentos anos de seu nascimento, em março de 2009, autoridades de ambos os países vieram a público chamá-lo de herói nacional.

"Sem dúvida alguma ele pertence à Ucrânia", disse o então presidente ucraniano Viktor Yushchenko durante a cerimônia de aniversário do autor na cidade onde nasceu. "Ele escreveu em russo, mas pensava e sentia em ucraniano."

Vladimir Putin, por sua vez, contrapôs-se ao líder do país vizinho — seu desafeto que já acusara a Rússia de envolvimento no complô em que tentaram envenená-lo em 2004. Durante um encontro do partido Rússia Unida, afirmou que Gogol era "um escritor russo notável que, por meio do seu trabalho, soube ligar dois povos irmãos: a Ucrânia e a Rússia".

Os ressentimentos explicam, em boa medida, porque os russos vivem às turras com as antigas repúblicas soviéticas. Muitas delas tentam atribuir ao passado jugo de Moscou a origem de seus problemas da atualidade. Essa também foi a maneira encontrada para tentar buscar uma identidade própria.

A Rússia não consegue conceber a ideia de perder suas antigas áreas de influência, países que jamais haviam sido entes políticos soberanos. A universalização da educação e o estado laico nesses países são heranças da URSS, e os russos acham que são todos mal-agradecidos.

A Bielorrússia tem se mostrado mais próxima, mas sabe jogar entre Rússia e a UE. Criou barreiras comerciais para laticínios da Rússia. Mesmo assim, tem direito a algumas facilidades, como a isenção de vistos entre os dois países.

Os países da Ásia Central, onde a presença russa ainda prevalece, também praticam um jogo pendular, embora não ousem contrariar Moscou além de certos limites. Quirguízia, Turcomenistão e Tadjiquistão enfrentam uma situação econômica difícil. Sem despertar o interesse do Ocidente, ainda se mantêm na esfera de influência da Rússia, que é uma referência para seus nacionais. Cidadãos emigrados desses países buscam no antigo centro do poder soviético a esperança de uma vida melhor.

Com os bálticos (Letônia, Estônia e Lituânia) os atritos mostram-se cada vez mais graves. Na Letônia, desde 1998, apenas o letão é considerado idioma oficial do país, embora cerca de 40% da população ainda tenha como língua materna o russo. Egressas da ocupação, após a Segunda Guerra Mundial, essas pessoas enfrentam dificuldade para obter a nacionalidade letã. Mesmo para aqueles nascidos no país, os obstáculos persistem. Precisam se submeter a uma prova de idioma, saber cantar o hino nacional e responder corretamente à pergunta: "O que aconteceu na Letônia em 1940?". Quem disser "A Letônia foi ocupada pela Rússia" ganha pontos. Quem não passa no teste continua a viver como cidadão de segunda classe.

Em março de 2010, representantes da Letônia no Parlamento Europeu cobraram da Comissão Europeia que os documentos elaborados pelas autoridades letãs fossem escritos também em russo, o que já não vinha sendo feito. A União Europeia tem por princípio proteger os idiomas minoritários dos países. A Carta Europeia das Línguas Regionais ou Minoritárias, tratado europeu de 1992 para promover e proteger as línguas regionais e minoritárias históricas da Europa, já foi ratificada por dezesseis dos 27 países-membros. A Letônia não assinou o documento.

Em abril de 2007, na Estônia, um monumento que homenageava os soldados soviéticos mortos na Segunda Guerra Mundial foi removido do centro de Riga. Entre os locais, a estátua do corpulento militar foi apelidada de "monumento ao estuprador desconhecido", em referência à alegada brutalidade da ocupação soviética, a partir dos anos 1940. A medida causou irritação entre os russos, para quem o gesto constituiu mostra de ingratidão para com aqueles que ajudaram o país a se livrar dos nazistas.

Na ocasião, a embaixada da Estônia em Moscou foi cercada por dias pela juventude Nashi ("Os nossos"), grupo ultranacionalista financiado pelo partido situacionista Rússia Unida, com aval do Kremlin.

Mesmo o Uzbequistão, que procura sempre se mostrar próximo da Rússia, resolveu substituir o alfabeto cirílico pelo latino. Esse importante produtor de gás assinou um acordo que prevê aumento do fornecimento através da Rússia, o que foi anunciado com orgulho por Moscou, como prova de liderança na região. Mas o país jamais disse que deixaria de vender também para os europeus através do gasoduto Nabucco, que deverá ser construído nos próximos anos para levar gás da Ásia Central à Europa, contornando a Rússia.

Para o professor Chernov, da Universidade de Moscou, não se pode dizer que esses vizinhos sejam bons ou maus. Mesmo os aliados mais próximos podem dar sinais negativos, como aconteceu após a guerra na Geórgia. "Nenhuma antiga república acompanhou a Rússia no reconhecimento da Abcásia e da Ossétia do Sul, nem mesmo a Bielorússia, tão fiel ao Kremlin. Os motivos foram, em primeiro lugar, a vontade de poder dizer 'não' a Moscou e, em segundo, as disputas que esses países enfrentam com os russos em suas fronteiras mal delimitadas até hoje."

A verdade é que a Comunidade dos Estados Independentes (CEI), associação que reúne a maioria das ex-repúblicas (a Geórgia se desligou na ocasião da guerra), não tem agenda positiva. Os países vizinhos estão sempre explorando essa vontade russa de manter o domínio sobre as antigas repúblicas para conseguir benefícios, a exemplo do que faz a Quirguízia. Motivo de disputa entre Moscou e Washington, o país vive uma espécie de leilão para ver qual dos dois lados tem mais a lhe oferecer. Rússia e Estados Unidos têm bases aéreas no país, que é usado como um dos pontos de partida para a guerra no Afeganistão. Em 2009, Bishkek, sob o comando do então presidente Kurmanbek Bakiyev, ameaçou expulsar a base americana depois de receber um empréstimo de cerca de dois bilhões de dólares do governo russo. Após negociações, os americanos passaram a pagar mais pelo arrendamento do que passou a ser chamado de Centro de Trânsito e ainda ofereceram recursos adicionais para ajudar a desenvolver a região.

Bakiyev foi afastado do poder em abril de 2010, quando a grave crise política que vinha se arrastando desde 2007 desencadeou confrontos sangrentos na capital que o obrigaram a renunciar. Ele era acusado de autoritarismo, nepotismo e corrupção. A líder da oposição e ex-ministra das Relações Exteriores Roza Otunbayeva assumiu o poder, tornando-se a primeira mulher no comando de um país da Ásia Central. Logo que assumiu, o governo interino declarou que Moscou era um aliado-chave do país. A Rússia também se manifestou reconhecendo a nova líder como interlocutora. Analistas diziam à época que Washington teria apoiado o governo anterior. Discussões sobre a base americana voltaram a ser travadas e chegou-se a falar da criação de outra instalação em Osh — palco de confrontos entre quirguizes e uzbeques que chamaram a atenção da comunidade internacional. A tradicional política pendular quirguís também considerou a possibilidade de construir uma nova base russa no país. No início de 2011, em visita oficial aos Estados Unidos, a presidente Roza Otunbayeva recebeu a condecoração americana "Mulheres de Coragem" do Departamento de Estado. Na ocasião, Barack Obama agradeceu o apoio dela à manutenção da presença militar dos Estados Unidos na Quirguízia.

O novo recorte da Rússia data de relativo pouco tempo, a ponto de muitas pessoas mal o reconhecerem. A exigência de vistos para viajar a lugares que até pouco tempo pertenciam ao mesmo país ainda incomoda. Famílias que já haviam sido deslocadas da Rússia para outras repúblicas soviéticas durante o regime para reduzir as chances de qualquer tipo de tensão separatista foram divididas. Essa é uma das principais razões para as persistentes disputas étnicas dentro de cada um desses países e da própria Rússia.

Durante o conflito na Geórgia, a Rússia garantiu que o objetivo da reação à ofensiva de Tbilisi na Ossétia do Sul em 2008 foi defender seus cidadãos na região separatista. Não por acaso, horas depois da intensificação dos ataques da Geórgia sobre o território, o presidente Dmitri Medvedev veio a público dizer que sua obrigação constitucional é proteger os seus cidadãos, onde quer que eles estejam.

É difícil saber se essa foi a motivação principal ou apenas um dado adicional na escalada do confronto. Seja como for, o episódio evidenciou o fato de que, nas ex-repúblicas soviéticas, há milhões de russos étnicos que eventualmente poderão ser demandantes da "proteção" de Moscou. Pelas contas do governo russo, cerca de 25 milhões de cidadãos seus vivem atualmente nos países vizinhos.

Com o fim da URSS, da noite para o dia, milhões de pessoas se viram residentes em um país estrangeiro. A maior parte da chamada "diáspora russa" está na Ucrânia, seguida pelo Cazaquistão e pela Bielorússia. Na região da Crimeia, na Ucrânia, os russos representam mais de 65% da população. No porto de Sebastopol, o percentual ultrapassa os 70%. Em 2008, o então poderoso ex-prefeito de Moscou, Iúri Lujkov, disse que era preciso retomar Sebastopol, o que levou o governo ucraniano a declará-lo *persona non grata* no país.

A UE se encontra envolvida nas infindáveis disputas entre a Rússia e as antigas repúblicas soviéticas, tendo de estar sempre em busca de soluções que acomodem as posições de seus Estados membros sem comprar uma briga indesejada com Moscou. A questão da minoria russa nos países bálticos constitui um dos principais entraves nas relações entre a Rússia e a UE.

Uma senhora que trabalhou na minha casa falava pouco com a irmã. Ela ficou do lado ucraniano da fronteira, após o colapso da URSS. Nunca mais se viram desde 1991. Uma conhecida que viveu com os pais e a irmã na Quirguízia e no Uzbequistão mantém contato com poucos amigos do passado. Encontrou alguns colegas de turma da escola quirguís pela rede social *adnoclassic*, a mais popular da Rússia. Chegaram a marcar uma reunião na capital Bishkek para relembrar os velhos tempos.

Maria, russa étnica, hoje faz faxina para complementar a aposentadoria em Moscou. Ela me contou que, na Quirguízia, onde o marido foi diretor de universidade e ela, professora de letras, tinha uma vida boa. É sabido que nesses países a situação era bem melhor do que na capital russa. O status do marido lhes abria portas na sociedade local. Hoje, muitos anos depois, com o que herdou do falecido marido, voltou para a capital russa, mas só conseguiu se estabelecer fora da cidade. Vive a duas horas e meia da capital e precisou voltar a trabalhar para complementar a aposentadoria.

Do passado, que hoje parece longínquo, guardou uma única amiga, que também se mudou para Moscou. Não posso me esquecer do dia em que me disse que iria ao teatro com a amiga para matar as saudades dos velhos tempos. Comprou os dois ingressos como presente de aniversário para a outra. Bilhetes para balé e teatro hoje pesam no bolso dos cidadãos. Um professor da Universidade de Moscou me contou que, durante a União Soviética, custavam o equivalente a um quilo de carne. Hoje, com o salário que recebe, só pode se dar o luxo de levar a mulher ao teatro uma vez por mês.

Talvez os países mais pobres não reconheçam, mas, apesar de todo o ônus dos deslocamentos forçados, boa parte do seu desenvolvimento se deve aos cientistas e a outros especialistas que foram obrigados a migrar. Vizinho do Afeganistão, o Uzbequistão é, hoje, um país muçulmano *light*, que aprendeu a separar a religião do Estado. É extremamente religioso e local de peregrinação islâmica, principalmente na necrópole de Shahi-Zinda (século XI), em Samarcanda, onde estaria enterrado Kussamibn Abbas, primo do profeta Maomé, que teria participado das primeiras campanhas árabes na região de Mawarannahr. O complexo recebeu esse nome, que significa "soberano vivo", pois ali teria se escondido e vivido debaixo da terra o combatente ferido.

Mas está muito longe de se tornar o que virou o país do outro lado da fronteira. Quando estive lá, não pude deixar de notar a presença soviética. As moças na capital Tashkent usavam minissaias, como as moscovitas, e as mais religiosas se limitavam a portar seus lenços coloridos para cobrir a cabeça. Elas também trabalham. Ao atravessar boa parte do país de carro, vi as obras de infraestrutura faraônicas ainda do período soviético. É bem verdade que estão datadas, mas ainda funcionam e são importantes para o país. É preciso dar o braço a torcer: não estariam lá não fosse a presença da "grande mãe Rússia".

A Rússia vive claramente a busca por sua identidade. A sociedade multicultural e multinacional do passado ainda habita o inconsciente coletivo. Isso explica o crescimento do nacionalismo dentro do país. A insistência em viver do passado impede que deem o passo à frente.

As rusgas entre as antigas repúblicas soviéticas continuarão existindo por muito tempo. Prova disso foi a cena que testemunhei durante a entrevista com o professor Chernov.

Tudo corria bem no café no centro de Moscou até a minha assistente ganhar asas e decidir entrevistar ela própria o professor de história. Rubra de irritação, não se conformava com as informações fornecidas pelo especialista sobre o seu país, a Geórgia. Por quase quarenta minutos fez um verdadeiro interrogatório com o professor e usou todos os argumentos que estavam ao seu alcance para provar que ele estava errado e demonizar a Rússia. Discordava de tudo.

Esta georgiana que vivia há dezoito anos em Moscou defendia que o seu país já tinha sido um império, como a Rússia. "Quando a Rússia quis ser um império, tudo bem, mas a Geórgia, não."

Citou dinastias e terminou a discussão acalorada na invasão da Ossétia do Sul. Sem compreender como havíamos chegado a esse ponto, assisti a essa bela ilustração da reportagem que preparava.

O professor, que se divertia com a situação, virou-se para mim e disparou: "Está vendo como é o relacionamento da Rússia com as ex-repúblicas?".

Não só as relações no antigo espaço soviético alimentam os impulsos da Grande Rússia na geopolítica mundial. Se durante a Guerra Fria os limites do cosmo se abriram como fonte de disputas, hoje a expansão pelo mar até o Ártico é a nova fronteira no tabuleiro do xadrez internacional.

Centenas de desbravadores dos quatro cantos do mundo perderam a vida nos últimos séculos em busca da tão sonhada rota comercial que encurtaria o percurso entre o Pacífico e o Atlântico. A ideia era descobrir uma passagem navegável através do imenso bloco de gelo do Ártico para facilitar o transporte de cargas e pessoas entre as Américas, a Europa e a

Ásia. A corrida ao Ártico teria começado por volta do século XVI. Desde então, expedições inteiras sucumbiram aos desafios impostos pelo desconhecido. Navios afundaram ou ficaram presos por meses no meio do gelo. Mal sabiam os aventureiros do passado que o aquecimento global permitiria a abertura do caminho que tanto quiseram encontrar. A redução da camada de gelo do Ártico precipitou um fenômeno que se esperava para daqui a muitos anos: possibilitou, pela primeira vez, que se visualizasse a rota até então bloqueada entre a Europa e Ásia. A mudança do clima esquentou, literalmente, a velha disputa.

Em 2007, a expedição científica de dois minissubmarinos russos liderada pelo parlamentar Artur Chilingarov fincou a 4.200 metros de profundidade no Ártico a bandeira do país.

Pouco mais de um século antes, em 1905, o explorador norueguês Roald Amundsen teria sido a primeira pessoa a navegar a chamada Passagem Noroeste em um barco de madeira. Mas a batalha pelo Ártico tem vários heróis de diferentes nacionalidades. Cada país faz questão de apontar o seu. O britânico John Franklin foi o primeiro explorador a mapear dois terços da costa norte dos Estados Unidos. Sua última expedição desapareceu enquanto tentava colocar no papel e navegar a Passagem Noroeste na altura do Canadá.

Os americanos teriam sido os primeiros a chegar "onde não havia qualquer longitude". Com poucos dias de diferença, os exploradores Frederick Cook e Robert Peary teriam descoberto o polo norte. Oficialmente, Peary ficou com as honras do feito. No entanto, nem isso está muito certo. Há pesquisadores que especulam que Cook pode ter sido o primeiro a chegar lá, mas há ainda aqueles que defendem que nenhum dos dois teria conseguido o feito.

"Já li várias correntes. Há quem diga que não existem provas suficientes de quem chegou primeiro. Só o que foi comprovado é que a primeira pessoa a pisar no gelo do polo norte foi um russo em 1948", contou-me o simpático diretor do Museu Estatal Russo sobre o Ártico e a Antártida, Victor Boyarsky.

Seu depoimento não me surpreendeu. Os avanços tecnológicos da União Soviética são motivo de orgulho até hoje em todo o país.

O especialista vai ainda mais longe e garante que a Rússia tem uma relação histórica e estreita com o Ártico por conta dos mais de 10 mil quilômetros de fronteira comum. Os russos teriam sido os pioneiros na navegação nos mares que levariam à Passagem Nordeste, por volta do século XVI. Fragmentos de antigas embarcações, assim como equipamentos polares, estão em exibição no museu estatal e comprovariam que os russos teriam aportado na região muito antes do que se pensa.

No início do século XVIII, sob as ordens do czar Pedro, o Grande, diversas expedições partiram da Rússia com o objetivo de mapear a região do Ártico, inclusive a que teria sido a mais impressionante da época. "Na Grande Expedição do Norte quase toda a costa norte da Rússia foi mapeada."

Parte do trabalho foi feita sob o comando do oficial dinamarquês comissionado na marinha russa Vitus Bering, que depois viria dar nome ao Estreito de Bering.

Entre 1878 e 1879, segundo lembra o diretor do museu russo, o sueco Nils Nordenskjold teria sido o primeiro a completar a viagem pela Passagem Nordeste. A travessia levou nada menos que dois anos.

Após inúmeras iniciativas de exploração e estudos da região, em 1937, no governo Stálin, os russos estabeleceram a primeira estação científica do mundo baseada no gelo flutuante do Ártico. Em outubro de 2010, os russos já estavam na sua 38ª estação. A inauguração teve direito a fogos de artifício e música típica ao som de acordeão. Imediatamente após o início dos trabalhos, Medvedev e Putin foram avisados por telegrama pelo chefe da missão.

Por trás da empreitada russa, está o desejo de provar que uma parte importante do Ártico estaria ligada ao território do país e que, portanto, pertenceria a eles. As missões submarinas saem em busca de indícios geológicos que sustentem a reivindicação. As badaladas expedições russas são motivo de orgulho nacional. A empreitada de 2007, com a colocação da bandeira, rendeu notícia durante semanas. Em Moscou, os integrantes da missão foram saudados como heróis em faixas espalhadas pela cidade. Havia até calendários de bolso distribuídos nos caixas dos supermercados com a foto da equipe.

Durante muitos anos, a ideia era chegar à frente no polo norte. Agora, disputa-se um território que, em tese, não pertence a ninguém. Tamanho interesse está no fato de a comunidade científica acreditar que pelo menos um quarto das reservas de petróleo e gás natural do mundo está depositado no fundo do Ártico. Além disso, se a distância entre Londres e Yokohama, no Japão, tem 23.300 quilômetros pelo canal do Panamá e 21.200 quilômetros pelo canal de Suez, ela cai para 14.062 quilômetros pela Passagem Nordeste e 15.930 quilômetros, pela Noroeste.

O Canadá afirma que a Passagem Noroeste é parte de suas águas territoriais, mas a comunidade internacional rejeita as reivindicações. A Dinamarca, a Noruega e os Estados Unidos também reclamam uma porção do leito do mar sob o polo norte.

Em 2001, a Rússia foi o primeiro país a entregar à ONU um pedido de expansão dos limites externos da sua plataforma continental. Com isso, conseguiria avançar a sua área de exploração no mar. Se demonstrar que a Dorsal Lomonosov — cadeia submarina de 2 mil quilômetros, que se estende sob o polo norte, ligando a Sibéria à ilha canadense de Ellesmere e à Groenlândia — é geologicamente russa, Moscou poderá explorar esses fundos marinhos.

Para Victor Boyarsky, mais que uma disputa comercial, a corrida ao Ártico deve servir de base para uma discussão séria sobre a exploração da região, e avisa que não faz diferença chegar ali primeiro ou ter a propriedade do Ártico. O que importa, segundo ele, é quem tem condições tecnológicas de explorá-lo. "Os dinamarqueses disseram recentemente que uma parte da região era deles. Mas eles não têm quebra-gelos confiáveis como os russos..."

Localizado em águas internacionais, o polo norte pertence a todos. Está regido pela Convenção Internacional do Direito do Mar da ONU, que declara serem os fundos marinhos além das jurisdições nacionais "patrimônio comum da humanidade". A convenção, assinada em 1982 e ratificada em 1994, define a soberania de um país na superfície do mar em 12 milhas marítimas (22,2 quilômetros) contadas a partir da costa.

A disputa pela nova fronteira polar faz lembrar o passado, quando a União Soviética e os Estados Unidos brigavam pela primazia no espaço sideral.

Em outubro de 2007, tive a oportunidade de cobrir o aniversário de cinquenta anos do envio do Sputnik 1 ao espaço — o marco do início da era espacial — e entender melhor como o episódio se reflete até hoje no imaginário coletivo russo.

Numa verdadeira corrida contra o tempo, os russos deixaram os americanos para trás e colocaram em órbita o primeiro satélite artificial do planeta. Preparando a reportagem sobre as comemorações do grande feito soviético, descobri que o que para muitos de nós é o Sputnik nada mais é do que a palavra satélite em russo. O que diferenciava os satélites russos uns dos outros era a numeração. O mesmo aconteceu em relação à cachorra Laika, heroína nacional, que teve direito a um busto perto da Academia de Ciências. Seu nome não era Laika; essa era a raça dela.

Há controvérsias sobre a data exata do lançamento do Sputnik 1. Na sede do poder em Moscou, aconteceu na noite de 4 de outubro. Mas no cosmódromo de Baikonur, no Cazaquistão, de onde partira o foguete, já era início da manhã do dia seguinte.

A revolução tecnológica desencadeada pelo novo satélite, contudo, é incontestável. Em todo planeta, falava-se do *bip-bip* emitido pela cápsula que podia ser captado a partir de rádio amador.

O grande passo soviético rumo ao espaço causou medo no Ocidente de maneira geral e uma ponta de inveja, principalmente nos Estados Unidos. A maior preocupação era o que os russos poderiam colocar em órbita depois. Diante do clima cada vez mais tenso da Guerra Fria, temia-se a possibilidade de um ataque a qualquer alvo a partir do espaço. Conversei com a vice-diretora do Museu do Memorial da Cosmonáutica, Olga Anisimova, que me descreveu a reação do grande público na antiga União Soviética. "Muito mais do que com a intimidação militar, o cidadão comum estava maravilhado com a grande vitória da ciência. Era criança à época e lembro muito bem. Quando anunciaram o fim do périplo de três meses do satélite, corremos à rua para ver se dava para avistá-lo como uma estrela no céu. São reminiscências soviéticas", contou.

O lançamento do Sputnik ganhou as páginas dos principais jornais do mundo. Na URSS, no entanto, a cobertura jornalística inicial foi discreta. Não se sabia o que podia ser publicado. A capa do *Pravda* — um dos principais jornais da época — que sucedeu o feito exibia apenas nota no pé da página. Passado o susto e consultadas as bases, os jornais soviéticos também fizeram o alarde esperado.

Anisimova contou que o plano inicial era outro. A URSS, na verdade, se preparava para lançar o que seria o primeiro laboratório espacial do mundo, com 1.327 quilos e uma estrutura complexa. No entanto, após receber informações do serviço secreto de que os Estados Unidos estavam prestes a colocar em órbita seu primeiro satélite, o líder soviético Nikita Kruschev determinou que fosse criado, a toque de caixa, o aparato que enviariam ao espaço na frente de qualquer outro país.

A pequena esfera de 83,3 quilos fabricada pelo grupo de engenheiros liderados pelo visionário Sergei Korolyov — ex-prisioneiro reabilitado de *gulag* — era simples e tinha um rádio transmissor. Era dali que emanavam os *bip-bips* ouvidos pelo mundo.

A história do Sputnik foi cercada (e ainda é) de segredos por muitos anos. Somente após a morte de Korolyov, em 1966, foi revelada a sua identidade. Os nomes dos outros engenheiros vieram anos depois. Boris Chertok, que completou 99 anos em 2011, teve sua identidade mantida como segredo de Estado por muito tempo. Até 2008, ainda trabalhava como consultor da fabricante de foguetes Energia, fora do centro de Moscou. Mas nem todos os mistérios do passado foram esclarecidos.

"Pouco depois do lançamento do Sputnik, Korolyov recebeu de remetente anônimo uma fita com a gravação *bip-bip* captada de uma rádio amadora. Sabe-se que veio da Espanha, talvez de Barcelona. Mas até hoje os russos não foram capazes de identificar a sua origem", disse Anisilova, lembrando que a fita ainda pode ser ouvida na antiga casa de Korolyov, a poucos passos do Museu da Cosmonáutica e do gigante monumento de titânio erguido em homenagem ao Sputnik e aos cosmonautas russos.

Depois do Sputnik I, a Rússia lançou milhares de outros satélites com funções variadas. Menos de um mês depois, o Sputnik II (de quinhentos quilos) foi colocado em órbita tendo a bordo a cadela Laika, que morreu na viagem. No ano seguinte, os americanos criaram a Nasa. A Rússia ainda foi o primeiro país a lançar o homem para o espaço: Iuri Gagárin viajou a bordo da Vostok I em 1961. Os americanos passaram à liderança ao levar o primeiro homem à Lua em 1969. Em 1984, para se ter uma ideia, só a série de nome Sputnik estava no número 1.521.

Além dos vários foguetes ainda em atividade da série Sputnik, Anisimova contou que são inúmeras as heranças da grande revolução tecnológica lançada pelo primeiro satélite artificial. Equipamentos e produtos considerados atualmente parte indispensável da vida cotidiana e que passam despercebidos pela maioria da população jamais teriam sido possíveis sem as pesquisas que sucederam o Sputnik I. Vão de sistemas de navegação, como o GPS, previsão do tempo, televisão via satélite, proteção ambiental a filtros de água e alimentos secos usados a bordo dos foguetes que hoje estão presentes na cozinha do cidadão comum. Há ainda uma série de instrumentos e aparatos cirúrgicos e médicos desenvolvidos a partir das necessidades dos cosmonautas, sem falar nas pesquisas espaciais propriamente ditas.

A cosmonáutica é um dos maiores orgulhos dos russos, como confirma a grandiosidade do museu de mesmo nome abaixo do gigantesco obelisco de titânio, com pouco mais de cem metros de altura, que simula o lançamento de uma cápsula ao espaço. A instituição não é nova, mas passou por reformas profundas ao longo de três anos até ser reinaugurada em 2009 para tornar-se um espaço moderno e interativo como raríssimos museus moscovitas. Pedaços de foguetes e satélites, ou eles inteiros, roupas e outros acessórios da experiência soviética e russa no espaço estão em exibição. Os objetos pessoais e condecorações de um dos maiores heróis do país, Iuri Gagárin, também.

Dois cachorros colocados em órbita foram empalhados e são a prova cabal da primazia russa no cosmo. Para quem não tem pena de bichos, acima deles é transmitido o filme com a aventura no espaço de outros colegas caninos astronautas. A história desses personagens, na maioria das vezes, não teve um final feliz, mas garantiu à URSS sua liderança por algum tempo na disputa pelos limites espaciais.

Os grandes feitos do passado e a herança dos avanços científicos são parte do inconsciente coletivo do país. Embalam os nostálgicos, os nacionalistas e os ultranacionalistas.

O PRESENTE PASSADO OU O PASSADO PRESENTE

A palavra "ностальгя" ("nostalgia") é empregada com certa frequência pelos russos. Mesmo quando não é verbalizada, parece estar presente. Está na maneira como idealizam o passado da potência que querem ressuscitar com o capitalismo e velhos sonhos prometidos pela propaganda soviética que alguns juram ter sido realizados. Está nos grandes nomes da literatura ou da música cuja memória fazem questão de perpetuar exatamente como era. Nostalgia é também um canal de TV em cujo logotipo o encontro consonantal "st" ("ст" em cirílico) forma a foice e o martelo. Os antigos filmes soviéticos da programação saudosista ainda divertem os muitos russos que acompanham o canal.

Fala-se com saudade dos tempos em que a vida era mais dura, mas em que os aposentados não precisavam arranjar bicos ou pedir esmolas para viver os anos que lhes restavam depois de uma vida inteira de trabalho. Quando ir ao teatro não custava quase nada. Ou quando o grande império mandou ao espaço o homem que a União Soviética imortalizou na mesma necrópole onde a múmia de Vladimir Lênin não deixa esquecer as transformações por que passou a Rússia czarista depois de se lançar em uma experiência épica e sem paralelos para o resto da humanidade.

A mesma Rússia que se manteve ateia durante pouco mais de sete décadas agora julga que deixar o corpo do velho comunista embalsamado não é cristão. Mas não perdeu o hábito de dizer que Iuri Gagárin talvez tenha sido abduzido por extraterrestres e, apesar da lápide com seu nome na Praça Vermelha, pode voltar e continuar a orgulhar a sua nação.

Ainda hoje, as pessoas repetem as palavras do escritor soviético Vladimir Maiakóvski, um entusiasta da teoria do regime, que se decepcionou com a sua prática: "Lênin viveu. Lênin vive. Lênin viverá". Usam a frase de maneira irônica para se referir ao passado, quando querem falar mal ou bem do presente.

Com os dois pés no capitalismo, mas a alma ainda impregnada pelo comunismo, os russos vão adotando novas ideias que convivem com os resquícios de um passado muito recente. É nesse caldeirão de contradições — com conceitos muitas vezes confusos para quem viveu a maior parte do tempo em um regime sem paralelos para o resto do mundo — que o país tenta construir as bases para o futuro.

Uma professora de direito da Universidade de São Petersburgo, ex-aluna do presidente Medvedev, me explicou que o que pode parecer óbvio para o Ocidente não é no seu país. Segundo ela, até pouco tempo atrás, ninguém sabia o significado da palavra "hipoteca". Era um conceito desnecessário na terra dos apartamentos comunitários fornecidos pelo Estado às famílias até a década de 1990.

Felizmente, há pouco tempo essa palavra, que aterrorizou o mercado americano e desencadeou a crise financeira global de 2008, foi incorporada ao léxico e ao dia a dia russo. O país não enfrentou problemas com o mercado da ипотека (*ipoteka*). A pronúncia estrangeira foi absorvida pelo vocabulário local por falta de termo equivalente no idioma.

O dono da segunda maior agência de publicidade do país me contou ter sido contratado por um grande banco para promover seus travelers cheques na Rússia. O trabalho que poderia parecer simples, à primeira vista, revelou-se de alta complexidade. Antes de anunciá-los, o publicitário teria que fazer essas pessoas que passaram a poder viajar ao exterior há relativo pouco tempo entenderem o conceito do produto.

A relação do público com o sistema financeiro é de certa desconfiança. O motorista russo de uma colega dinamarquesa, apesar de esclarecido e de certamente ter um diploma universitário como boa parte dos russos, ainda tem medo do cartão de débito. Não sabe bem como funciona na prática. Saca o salário integral no dia do pagamento por temer não conseguir tirar o dinheiro dias depois. Ainda assim ressabiado, só retira os rublos a que tem direito na máquina da sua agência bancária.

A verdade é que esses cartões impõem certas dificuldades aos locais. Algumas pessoas não entendem a diferença entre o cartão de débito e o de crédito. Há quem pense que se não há dinheiro no primeiro, tampouco haverá no segundo. Por via das dúvidas, os russos preferem jamais contar com o acaso. Andam com *cash*.

Muitos ainda não perderam o velho hábito de guardar dinheiro em casa. Os dólares voltaram para debaixo do colchão com a crise de 2008, quando o rublo começou a se desvalorizar a passos acelerados. Durante as turbulências, as tabuletas das casas de câmbio indicavam diariamente que a moeda local não ia bem. Via-se pela frequência com que o funcionário de uma delas postava sua escada na entrada da passagem subterrânea, no centro, para trocar as cifras da cotação.

Também foram ressuscitadas as filas diante das casas de câmbio. Eram formadas, sobretudo, por aqueles que ainda tinham a memória dos prejuízos das crises do passado. O medo das novas turbulências levou ouvintes da rádio Ekho Moskvy a ligar para os locutores e perguntar se, para se proteger, deviam comprar moeda estrangeira ou simplesmente gastar tudo com viagens para aproveitar enquanto tinham.

"Meu pai guardou tudo o que conseguiu economizar com sacrifício durante o regime. Fez isso por anos. Ficava escondido no fundo de um armário. Ele costumava dizer que era para garantir o meu futuro e o da minha irmã. Virou pó com a crise da década de 1990. Se ainda fossem dólares...", suspirou uma conhecida.

Como nada é simples na Rússia, as transações bancárias tampouco seriam descomplicadas. O jovem sistema financeiro do país obriga os bancos a manterem regras ultrapassadas e complexas, sem falar no constante pé atrás com os próprios clientes. Contrariando toda a lógica capitalista, o correntista precisa entregar à instituição autorização por escrito para receber depósitos de terceiros em sua conta.

Um estrangeiro pode ter de manter até sete contas diferentes se quiser usar também a internet e o cartão de débito. A conta no formato tradicional em rublos é inevitável. Há ainda uma conta para movimentações pela internet e outra para o cartão de débito, se o titular quiser fazer pagamentos ou saques nos caixas automáticos. É preciso transferir dinheiro da conta normal para estas outras, caso o correntista tenha intenção de movimentar recursos pela internet ou tirar dinheiro na boca do caixa. O titular pode dispor ainda de outras duas contas (uma em dólar e outra em euros) para usar moedas estrangeiras, o que não é permitido em muitos países. Mas, nesta caso, ele terá que ter três contas distintas só para transações pela rede: uma em cada moeda.

O seu gerente pode conhecê-lo de longa data, sorrir para você e até oferecer cafezinhos a cada visita sua à agência, mas não há camaradagem: tentar fazer qualquer operação que seja com ele, como pagar uma simples fatura, apresentando apenas o cartão do banco, é impossível. Ele precisa ver os outros documentos, embora tenha cópias carimbadas de todos.

"É preciso lembrar que há vinte anos nada disso existia no país. Devemos ter paciência", disse uma amiga russa, ao explicar as dificuldades dos estrangeiros para lidar com corriqueiros problemas do cotidiano.

O convívio entre passado e presente extrapola o sistema financeiro. Ele dá as cores ao cenário local. O pequeno letreiro maltratado no qual se lia "продукты" ("produkti") indicava que a escada sórdida, quase clandestina, levava à entrada do armazém instalado no subsolo de um bloco residencial soviético, nos fundos da rua Malaya Nikitskaya. Lá dentro, os três balcões empoeirados de alimentos e material de limpeza pertenciam a pessoas diferentes. Os магазин продукты (*magazin produkti*, ou loja de produtos), como se chamam esses estabelecimentos, estão por toda a cidade.

Só os iniciados se sentem encorajados a entrar em alguns desses mercados. Levei semanas para entender o que eram aqueles lugares pouco convidativos à primeira vista. Os produtos não costumam ser muito variados. Mas é nessas pequenas mercearias que o russo costuma fazer as compras de última hora, ou garantir, na saída do trabalho, a cartela de peixe defumado que vai devorar à noite com a sua garrafa de vodca.

Resolvi me aventurar em um магазин продукты nos arredores de casa. Na verdade, só descobri muito tempo depois de ter me mudado para o bairro que, por atrás da porta mal pintada e da máquina de refrigerante inoperante coberta por uma espessa camada de poeira, havia um mercado. O piso quebradiço e as paredes encardidas indicavam que o imóvel não passava por uma renovação há pelo menos trinta anos.

Não havia muitas opções. Era sempre assim: os mesmos produtos com ares de que, se não tinham vencido, estavam muito próximos do prazo de validade. Decidi levar apenas um pacote de macarrão, um pedaço de queijo russo e uma lata de peixe cujo correspondente em português não consegui identificar. Os peixes em conserva costumam ser ótimos e variados. Depois de algum tempo, escolhi uma das latas, meio ao acaso, e me dirigi ao caixa.

A funcionária do mercado era uma senhora de aparência sisuda. Usava o típico avental azul entre a jardineira e a camisola, amarrado dos dois lados da cintura. Toda russa parece ter o seu. Virou uniforme para trabalhos manuais. Elas arrumam os jardins das suas *datchas* ou fazem a faxina de casa com ele. A senhora que trabalhou no meu apartamento tinha o dela. Mantinha-o em um compartimento secreto no armário do banheiro junto com seus тапочкы (*tapotchki*), os chinelos que absolutamente todo russo usa para andar em casa. Ninguém anda de sapatos. O motivo ficou muito claro para mim durante o inverno, quando as botas chegam carregadas de uma lama escura misturada com gelo e o sal usado para derreter a neve. Trata-se de um hábito saudável de todas as classes e profissões. O eletricista que esteve no meu apartamento para instalar um lustre nem me perguntou se poderia circular com os sapatos da rua na casa. Foi tirando seus тапочкы de onça da mochila, arregaçou as mangas e resolveu o problema.

Para minha surpresa, a senhora do магазин продукты abriu-se em um largo sorriso e me deu um caloroso bom-dia. A amabilidade é mercadoria escassa nesse país, especialmente com essas criaturas sempre suspeitas que são os estrangeiros. Registrou o macarrão e o queijo, mas a máquina não conseguiu captar o código de barras que revelaria o preço do peixe. Paciente, levantou-se e foi à prateleira dos enlatados atrás do produto. Não achou. Ofereço-me para ajudar. Nada. Resolvi, então, para lhe facilitar a vida e poupar tempo a nós duas, levar um similar. Afinal, que diferença faria para um estrangeiro disposto a experimentar as iguarias russas comprar este ou aquele?

Perdi mais dois minutos e achei uma lata com trutas defumadas. Voltei ao caixa. E o semblante pacífico da mulher mudou quando passou o código de barras no leitor ótico. Como boa russa, perdeu as estribeiras em um turbilhão:

— Isso é um absurdo. É muito caro! Não leva isso, não. Noventa rublos por esta latinha? Quer trocar?

— Está bem. Eu posso mesmo? — respondi, quase com medo.

— Claro. Isso aqui é um desaforo!

Lá fui eu perder outros dois ou três minutos. Achei uma lata de Сельдь (*siold*), o famoso arenque salgado que combina tão bem com a vodca e o pão preto. Nunca tinha visto esse peixe enlatado e, por isso, resolvi dar-lhe uma chance.

A funcionária conseguiu passar o produto e, aparentemente, achou o preço justo. Ficou feliz e não disfarçou o ar de vitória. Eu também.

Despedimo-nos, e ela ainda me desejou um efusivo "tudo de bom". Tornei-me grande fã desse mercado, onde meses depois encontrei pão de queijo do Brasil. Comprava todo o pequeno estoque da loja cada vez que passava por ali. Um dia uma colega da minha nova amiga do caixa não resistiu à curiosidade e me interpelou:

— Isso deve ser muito bom para a senhora comprar tantos. Afinal de contas, o que é? — falou, analisando minuciosamente o pacote que manipulava entre os dedos.

— É ótimo. Prático, gostoso e brasileiro. É só colocar no forno e fica pronto em alguns minutos.

A essa altura, a caixa com os meus pães de queijo já estava em poder do quarto ou quinto cliente atrás de mim na fila.

— Onde posso encontrar isso? — perguntou-me um dos consumidores.

— Que eu tenha visto, só neste mercado. Mas vai ter que ser num outro dia, porque estou levando todos.

Herança dos velhos tempos, de quando os estoques eram mínimos e as filas, longas, os продукты dividem os espaços com o novo comércio de luxo. Ocupam até mesmo as áreas de metro quadrado mais caro da cidade. Fica difícil entender como sobrevivem essas biroscas, sempre caindo aos pedaços, com ares de venda do interior do Brasil, tendo que competir com um número cada vez maior de shoppings e hipermercados com bons preços, ou com as inúmeras *delicatessens* 24 horas com alta qualidade e enorme variedade de produtos nacionais e importados.

Abolida do vocabulário por décadas, a propriedade privada é um dos termos-chave da nova Rússia. Nem por isso seu conceito é claro. Em vários prédios residenciais, cada apartamento tem o seu dono, como é de esperar, mas a área comum ainda pertence ao Estado. Isso explica o mau aspecto de portarias e escadarias de imóveis, mesmo nas vizinhanças consideradas chiques de Moscou. As entradas são, em geral, inapresentáveis. Há lixo nos corredores, paredes escuras que não veem uma camada de tinta desde a União Soviética, vidros quebrados, portas rachadas ou pichadas e sofás abandonados com as molas expostas. Incrédulos com o suposto visual dos prédios de luxo em Moscou, parentes e familiares não acreditaram nas fotografias que mostrei.

Em um dos prédios que visitei, um morador — provavelmente mais um fumante inveterado — criou seu próprio fumódromo no hall comum. Havia pendurado latas de ervilhas nos corrimões da escada de incêndio à guisa de cinzeiro. E parecia fazer questão de mantê-las sempre cheias.

Fiquei muito mal impressionada com o que vi. Cheguei a dizer à corretora que riscasse de sua lista de candidatos os imóveis localizados em prédios com essas características. Ela não entendeu bem o motivo. "Mas são endereços muito bons da cidade...", observou.

A feiura e os maus-tratos da entrada, em muitos casos, eram inversamente proporcionais ao investimento do proprietário no interior do imóvel. Da porta para dentro, os apartamentos ostentavam reformas com materiais caros, piscinas e saunas com comandos inteligentes, iluminação colorida e até uma barra de ferro no meio da sala de estar para quem tivesse interesse em *pole dancing*. Também tive de pedir à corretora que maneirasse nesses imóveis com atributos mais exagerados.

Já não sei se atendeu ao meu pedido, ou se eu mesma, vencida pelo cansaço, fui me tornando menos exigente. Mesmo assim, estive em mais de vinte endereços antes de escolher o meu.

A forte demanda por imóveis na cidade jogou os preços nas alturas e deu origem a um dos mercados mais caros do mundo, pouco familiar para quem viveu o comunismo. Nas páginas dos classificados não eram poucas as ofertas de aluguéis de apartamentos de três a quatro quartos por até 30 mil dólares, quando desembarquei em Moscou. No topo da lista estavam justamente aqueles imóveis submetidos a reformas excessivas de gosto duvidoso.

A situação mudou um pouco a partir de 2009. A crise financeira deu certo choque de realidade às distorções que passaram a ser consideradas normais no mercado imobiliário russo. Mesmo assim, as discrepâncias persistem.

Em Moscou, ainda há aqueles que não se convenceram de que estar há quase vinte anos na fila de espera por apartamentos públicos já não tem mais nenhum significado nos dias de hoje. Ocupam imóveis bem pequenos com toda a família para provar ao Estado, quando (e se) forem chamados, que têm direito a mais espaço.

De maneira geral, os russos não se importam em morar mal. Acostumaram-se a viver em espaços exíguos desde a União Soviética. Com a coletivização, muitos deixaram o campo e foram se apertar na cidade. Essa é, inclusive, uma das explicações para certa dose de provincianismo que se mistura ao cosmopolitismo desta cidade de 12 milhões de habitantes.

Datados da União Soviética, os velhos *kommunalki* também fazem parte desse estranho mercado imobiliário. Estima-se que, em 1989, na capital do país, 40% dos habitantes viviam nesses apartamentos comunitários tirados dos ricos e distribuídos ao proletariado. Esses imóveis vão se tornando cada vez mais raros. Mesmo assim, ainda representavam 3,5% do total em 1998. Em São Petersburgo, mantém-se em 10%.

Na Rússia moderna, os *kommunalki* não são mais distribuídos pelo Estado, como acontecia até o início da década de 1990. Agora, são propriedade privada e, como tal, vendidos ou alugados a preços de mercado. O desconforto de ter de negociar, ainda nos dias de hoje, com o vizinho o horário do banho ou do jantar, no banheiro e na cozinha compartilhados pelas famílias, não parece render ao comprador um abatimento justo no valor do imóvel.

O apartamento comunitário que Iuri Nikolaievitch me contou ter adquirido em 2007, no centro de Moscou, saiu por 50 mil dólares. Mas isso àquela época. Dois anos depois já devia estar valendo pelo menos quatro vezes mais. O imóvel tinha apertados nove metros quadrados que seriam divididos entre ele, a mulher, o filho e o sogro. Quando melhorou de vida, comprou um carro e resolveu morar longe do burburinho do centro.

Mudaram-se. Alugaram outro apartamento, de 25 metros quadrados, a uma hora e meia de distância do trabalho. Já não precisavam mais compartilhar banheiro nem cozinha com desconhecidos. A grande vantagem é que pagavam pelo imóvel a mesma quantia que recebiam pelo aluguel do apartamento próprio no coração da cidade.

A vida nos *kommunalki* pouco mudou nos últimos anos. As vulgaridades de sempre do convívio forçado se perpetuaram. Por (alegada) falta de dinheiro, alguns se recusam a entrar na partilha dos consertos ou reformas das áreas comuns. Melhorias, então, nem pensar. Também não é muito fácil organizar os turnos da limpeza.

O maior problema é que, embora não haja nenhum vínculo formal entre essas pessoas, a cerimônia não dura muito tempo. É frequente ver o vizinho descabelado, sem maquiagem, malvestido ou usando algo que jamais teria coragem de vestir para sair na rua. Talvez isso explique o fato de, nos hotéis de suspeitos atrativos turísticos pelo país, os camaradas descerem para o café da manhã vestindo nada mais do que seus pijamas.

Estudiosos afirmam que os indivíduos que vivem em um apartamento comunitário têm a sensação de jamais estarem sós. Para um residente que sempre viveu ali, isso não chega a ser problema, porque não há nada de mais em observar e ser observado pelos vizinhos e parentes.

O cotidiano tumultuado desses imóveis onde os vizinhos (a certa altura quase parentes) são obrigados a conviver foi retratado nas páginas dos livros de grandes escritores russos. Em *O coração de um cachorro*, de Mikhail Bulgákov, os experimentos bem-sucedidos do médico Phillip Phillipovitch — que agradavam e beneficiavam à nomenclatura — permitiram que fosse o único a manter intacto o apartamento de vários cômodos espaçosos no elegante prédio cujos imóveis foram ganhando novas paredes e divisórias.

No conto "Um quarto e meio", de seu livro de ensaios *Menos de um*, o poeta russo Joseph Brodsky, vencedor do Nobel de Literatura em 1987, volta ao apartamento comunitário onde se criou e "se sabiam de cor as roupas de baixo dos vizinhos".

"Apesar de todos os aspectos desprezíveis desse modo de existência, o apartamento comunitário talvez tenha seu lado bom. Mostra a vida como ela é: acaba com qualquer ilusão a respeito da natureza humana. Pelo volume do flato, pode-se reconhecer quem está usando o banheiro, sabe-se o que ele ou ela comeu no jantar ou no café da manhã. Você conhece os sons que fazem na cama e sabe quando as mulheres estão naqueles dias. É a você que o vizinho confidencia as suas lamúrias, e é ele ou ela que chama a ambulância se você tiver um ataque cardíaco ou algo ainda pior. É ele ou ela que, um dia, pode encontrar você morto na cadeira, se você mora sozinho, ou vice-versa."

Logo que a legislação sobre esses apartamentos mudou, quem morava em um deles ganhou o direito de adquiri-lo. Na ocasião, já havia um comércio estabelecido. Em 1996, Nikolaievitch comprou seu primeiro *kommunalki* por cem dólares, o que para os padrões do país à época era caríssimo. Mas isso não quer dizer que antes de a lei mudar não se desse um tratamento, ainda que de maneira informal, capitalista a esses imóveis. Como nem tudo na Rússia é preto ou branco, em uma das várias áreas cinzentas, os soviéticos desenvolveram um mercado em que se negociava o direito de viver no apartamento que pertencia ao governo embora não houvesse nada previsto no papel.

"Desenvolveu-se um mercado importante. Pagava-se caro pelo direito de morar mais perto do centro. Colocavam-se anúncios no jornal, havia agências negociando pelos moradores", contou Nikolaievitch.

Nos estacionamentos de vários edifícios de apartamentos pequenos, partilhados ou não, com suas áreas comuns maltratadas, não faltam carros, muito menos de luxo. Mas nesse país por onde circulam cada vez mais veículos (estima-se em mais de 30% o aumento de veículos nas ruas desde 2000), o aluguel de vagas é outro conceito que a alma comunista ainda tem dificuldade de aceitar.

Tentei alugar uma para o meu carro, tendo em vista que apenas alguns poucos felizardos podiam estacionar nos espaços exíguos atrás do prédio. No início, achei que estava enfrentando uma dificuldade de comunicação. Depois, percebi que a corretora de imóveis simplesmente não entendia o que eu queria.

— Como assim pagar para estacionar? Você pode parar em frente ao prédio.

— Mas tem uma placa de "proibido estacionar" bem na entrada. Já vi reboques carregando vários veículos.

— Os porteiros avisam quando chega o carro do reboque. Não se preocupe. Ou pare o carro em cima da calçada, porque o reboque não consegue tirá-lo de lá.

— Você não está entendendo. Eu quero um lugar para chamar de meu, onde eu possa deixar o carro durante o dia, durante a noite, ou nas férias.

— Por que você quer pagar por uma coisa que pode ter de graça?

Só entendi a pergunta da corretora depois de ver a situação à volta dos shoppings de luxo da cidade, com seus imensos estacionamentos pagos vazios e filas triplas de carros amontoados em locais proibidos do lado de fora. Afinal, por que pagar por algo que pode ter de graça?

Tentei o hotel elegante ao lado do meu apartamento. Ali se sabia perfeitamente o conceito de alugar vagas. Mas, como a

Rússia é feita de extremos, o estacionamento no hotel até tinha lugar, mas me custaria a bagatela de quinhentos euros por mês.

Saímos em um périplo pelos prédios vizinhos atrás de vagas disponíveis. A oferta era reduzida. Mas isso não fazia diferença. Quase não havia demanda. As poucas vagas em volta dos edifícios foram loteadas pelos primeiros proprietários a chegar. Não há nada escrito no papel, e eles não são donos por direito. Mas, por estarem ali há mais tempo, são de fato. A maior parte dessas pessoas comprou pequenos postes de ferro com correntes e cadeados para delimitar o seu espaço e garantir que ele não seria ocupado enquanto estivessem fora. Ninguém questiona. Simples assim.

A solução para o meu problema não poderia ter sido mais russa. Depois de um longo diálogo com o vigia de um estacionamento fechado que havia atrás do meu prédio, a corretora voltou sorridente e com ar de dever cumprido: "Você pode parar aqui. Basta pagar uma mensalidade. O vigia lhe dará a chave do cadeado do portão. Pronto, problema resolvido".

Recebi a chave. Paguei a mensalidade religiosamente e garanti o estacionamento do meu carro durante aqueles dois anos. Até hoje, não sei dizer a quem ou que instituição pertencia aquele pátio sórdido, se era público ou privado. Tampouco sei mais detalhes sobre o tal vigia. Só sei que se chamava Slava e que mensalmente, mediante um telefonema, aparecia para coletar os 2 mil rublos combinados. Esse personagem carregava uma pequena mochila nas costas e um saco de biscoitos. No inverno, o casacão com capuz apertado permitia ver pouco de seu rosto. Não imagino que repassasse o dinheiro ao dono do estacionamento. Depois de algum tempo, achei que tinha sido mandado embora ou se aposentado do emprego original de vigia. O fato é que já não o via mais por ali com o uniforme fora das datas de pagamento.

Podia jurar que alguém viria tomar satisfações a qualquer momento. Vivi cismada durante todo aquele tempo.

Certo domingo, fui acordada por um estranho telefonema às 8h15. Quase não atendi imaginando que poderia ser mais uma das frequentes chamadas com gravações de empresas de cosméticos ou de consultórios dentários fazendo publicidade pelo telefone. Do outro lado da linha ouvi uma voz conhecida. Era a porteira do prédio que passara o telefone para alguém. Um homem ríspido, num tom absolutamente sério, quase agressivo, disse a emblemática frase em inglês:

— Take your car now!

Fiquei muda. Passei o telefone para o meu marido.

— Take your car now! — repetiu em alto e bom som o homem desconhecido.

Em poucos segundos, dezenas de pensamentos cruzaram nossos cérebros, que apenas começavam a funcionar. De repente, tudo parecia fazer sentido, como num cenário de filme de gângster.

— Meu Deus, o dono do estacionamento chamou a polícia para nos expulsar dali!

Era óbvio que aquele homem não falava inglês. Mas como conseguiu nosso número de telefone? Como sabia que éramos estrangeiros e que morávamos ali?

— Why? — perguntou meu marido ao homem.

Silêncio do outro lado da linha.

—Why? — insistiu.

— Fale em russo! — a curiosidade e o medo já tomavam conta de mim.

— почему (*patchemu*, ou "por quê")? — arriscou.

— It's only for work! — respondeu a voz sombria. — It's only for work — repetiu.

Essa frase só confirmava o que temíamos. Só poderia estacionar ali quem trabalhasse na empresa proprietária do pátio. Que empresa seria? A firma de segurança do prédio vizinho por onde circulavam brutamontes suspeitos dia e noite?

— через час (*tcherez tchas*, "em uma hora") — afirmou meu marido ao desconhecido tentando ganhar tempo para pensar.

— Now! — veio aquele grito seco do outro lado.

— Vai pensando em uma alternativa para parar o carro. Essa vaga, pelo visto, já era — avisou meu marido, pouco antes de descer.

Foi à rua resolver o problema e voltou em dez minutos às gargalhadas. O imbróglio não passava de um mal-entendido. Descobriu que a porteira havia pedido ao vizinho que nos desse o recado dos varredores de rua. Eles queriam que desocupássemos a vaga enquanto podavam uma árvore gigantesca. E o que o vizinho tinha a ver com toda essa história? Devia estar passando naquela hora em que estavam todos reunidos em conferência para saber como estabelecer a comunicação conosco. Ele deve ter dito que falava inglês. Estavam todos sendo simpáticos.

Entre os novos e os velhos conceitos, muitas peculiaridades soviéticas foram mantidas na Rússia contemporânea. Para a sorte da população, a universalização dos serviços básicos, uma das boas heranças do passado recente, ainda permite aos russos pagar pela luz e o gás que consomem quantias quase irrisórias, sobretudo quando comparadas às taxas europeias. As chamadas locais de telefone não custam quase nada. As faturas dos disputados telefones celulares também são baratas, certamente muito mais em conta do que no Brasil, por exemplo. O russo não aceita pagar caro por esse tipo de serviço.

A maioria dos senhorios nem sequer se dá ao trabalho de cobrar de seus inquilinos os valores das contas de manutenção do imóvel no final do mês. Isso explica por que os russos escancararam as janelas em pleno inverno para refrescar a casa quando os radiadores do aquecimento central do prédio estão muitos fortes, ou largam as geladeiras abertas para resfriar o ambiente nos raros dias de calor intenso.

Fui instruída a agir assim logo que cheguei à cidade para tolerar os quase quarenta graus positivos que fazia no cubículo de quarto e sala em que vivíamos antes de chegar a mudança. Do lado de fora, fazia 35 graus. Mas lá dentro, de janelas fechadas para fugir do cheiro forte da tinta que os locais usam para pintar grades e meios-fios da capital durante o verão, e com o sistema de calefação do banheiro funcionando a todo vapor por uma falha técnica, a temperatura era quase insuportável. Hoje, a tal tinta que parecia ser altamente tóxica, dada à intensidade com que tomava a cidade, me dá saudades do verão moscovita.

A abundância de recursos naturais também tem a sua dose de importância nesse cenário. Ela pode justificar, por exemplo, a manutenção do velho hábito soviético de lavar a longa e larga Tverskaya, mesmo nos dias de frio, com caminhões pipa equipados com potentes jatos laterais de água. Também pode estar subjacente ao que quis expressar um novo russo com o adesivo que colou no vidro traseiro de seu Hummer preto estacionado sobre a calçada: "Fuck fuel economy!".

O fato é que não há regime autocrático com cacife político suficiente para tirar ou reduzir os benefícios com os quais a população aprendeu a viver. Todos têm, mal ou bem, a sua moradia, e boa parte dos russos ainda mantém as suas *datchas*. Mais de 99% das pessoas são alfabetizadas. Mal acostumados estamos nós no Brasil, que pagamos caro por cada um desses serviços aos quais boa parte da população nem sequer tem acesso.

— É verdade que vocês têm tantos analfabetos assim no Brasil? — perguntou-me uma russa na saída do festival de cinema brasileiro, após assistir a *Central do Brasil*.

— É.

— Por quê? Como vocês conseguiram isso?

— Você sabe, não é? Somos um país com dimensões continentais... — interrompi a minha resposta automática antes mesmo de concluí-la diante da perplexidade da minha interlocutora, nascida e criada no maior país do mundo.

A distribuição de água quente é outro serviço particular na Rússia. Em Moscou, a grande maioria dos prédios não têm um sistema próprio de aquecimento de água. A rede de distribuição parte de uma única estação central e espalha-se, de ponta a ponta, por toda a cidade desde os anos da União Soviética, o que é muito justo: todos têm acesso à água quente.

A pequena e única desvantagem é que o governo aproveita os raros dias de verão para fazer a devida manutenção nesse sistema complexo. Durante três semanas, a água quente é suspensa para que as tubulações passem por reparos. O corte não é feito de uma vez para todos. Há um escalonamento por bairros. Descobri a novidade da pior maneira possível: quando tentei tomar um banho quente.

Chegamos a Moscou em pleno verão, sem falar uma palavra de russo. Por essa razão, ignoramos solenemente o aviso colado à parede do elevador indicando o período em que o corte nos afetaria.

A programação da suspensão da água quente cria situações inusitadas de pessoas que simplesmente deixam de tomar banho ou que vão à casa de amigos em outros bairros para aproveitar a água quente. Uma conhecida resolveu suas pendências na cidade e mudou-se para a casa dos pais no interior durante três semanas.

Também fui afetada pela falta de água quente em outra situação cotidiana. Decidi que não pagaria os preços extorsivos cobrados nos elegantes salões de cabeleireiros do centro da cidade. Lancei-me no maravilhoso mundo da Rússia real, aquela vivida pelos locais, e não a Disneylândia cara que se vende à comunidade expatriada. Paguei pelo menos cinco vezes menos pelos serviços. A quase doze estações de metrô e quinze minutos de caminhada de distância do miolo da cidade, o salão russo era feioso. Jamais teria descoberto o lugar se estivesse sozinha. Sem qualquer letreiro indicativo ou vitrine, a parede pichada era pouco convidativa. As técnicas lembravam os salões do Brasil da década de 1980. Antiquados ou não, os serviços eram impecáveis.

O único problema dessa aventura foi o fato de eu ter escolhido justamente o momento em que o salão enfrentava as suas três semanas de corte de água quente.

— Você se incomoda se lavarmos a cabeça com água fria? É que já não temos baldes e resistências suficientes para aquecer a água de todas as clientes — disse a cabeleireira, apontando para os três baldes em que mantinha afundadas resistências enormes.

Num mundo que vem se tornando cada vez mais desigual, a falta de água aquecida não é para todos. Os mais abastados têm em casa um *boiler* para ser usado especificamente nessa época do ano.

Independentemente de os prédios serem de apartamentos comunitários, antigos, recém-inaugurados ou reformados, impressionam o desavisado a enorme quantidade de porteiros e a relação que a população mantém com esses profissionais.

Em outros tempos, essas pessoas eram postas ali para vigiar. Muitos já foram espiões. Outros ainda são e não conseguem disfarçar, assim como vários outros infiltrados na vida contemporânea russa por diversas repartições ou empresas. Sabiam (e ainda sabem) tudo o que se passava com os moradores, quem entrava, quem saía. Talvez já não utilizem as informações com a mesma frequência, nem com os mesmos propósitos do passado. Mas há quem defenda que ainda passem adiante o que conseguem descobrir.

Em muitos prédios estão mantidas as tradicionais guaritas, com uma janela de vidro a partir da qual as porteiras, em sua maioria, podem acompanhar o vaivém.

Logo que cheguei a Moscou, duas mulheres revezavam a guarda na entrada do meu edifício. A mais velha era russa e cuidava do turno do dia. Parecia exercer a profissão desde a União Soviética, com o olhar bem treinado para qualquer movimento que parecesse minimamente suspeito ou fora do comum. Era aposentada. Complementava a pensão pequena com o que ganhava ali.

Ríspida e mal-humorada para muitos, estava sempre apurando informações sobre o que acontecia dentro e fora dos apartamentos. Ficava contrariada quando alguém desconversava ou lhe recusava algum dado. "Vai viajar para onde? Por quanto tempo? E com quem fica o cachorro?"

Mais tarde descobri que era uma pessoa doce e até simpática. A experiência foi me mostrando aos poucos que, passado o contato inicial e com um mínimo de habilidade de comunicação, russos carrancudos podiam se revelar pessoas amáveis e extremamente prestativas.

A proximidade me permitiu confirmar que a nossa vigia diurna sabia de tudo e mais um pouco sobre cada um dos moradores. Consegui até mesmo obter algumas pequenas informações para consumo próprio. Gostava dela. Ficou doente e precisou se afastar.

Seu turno foi coberto, então, pela jovem quirguís que se encarregava do período da noite. Ela dividiu o serviço com uma tia.

Ali na portaria, diante de todos os moradores, as duas pintavam as unhas dos pés, cozinhavam e recebiam conterrâneos no velho sofá de couro cujos assentos foram cobertos por um tapete, que teria a função de preservá-los e decorá-los.

Também tinham longas conversas por telefone com parentes da pequena cidade ao sul da capital Bishkek, onde havia nascido, enquanto circulavam pela portaria, movimentando os braços e os berloques dos aparelhos de celular coloridos. Uma vez, a mocinha nos abriu a porta de madrugada de pijama cor-de-rosa. Dormia em um quarto improvisado atrás da casa de máquinas do elevador. A tia era uma versão soviética, meio oriental, de Meryl Streep e ganhou de nós o apelido de "O diabo veste *Pravda*". Lavava os pratos do almoço em uma bacia cuja água suja atirava na calçada.

Nem mesmo a grande atriz soviética Natalia Selezneva e o marido, o famoso diretor de teatro Vladimir Andrevich, eram poupados dessas cenas exóticas do cotidiano nesse edifício cujos apartamentos haviam sido doados à nomenclatura ou às celebridades da época soviética, como eles próprios. Vê-se até hoje, pelas homenagens afixadas na fachada do prédio, que, diferentemente do que pregavam os soviéticos com a isonomia do regime, só alguns eleitos puderam morar ali, a alguns poucos metros de caminhada da Praça Vermelha. Às vezes, a bela atriz envelhecida, já menos conhecida dos russos mais jovens, tinha seus ataques de celebridade. Bradava às porteiras, com movimentos teatrais, a necessidade de limparem os vidros ou as grades do grande portal de entrada. Estava sempre coberta de razão.

À medida que melhoraram de vida, as duas mulheres compraram um forno de micro-ondas, que rapidamente foi instalado sobre o balcão da portaria. Era impossível não saber o que preparavam para o jantar. O aroma dos saborosos porém gordurentos quitutes centro-asiáticos subia até os últimos andares do prédio sempre no mesmo horário.

O atavismo do interesse pela vida dos moradores no caso dessas duas talvez se desse menos pelo dever de ofício e mais pela pura curiosidade. Sabiam quem ainda estava casado, ou era separado, e histórias do arco da velha sobre desconhecidos. As melhores fofocas, claro, vinham sempre do apartamento da exuberante *aktrissa*.

A bisbilhotice das porteiras órfãs da espionagem institucional tinha lá suas vantagens. Sem que meu marido tivesse deixado recado, soube que estava no restaurante, do outro lado das oito pistas da imensa avenida. Tudo queriam saber. Perguntavam sem cerimônia. "Por que o cachorro tem olhos vermelhos? O que são estas caixas e para onde vocês estão levando? Estão viajando e quando voltam?" Indagavam a empregada, a professora de russo, qualquer um. Reconheciam as visitas e perguntava o que elas faziam ali. Foi assim com a tradutora.

— Você dá aulas de russo para ela?
— Não. Ajudo em alguns trabalhos.
— Sei...

Porteiros e vigias de lojas, museus, cafés, restaurantes, prédios públicos ou comerciais, do metrô, da porta principal da torre stalinista que abriga o dormitório dos estudantes da universidade (e das portas secundárias) têm seu papel social. São praticamente uma infestação. Eles também vieram parar no século XXI a reboque do passado soviético.

Todos esses porteiros faziam parte da antiga e, talvez da nova, rede de informações.

Na entrada principal da torre stalinista da universidade, há fila no guichê dos porteiros cujo acesso ao mundo exterior se dá por uma janela de vidro. Lá dentro, ventilador, móveis velhos cheirando a mofo, muitos papéis e cadernos amarelados que devem remanescer da década de 1960. Há também uma fotocopiadora no fundo da sala que divide espaço com as mesas que servem de apoio para as anotações das porteiras. Essas pessoas não apenas controlam, mas registram quem entra e quem sai do prédio do alojamento. Para visitar alguém, é preciso que esse alguém vá com você até o guichê.

De longe, a fila era enorme. A janela estava fechada. Ninguém sabia onde estavam os porteiros. Podia ser a pausa da tarde, uma saidinha para o banheiro, ou, quem sabe, não teriam deixado o posto antes da hora porque era sexta-feira, já passava das quatro da tarde, estava tudo escuro e lá fora fazia menos seis graus.

Cerca de vinte minutos depois, aquela janela de repartição pública esquecida e empoeirada reabriu. Sentada diante da mesa enorme que, provavelmente, burocratas soviéticos ocuparam no passado recente, a jovem porteira pediu os documentos.

O ocupante do alojamento entregou a carteira de residente do prédio e o passaporte do visitante. Ela devolveu o papel que fica agarrado ao passaporte provando que o estrangeiro está registrado na polícia do país, como deve ser ainda nos dias de hoje. Não quis ver. Um dia antes, contudo, a mesma mulher resolvera conferir a papelada de outro visitante e foi justamente a falta desse documento que o impediu de subir. A estudante russa que o havia convidado também estava sem seu passaporte nacional. Carregava, sabe-se lá por que razão, apenas o passaporte de viagens no bolso.

O passaporte nacional tem registrada toda a vida do cidadão. De nome, telefone e endereço a registro na polícia, certidão de casamento e certidão de nascimento dos filhos. É lei: todo russo é obrigado a tê-lo consigo.

Naquele momento, ela abriu o passaporte brasileiro, procurou a foto e olhou para mim. Não deu muita bola. Arrancou o meu registro policial de um dos pequenos clipes que grudavam as páginas. Entregou-me sem olhar. "Como assim? Não era fundamental? Eu estou com tudo em ordem, veja!", pensei.

Já no piloto-automático, levanta-se, e carrega o passaporte e a carteira de residente da estudante que me acompanhava. Tira uma cópia. Voltou. Juntou as duas folhas e prendeu com um clipe. Preencheu lentamente, a mão, como boa burocrata, o caderno amarelado com as informações dos documentos. Carimbou a folha fotocopiada, assinou e entregou tudo à anfitriã. "Próximo!", gritou sem nos olhar.

De posse desses papéis e dos documentos originais, cruzamos o gigante stalinista. Paredes, piso e pilastras em mármore. Halls monumentais. Um novo mundo se descortinou para mim naquele exato momento. Maria me contou que se pode passar semanas naquele edifício sem precisar sair. No subsolo há uma piscina. Tem restaurante, supermercado, cantina, livraria, papelaria, loja de CDs e DVDs, agência de viagens, além das aulas de dança no meio do saguão do mezanino e cursos variados. "Veja, estão dançando tango!", comemorou minha anfitriã na expectativa de uma reação nostálgica da visitante latina.

Atravessamos o pátio externo do prédio para seguir até a outra ala de residentes, onde morava. Ali também tinha porteiro. Mas esse já não devia ter tanta importância. Ficava sentado atrás de uma acanhada mesa de madeira com uma única gaveta. Mas a pequena autoridade tinha o grande poder de permitir que se avançasse ou não pela roleta que daria acesso aos elevadores. E ele o exerce com espalhafato. Quando chegamos, estava berrando com um jovem de aspecto oriental por notar algo diferente nos documentos obtidos na portaria principal.

Sem olhar no rosto da estudante russa, recolheu sua carteira de residente (que só devolveria depois que a visita passasse de volta), os papéis xerocados, envolveu a carteirinha com os documentos assinados e carimbados, jogou-os no fundo da gaveta e voltou a brigar com o oriental.

O que será que fazem com todos esses papéis que produzem? Quem será que recebe o relatório de entradas e saídas? E as dezenas de milhares de cópias de passaportes? Quem será o chefe desse departamento e será que ele faz um cruzamento de informações para saber se aquela pessoa que esteve ali andou fazendo algum tipo de contravenção noutra parte?

Minutos mais tarde, na estação de metrô Universidade, eram três porteiras. A primeira ficava atrás das catracas, que são eletrônicas, porém abertas. Qualquer um poderia passar sem o bilhete. Ela vigiava e ajudava quem não conseguia introduzir o papelzinho na máquina. Às vezes, brigava com quem insistia em tentar fazer a máquina engolir bilhetes velhos. A segunda ficava antes das catracas. De cara amarrada (melhorava sempre que a conversa com as outras colegas esquentava), acompanhava o movimento em monitores para estar informada sobre os acontecimentos do salão principal. Já a terceira ficava por ali. Apitava todas as vezes que o mendigo entrava na área das roletas. Ele não as ultrapassava. Mas, quando entrava no salão, recebia algumas apitadas ou gritos poderosos que ecoavam no imenso pé-direito da estação, apesar do movimento incessante de passageiros e do burburinho. Ela também apitava quando o homem tentava driblá-la e aparecia pelo outro lado, o da saída.

As transformações por que ainda passa a Rússia vão muito além dos velhos hábitos ou leis. Para muitos analistas com quem conversei ao longo desses dois anos, o próprio governo está em busca de uma nova ideologia que se ajuste ao contexto atual do país.

Desde que foi criado, em 2001, com a ajuda do Kremlin, o partido situacionista Rússia Unida ainda não mostrou suas ideias de forma clara. Nas eleições parlamentares de dezembro chegou a falar em um "Plano Putin", mas nunca explicou as novas propostas que trazia. "Uma ideologia formada, já pronta, ainda não existe. O governo também não tem uma", disse Sergei Chernov.

Curiosamente, identifica-se ainda um movimento de reinterpretação do passado para definir as bases do futuro. Na maioria dos países, escrever a história é papel que cabe aos historiadores. Na Rússia, costuma caber ao Estado.

O presidente Dmitri Medvedev criou uma comissão de professores que vai trabalhar nos próximos anos especialmente para acabar com estereótipos e evitar distorções que fazem do país um grande vilão aos olhos da comunidade internacional. A ideia é proteger a história russa, além de evitar que certos fatos caiam no esquecimento, como é o caso da vitória da Grande Guerra Patriótica.

Esse é um dos temas mais caros à Rússia, que, curiosamente, se tornou a guardiã do passado glorioso da URSS. Especialistas russos afirmam que países do Ocidente distorcem sistematicamente os resultados da guerra vencida ao custo de 25 milhões de vidas soviéticas, que derrubaram Hitler. O resultado é que jovens pelo mundo e dentro da própria Rússia já não teriam a clareza dos fatos históricos.

A ex-deputada da Duma e diretora da comissão Natalia Narochnitskaya vê uma tentativa deliberada de descredenciar a Rússia. Conversamos em 2008 para uma reportagem que eu preparava para o jornal exatamente sobre o trabalho da comissão da qual ela fazia parte.

"A propaganda moderna é mil vezes mais potente do que no passado. Passei oito anos nos Estados Unidos e vi como funciona a máquina da informação 24 horas no ar nas televisões. Faz parecer a antiga propaganda soviética boba com seus três canais que, durante algumas horas, falavam da colheita de grãos."

No seu gabinete repleto de livros em vários idiomas — seus inclusive — ela falou sobre versões distorcidas da Segunda Guerra Mundial que vêm ganhando vulto pelo mundo. De tanto serem repetidas, irão se transformando em novas verdades difundidas para as novas gerações.

Há aqueles que simplesmente não reconhecem o papel decisivo da URSS na vitória dos Aliados em 1945. Mas há ainda quem associe os soviéticos às potências do Eixo, lideradas pela Alemanha de Hitler e a Itália de Mussolini. Outros garantem que os americanos venceram o confronto e, sozinhos, salvaram o mundo, como nos filmes de Hollywood. "Há novas versões que ignoram o sacrifício que a Rússia fez pelo mundo nesse episódio. Distorcem a história para transformar o país em vilão", explicou.

No final de 2008, a Ucrânia tentou aprovar uma resolução na ONU, que acabou saindo no formato de declaração subscrita por alguns países apenas, em que acusa a URSS de genocídio durante o período da coletivização na década de 1930, o Holodomor, como chamam. Já tinha feito outras vezes. Em Kiev, estive em dois dos principais monumentos construídos em lugares de destaque em homenagem às vítimas do Holodomor.

A Rússia argumenta que os ucranianos não foram as únicas vítimas da fome, mas todos os países soviéticos, o que, portanto, eliminaria a qualificação de genocídio. Especialistas lembram que aqueles que viviam da agricultura podem ter sofrido impactos maiores por razões óbvias. Esse é outro tema que tem sido tratado em profundidade pela comissão de Narochnitskaya.

A Polônia não perde a oportunidade de ressaltar sempre que pode que os russos, ao assinarem o Tratado de Molotov–Ribbentropp de não agressão com os nazistas, firmado às vésperas da Segunda Guerra Mundial, combinaram, entre outras ações, a partilha do país. Narochnitskaya contra-atacou: "A Polônia não era uma vítima inocente. Todos sabiam que o ministro das Relações Exteriores teve conversas com Hitler oferecendo a conquista da Ucrânia".

Em maio de 2007, às vésperas do aniversário do final da Segunda Guerra, a Estônia resolveu tirar de uma praça no centro da capital a estátua em bronze do "Combatente Libertador", que representava os treze militares soviéticos mortos em território estoniano em combates contra as tropas nazistas que ocupavam o país em 1941. A medida deu origem a uma crise diplomática entre os dois países. A alegação dos que apoiaram a retirada do monumento era a de que o Exército Vermelho não teria apenas libertado a Estônia, mas também imposto uma nova ditadura sobre o país. Os russos chamam de ingratidão.

A história tem sido passada a limpo na maior parte das antigas repúblicas. Cada uma tem suas razões para fazê-lo. E a tendência é que as releituras sejam acompanhadas de uma espécie de descolamento do passado. Trata-se de um mecanismo de defesa ou, ainda, de afirmação. É a alternativa para aqueles que continuam em busca de uma identidade nacional desde o esfacelamento da União Soviética.

O fato é que a Rússia também tem a sua parcela de culpa nesse processo e é vítima da própria ineficiência. Não resta dúvida de que o país vende mal a sua imagem.

Analistas defendem — e Narochnitskaya concordou — que é necessário abrir os arquivos do passado. Muitos documentos sobre episódios importantes do último século são considerados secretos até hoje. A falta de um debate mais aprofundado baseado em informações concretas dá margem a mal-entendidos e curtos-circuitos.

O trabalho da comissão, agora, segundo a ex-deputada, é não apenas chegar a esses arquivos, mas também promover a abertura desses ao público para estimular a pesquisa, desenvolver seminários e congressos no meio acadêmico. Só assim poderá ser contada e difundida pelo mundo a verdadeira história da participação não apenas da URSS, como também da Rússia, nos fatos que marcaram o planeta. Resta saber quando (e se) esses documentos serão finalmente liberados para o acesso público.

A especialista atribui à Revolução de 1917, e o que teria representado em termos de mudanças para o mundo, boa parte dos motivos de prevenção em relação à Rússia. Era o temor da contaminação. Mas destacou um detalhe que muitos esquecem: o movimento foi uma experiência importada do Ocidente para o país.

A queixa maior dos russos parece está no olhar de desconfiança do Ocidente para qualquer iniciativa adotada pelo seu país, ainda que outras nações tenham tomado decisões semelhantes em outros momentos. "Se uma escola russa começar a reunir as crianças todos os dias para cantar o hino nacional em torno da bandeira russa, o país será acusado de nacionalismo. Já os Estados Unidos, não."

Não é só na história recente que se encontra a tal predisposição de que tanto reclamam os russos. Narochnitskaya vai ao século XVI buscar dois personagens importantes que considera terem sido avaliados com dois pesos e duas medidas. Ela garantiu que, em apenas uma noite, no chamado Massacre da Noite de São Bartolomeu, na França, Catarina de Médici (1519-1589) teria sacrificado seis vezes mais pessoas do que o czar Ivan, o Terrível (1530-1584), em trinta anos. Segundo a especialista, o primeiro czar da Rússia tinha a lista das suas vítimas, que lia antes de dormir e de rezar. "Era uma lista que tinha tempo de ler antes de dormir. Portanto, não devia ser assim tão grande. Mas só ele é considerado um bárbaro."

Exageros à parte, não há como negar que exista certo preconceito daqueles que não conseguem deixar de lado as lentes dos estereótipos para enxergar a Rússia.

O exercício da releitura da história está longe de ser uma característica russa e muito menos de agora. Os comunistas já haviam feito o mesmo. "A história russa foi escrita muitas vezes", destacou Chernov.

As muitas faces da Revolução Russa de 1917 suscitaram diversas releituras desse que terá sido um dos episódios mais importantes do século XX. Estava em Moscou quando completou noventa anos, um aniversário sem muita festa.

Há aqueles que querem apagar a data da memória coletiva. Desde 2005, não é mais comemorada como feriado nacional. O grande feriado de 7 de novembro deu lugar ao obscuro recesso de 4 de novembro. Poucos sabem explicar por que não trabalham nesse dia. Dizem que é pela vitória dos russos contra a ocupação polonesa no século XVII. Os historiadores dizem que o episódio não aconteceu nesse dia, mas os políticos, sim. "A população não se lembra e, por isso, precisa confiar em alguém", afirma o professor.

O fato é que o feriado, que já foi obrigatório e, como o Carnaval brasileiro, era preparado com grande antecedência, ficou no passado, assim como a visão idealizada da revolução.

A data de 1917 vai se desfazendo aos poucos, misturando-se a outras memórias mais recentes ou àquelas que vão sendo contadas às novas gerações. Quem sabe se esses russos que já não viveram o período soviético vão se lembrar da revolução no futuro. Em 1987, no aniversário de setenta anos, os festejos foram marcados pelas palavras que entrariam na moda e tratariam de deixá-la ainda mais distante: a *Perestroika* e a *Glasnost*.

Agora, exatamente como há vinte anos, voltou-se a falar em cremar o corpo embalsamado de Lênin, que vigia as transformações da nova Rússia de seu mausoléu no centro do poder russo.

Os prédios com a foice e o martelo estão por toda a parte. Atrás de velhos aparelhos de ar-condicionado, veem-se discretos mastros com esse símbolo máximo do passado. São usados até hoje para se empunharem bandeiras durante as comemorações. Mas, aos poucos, vão sumindo da paisagem à medida que as várias reformas que acontecem simultaneamente pela cidade vão modernizando as antigas fachadas.

Para não dizer que só o partido comunista se lembrou de 1917 no nonagésimo aniversário, o imenso outdoor da loja de cosméticos Arbat Prestige em Moscou dava a medida das mudanças por que passa o país. Junto da bandeira da URSS com a foice e o martelo, e o encouraçado *Potemkin* havia os dizeres: "A grande revolução de outubro nos preços".

Mas esse processo de esquecimento não é assim tão simples. Não se pode ignorar o que aconteceu porque as implicações para o país são evidentes até hoje. Os mitos da revolução são a história que o povo conheceu, e tentar se desfazer deles é "cortar a própria carne ou mudar o inconsciente coletivo", como me disse o professor Sergei Chernov. "Não deve levar um, nem dois, nem cinco anos. Mas o impulso de reescrever a história existe. O medo é grande porque a parte mais forte da sociedade é a consciência coletiva. Os mitos são a própria vida, a própria realidade. Reescrever a história e discutir os mitos é ter que se despedir da vida", afirmou Chernov, que viveu o período soviético.

No "Curso breve da história do partido", elaborado pelos comunistas em 1938, a história foi contada como eles achavam que deveriam tratá-la, e o povo teria absorvido boa parte dos mitos criados até então. Na exposição "1917: mitos da Revolução", exibida nos Arquivos Federais da Rússia por ocasião do aniversário de noventa anos, duas telas contavam de maneira distinta uma mesma passagem da história. Na primeira, de 1928, Lênin falava para o povo tendo atrás de si figuras como Trótski e outros colaboradores. Na segunda, encomendada em 1935, já não há tantos colaboradores, e Trótski tampouco está entre eles. No entanto, está Stálin, que nem sequer participou da reunião.

É indiscutível a importância da Revolução de 1917 não só para a Rússia, mas para o mundo inteiro. Por correspondência eletrônica, também à época do aniversário, entrevistei a professora de história russa e soviética da Universidade de Paris Sorbonne, Marie-Pierre Rey, para quem a revolução foi vista de muitas maneiras ao longo do século XX. "No dia seguinte, o Ocidente assiste com assombro e desconfiança a chegada do novo regime comunista, que, ao proclamar sua vontade de romper com a velha ordem e a vontade de se retirar o conflito mundial, dava a impressão de traição e suscitava a cólera dos Aliados, em particular da França. Por outro lado, para uma grande parte das elites, e em particular as elites de esquerda, a revolução e seus princípios marxistas leninistas, assim como o anticolonialismo, constituíam um evento maior na história universal", afirmou.

Mas, a partir de 1920-21, lembrou a professora, a revolução passaria a ser objeto de discursos apaixonados dos intelectuais repugnados pela terrível carnificina que constituiu a Primeira

Guerra e encantados pelas declarações internacionalistas e pacifistas do governo soviético. Após os anos 1930, a revolução suscitaria outros discursos favoráveis estruturados por temas novos, como a crise de 1929 que devastava os países capitalistas e levava milhões de trabalhadores à miséria.

"Além disso, o fato de a revolução se fazer universal conferia a ela uma aura, uma espécie de prestígio incomparável. Como não estava associada à burguesia, como aconteceu com a Revolução Francesa, mas a serviço do povo encarnado pela classe operária, seduzia também os intelectuais europeus de esquerda."

Ao mesmo tempo, no início dos anos 1920, a experiência de outubro despertaria também críticas virulentas de intelectuais anarquistas e libertários e de intelectuais de direita, denunciando a ausência de liberdades, o autoritarismo do regime instalado, seu caráter repressivo e os campos de trabalho forçado. A esses se juntaram intelectuais de esquerda decepcionados e amargurados com a evolução da URSS para o totalitarismo stalinista.

Dos anos 1930 até o colapso da URSS, em 1991, a revolução deixaria de ser a referência universal a que se propôs, mas continuaria uma referência maior para boa parte dos partidos comunistas (alguns se voltaram mais para Pequim do que para Moscou), assim como para um grande número de partidos de liberação nacional que, nos impérios coloniais, se apoiariam nas teses soviéticas para estruturar suas ações e se libertar do colonialismo. "A esperança nascida em outubro só desapareceria com o fim da URSS", segundo a professora.

Outro especialista estrangeiro com quem resolvi conversar, Idesbald Goddeeris, professor de história russa da Universidade de Leuven, na Bélgica, destacou a importância da revolução para a evolução do pensamento de esquerda que teve início em meados do século XIX. O leninismo, segundo ele, colocou em prática o que a esquerda pensava à época. O professor também reforçou o fato de que uma das leituras que se faz da revolução hoje é o seu impacto não só na Europa como também no Terceiro Mundo, durante o período da descolonização.

O impulso estatal de editar a história e o orgulho nacionalista não é ruim e faz parte da trajetória de qualquer país. No entanto, há que se atentar para o fato de que as novas interpretações podem enveredar por caminhos controversos. Existe hoje na Rússia um silencioso processo de reabilitação de Stálin.

Embora tenha sido proscrito em 1963, dez anos após a sua morte, suas estátuas retiradas dos lugares de destaque da cidade e transferidas para o "cemitério" dos monumentos — a alguns metros de distância da Nova Galeria Tretyakov —, o ditador já não parece estar assim tão banido da cena atual como era esperado.

Na tradicional feira de Izmailov, na capital, não é raro encontrar bustos de Stálin à venda para turistas e locais. Não muito longe dali, o antigo bunker de Stálin tornou-se uma espécie de museu do ditador e, embora seja uma instituição privada, funciona com peças doadas em algum momento pelo Museu das Forças Armadas.

Lá dentro, a guia lembrou que Stálin havia criado as condições que levaram um país agrícola ao espaço sideral. É inegável a transformação por que passou a União Soviética na era stalinista, mas, segundo uma especialista da ONG Memorial em Moscou, não é fácil defender esse progresso tendo em vista o número de pessoas que morreram no país: "É claro que o país melhorou muito, mas o preço que se pagou foi muito alto".

Em 2008, um concurso que tinha por objetivo eleger pela internet a personalidade mais importante da história do país chegou a ter o ditador na liderança durante algum tempo. Mas há quem diga ter havido uma manobra de última hora na contagem dos votos para impedir que o resultado final fosse esse.

Segundo uma pesquisa realizada pelo Instituto Iuri Levada, em 2008, apenas um terço dos russos considerava Stálin um criminoso de Estado.

Em *Uma história da Rússia moderna 1945-2006: um manual para professores*, livro apoiado pelo Estado, reabilita-se em boa medida o tirano, depredam-se os artífices da transição (Mikhail Gorbachev e Bóris Iéltsin) e consagra-se a estranha mistura de Estado forte e liberalismo econômico da era Putin.

Diante de uma população cansada de reformas — e todos os termos que resgataram a memória das transformações da década de 1990 causam arrepios aos locais — e crises econômicas, o discurso do medo ainda é eficaz. O medo de que os erros daqueles que acabaram com a União Soviética se repitam. O medo da ameaça do Ocidente, sobretudo dos americanos, sobre as conquistas recentes da nova Rússia.

"Depois de vinte anos de reformas, apetece muito ter estabilidade, como no período de Stálin. As pessoas começam a idealizar aquela época. Isso é perigoso. É um passado trágico, porque Stálin não introduziu nada de positivo. Criaram no país uma economia de baixa qualidade", atacou Chernov.

Em qualquer país, segundo o professor, o poder atual fala dos enganos, da sequência dos erros passados como justificativa para o *status quo*. "O mal é que o exemplo do passado foi encontrado em Stálin. No século xx, portanto, houve dois gestores da estabilidade do país. Um foi Stálin e o outro, Putin."

Mas Natalia Narochnitskaya ressaltou que "ainda não está na hora de fazer um julgamento sóbrio sobre Stálin, porque ninguém estaria preparado para fazê-lo".

Pode ser que ela tenha razão. Mas é sempre muito perigoso lidar com certas figuras polêmicas da história.

A outra face da mesma moeda é que, se a memória de Stálin ainda não foi bem digerida por aqueles que reconhecem no seu braço de ferro os méritos dos avanços da União Soviética, tampouco o foi por quem viveu de perto as atrocidades do regime.

Quase sessenta anos se passaram desde a morte do ditador e mais de meio século desde o xx Congresso do Partido Comunista que denunciou os crimes do stalinismo. Mas, embora uma nova geração inteira não tenha ideia do que foi viver sob o totalitarismo, o medo ainda está tão presente na sociedade que dá a sensação de ter sido passado adiante pelo código genético.

Como não poderia deixar de ser, até hoje atormentam os russos as lembranças da vida em um Estado policial; há, por toda parte, no cotidiano da Rússia moderna, os sintomas das décadas em que era preciso mentir, cochichar e esconder.

As narrativas de tristeza, medo e desencontro se repetem; tantas, que não têm rosto. Todo russo tem uma história para contar, que, de tão trágica ou irracional, soa como um romance lacrimoso. A maioria, entretanto, prefere guardar essa memória para si. O estrangeiro não sabe se a introspecção se deve à vergonha ou à dor. O fato é que muitos ainda não ousam falar.

Um dos programas mais populares da tv russa, o "жди меня" (*jdi menya*, ou "Espere por mim"), ajuda as pessoas a encontrar parentes desaparecidos. Muitos deles recomeçaram a vida em outros países há tanto tempo que já não fazem ideia de que ainda têm alguém na Rússia. Em um dos programas a que assisti, um sujeito descendente de russo imigrado há muitas décadas já tinha até se "transformado" em índio canadense, de cocar e tudo, sabe Deus como.

O livro *Sussurradores*, do russólogo britânico Orlando Figes, publicado na Inglaterra no final de 2008 e no Brasil em 2010, reúne centenas de histórias contadas pelos sobreviventes do stalinismo. Essas pessoas explicam como o regime mudou as referências das famílias e interferiu na vida doméstica na União Soviética.

"A chamada 'esfera da vida privada' não pode nos escapar, porque é precisamente aí que o objetivo final da revolução deve ser atingido", teria dito Anatóli Lunacharsky, primeiro comissário do povo soviético para educação e cultura, em 1927. Entre ingênua e onipotente, a revolução pretendia criar um novo ser humano.

Em Moscou, o clima de desconfiança e denúncia transformava os vizinhos compulsórios dos *konmmunalki* em espiões uns dos outros. Daí a necessidade de sussurrar — e o título do livro de Figes.

"Os apartamentos comunais soviéticos constituíam o núcleo doméstico da cultura da inveja, que surgiu de maneira natural num sistema em que tudo era escasso. Em um modelo social baseado no princípio da igualdade na pobreza, se uma pessoa tinha algo mais do que outra, era por ter obtido à custa de todos os demais", afirma o autor. As denúncias podiam ter as motivações mais mesquinhas — não só praticar "subversão", mas também desejar a mulher do próximo ou o cômodo alheio.

Durante algumas semanas, inspirada no livro de Figes, tentei levantar para a reportagem que preparava para o jornal histórias de moscovitas durante o período do stalinismo. Ninguém se dispunha a falar abertamente seja com jornalistas, seja com estrangeiros. Portanto, eu não tinha muitas opções. "Não quero contar o que aconteceu. Meu pai sempre resistiu à ideia de tratar disso conosco e não gostaria que eu o fizesse depois da sua morte. É muito doloroso relembrar", disse-me uma filóloga.

No entanto, convencidas de que era importante registrar parte do passado, duas russas, mãe e filha (uma amiga), resolveram recorrer a amigos e colegas de trabalho. Recolheram depoimentos verídicos sob a condição de que os nomes não seriam citados.

Em apenas três dias, as duas me entregaram uma resma manuscrita em russo que continha testemunhos anônimos, quase inverossímeis, todos colhidos em um só ambiente de trabalho — uma biblioteca de Moscou.

Curiosamente, ficam na memória as histórias da improvável sobrevida à adversidade. Quatro delas estão resumidas a seguir.

L. era professor na Universidade de Moscou e, como outros tantos, foi incorporado a um batalhão logo no início da Segunda Guerra Mundial. Assim como seus companheiros de infortúnio, nada sabia sobre fuzis. Foi capturado em 1941 e mandado para um campo de concentração, onde ficou até 1944. O médico alemão de quem se aproximara, informado da chegada do Exército Vermelho no dia seguinte, revelou a L. que todos seriam executados pelos nazistas e ajudou-o a escapar. L. voltou a Moscou, na expectativa de ser enviado para a Sibéria como prisioneiro, destino de todo soldado soviético capturado pelo inimigo. Contudo, viveu por décadas na capital, com a mala pronta para o inexorável degredo — que acabou nunca acontecendo. Morreu aos noventa anos, sem que, por sorte, tivesse sido identificada sua condição de ex-detento.

Em um dos "grandes expurgos" do período stalinista, M. foi considerado, por algum motivo, inimigo da revolução. Decretou-se que deveria ser executado. Foi levado, juntamente com outros vários condenados, para o pelotão de fuzilamento. A cada sessão, abatia-se certo número de presos, e devolvia-se o excedente para a execução seguinte. M. foi levado ao pelotão de fuzilamento por sete vezes. Quis o destino que fosse poupado em todas elas. Morreu de velho.

A família de V. vivia perto do lago Baikal, na Sibéria. Com a coletivização da agricultura, na década de 1930, chegou à região a Grande Fome do período. Há relatos de corpos pelas ruas, e a população passou a comer os animais de estimação e até mesmo ratos. Já não desperdiçavam sequer as cascas de batatas e beterrabas. Surgiu, então, a oportunidade de migrar para a Quirguízia. Como a família de V. não podia arcar com o custo das passagens para todos, o filho A., doente e desenganado por conta da subnutrição, foi posto em uma mala. Três dias depois, chegando ao destino, onde o clima possibilitava alguma fartura, deram ao menino uma caixa de morangos. Teria sido o bastante para salvar-lhe a vida.

M. vivia em Moscou com os pais e três filhos pequenos até que, em 1940, foi deportada para a distante região siberiana de Yakutia. Na capital, o pai foi mandado para a prisão, onde morreu. A mãe adoeceu. Impedida de voltar, M. casou-se novamente e teve outros três filhos. Em Yakutia havia trabalho, o que permitiu a M. sustentar à distância os filhos que teve de abandonar. No entanto, jamais os reviu.

Pode ser que um dia as pessoas se sintam mais à vontade para falar do passado. Até lá, a tendência é que "as transformações continuem acontecendo por um bom tempo e, com elas, se consolidem as chamadas relações de mercado, embora ainda não estejam dadas as condições básicas para tal", como destacou o professor Chernov.

"Não havia propriedade privada. Hoje, quem tem uma está atrás de um conjunto de regras para se proteger. Mesmo assim, muitos russos, ainda que proprietários de imóveis, fábricas e empresas, votam nos comunistas. Essas contradições ainda vão longe."

Prova disso é que nem os próprios comunistas estão a salvo da esquizofrenia dos conceitos na Rússia contemporânea. Durante a campanha eleitoral parlamentar de 2007, admitiram ter sido financiados por grandes proprietários de todo o país, o que pode parecer uma contradição em termos, para ambos os lados.

Os russos votam nos comunistas por convicção, saudosismo, ou para manifestar insatisfação. O partido é encarado pelos analistas como mais um personagem numa espécie de teatro construído pelo Kremlin em que é necessário haver uma força de oposição, já que todas as outras (legendas com nomes e líderes próprios) estão com o governo para o que der e vier. Os comunistas foram os únicos a votar contra a emenda constitucional que ampliou de quatro para seis anos o mandato do presidente. A proposta foi aprovada por ampla maioria em três leituras na Duma e ratificada por Medvedev em dezembro do mesmo ano em que foi eleito.

Entre os especialistas, não resta dúvida de que é muito cômodo manter comunistas como opositores. Afinal, todos sabem que a transição para o capitalismo é irreversível. Além disso, pode-se agradar uma camada nostálgica da população que ainda tem simpatia pelo partido que tanto significou para a história do país.

O que foi possível perceber claramente nos dois anos em que vivi na Rússia é que os comunistas são muito menos "perigosos" do que outros opositores (com bem menos representatividade) que o governo faz questão de manter alijados do processo político.

"É tudo um grande caldo em que a galinha ainda está cozinhando. Mas já existem alguns atributos necessários do liberalismo, e a classe média crescente é um deles", disse o professor Chernov.

Os russos tomaram antipatia por tudo aquilo que os remeta aos anos de democracia e liberalismo da década de 1990, entre conceitos e nomes. Isso explica a má vontade com Mikhail Gorbachev e Bóris Iéltsin. Mas nada disso tira do último governo da

União Soviética e do primeiro da nova Rússia seu papel importante na transição do país.

"A transição de um modelo para outro tem muitos custos, muitos erros e enganos. Hoje, joga-se a culpa em Gorbachev e Iéltsin. Faz sentido psicologicamente. Mas, do ponto de vista histórico, está errado."

No capítulo sobre a Rússia moderna, o manual de história dos professores faz referência ao conceito de "democracia soberana", que entrou na moda ainda na era Putin e vinha sendo discutido no país, depois de ter sido levantado por um dos ideólogos do gabinete do Kremlin, Vlaslav Surkov.

O vice-diretor do Centro Carnegie de Moscou, Dmitri Trenin, me deu uma explicação interessante para a expressão, embora não se trate de um conceito acadêmico: "Por soberano entende-se independente. Nos anos 1990, o país perdeu parte de sua independência. Viramos júnior em relação aos Estados Unidos e o vizinho pobre da Europa. Agora, a Rússia está de volta. Somos uma grande potência. Não estamos alinhados a qualquer outra".

Se aos olhos do Ocidente a democracia na Rússia é um tema que ainda deixa a desejar, para os russos o país caminha nessa direção, embora muitos ainda tenham arrepio com a palavra e tudo aquilo a que ela remete. O governo também faz questão de se mostrar democrático, a sua maneira. Trenin afirma que ser uma democracia no século XXI garante a legitimidade de um país na cena atual. Um regime que quer ser legítimo tem que se desenvolver como democracia, e o Kremlin acha que o país amadureceu e se graduou nesse conceito. Admitir não ser uma democracia, enquanto todos os outros são, é admitir ter uma condição menor. As transformações continuam.

Dito tudo isso, não se pode esquecer de adicionar um ingrediente importante ao tal caldo a que se referiu Chernov. A cultura russa, segundo especialistas, está impregnada por influências de um passado distante e duradouro de ocupação. Isso explica parte do comportamento das pessoas ainda hoje e mostra que, quaisquer que sejam as mudanças culturais ou ideológicas por que continuará passando o país, esse é um fator que também continuará tendo peso na formação do pensamento da Rússia contemporânea.

A ocupação mongol durou dois séculos e meio, deixando sobre a Rússia, sobre a mentalidade de seus habitantes, assim como sobre o comportamento do governo, consequências consideráveis, como destaca a especialista Hélène Carrère D'Encausse em seu livro *La Russie inachevée*. Por sinal, ela e outros estudiosos atribuem a esse período em que o país deixou de existir politicamente fatores decisivos do que chamam de "atraso russo".

Os príncipes russos foram mantidos onde estavam e colaboraram com os invasores. Tudo funcionava na base dos favores pessoais, sem que os interesses da população fossem considerados. Serviram de intermediários entre a população e aqueles que a dominavam.

Pushkin dizia que a influência mongol na Rússia não podia ser comparada à dos árabes no Ocidente, porque os mongóis eram "os árabes sem Aristóteles e sem a álgebra", logo não tinham meios de proporcionar ao país enriquecimento cultural. Desse período foram herdadas palavras como dinheiro, centavos, aduana e, curiosamente, o número ordinal 40 (сорок, ou sorok) — que é diferente de todas as outras dezenas — usadas até hoje pelos russos.

Rastros do legado mongol teriam atravessado séculos, levando desde a organização administrativa e a força do Estado até o confisco da propriedade privada. Coletores eficientes de impostos, os mongóis impuseram aos russos um sistema tributário a partir do qual se arrecadava por pessoa e não por família. Por essa razão, de modo a atingir seus objetivos pecuniários, precisavam saber exatamente qual era o tamanho da população. Foi assim que a Rússia realizou o seu primeiro censo.

A professora ainda destaca a repressão sistemática por meio de vários instrumentos distintos, o que provocou, por parte da população, revoltas esporádicas, que, por sua vez, eram caladas com uma resposta ainda mais brutal das autoridades.

Em resumo, a especialista afirma que "a longa ocupação isolou a Rússia da Europa, impedindo-a de participar dos grandes movimentos do desenvolvimento histórico europeu que conduziram ao Renascimento e à Reforma". O lado positivo da influência mongol estaria no fato de que a reação crescente dos russos contra a violência e as exigências dos ocupantes levaram os príncipes a deixar de lado suas brigas históricas e a aceitar a primazia de um único entre eles. Seria o primeiro passo para a união do país.

A relação dos russos com a arte e seus artistas de todos os tempos é emocionante. E essa talvez seja uma das mais bonitas heranças do período soviético. Eles entendem mais do que ninguém de boa música, não dispensam a leitura e são exigentes nas salas de teatro.

A programação musical de Moscou, de tão intensa, chega a ser frustrante. É impossível acompanhar o ritmo dos inúmeros concertos diários de padrão que nem sempre se vê em casas de renome pelo mundo. Os ingressos para as apresentações precisam ser comprados com a devida antecedência, assim como as entradas para as peças de ópera ou balé mais badaladas da temporada.

Moscou tem mais de uma centena de salas de teatro, as quais, invariavelmente, ostentam longas filas de cidadãos com sede de cultura para a alegria dos seus artistas.

A memória dos grandes nomes que marcaram os vários séculos de história do país é mantida com carinho. Está, por exemplo, nas placas em homenagem póstuma afixadas nas fachadas dos imóveis onde viveram ou simplesmente por onde passaram. No meu prédio, entre as várias homenagens havia a de Sergei Bondarchuk (1920-1994), um dos maiores cineastas da Rússia, que dirigiu, entre outros, *Guerra e paz* (1967), *Eles lutaram por sua pátria* (1975) e *Boris Godunov* (1986) — estes dois últimos foram apresentados no Festival de Cannes.

Uma das várias "rússias" de que aprendi a gostar me foi apresentada por seus inúmeros museus, grandes ou pequenos, evidentes ou escondidos, óbvios ou inesperados. Os дом-музей (casas-museu) são a recriação da residência de personagens célebres: escritores, compositores, em particular gente do mundo das artes. As moradias são ambientes reconstituídos com tamanha perfeição que quase se pode participar de diálogos ou cenas da vida de seus antigos donos. É como se nunca tivessem deixado de estar ali.

Durante quatro meses me propus a explorar essa outra Rússia e a ouvir as histórias que tinha para contar. Seria objeto de uma reportagem ambiciosa para o jornal.

O projeto dos museus foi a desculpa perfeita para tentar sintetizar tudo o que tinha visto e explorar o que ainda não tinha tido tempo de conhecer naqueles dois anos de Moscou. O périplo, inicialmente, incluiria 25 museus. Estava tão obstinada que acabei indo a 32. Não tive espaço para todos eles no jornal. Publicamos apenas dez.

Protagonizei, ou simplesmente testemunhei em cada um deles, histórias divertidas.

A visita à casa de Constantin Stanislávski (1863-1938), fundador do Teatro de Arte de Moscou (MKHAT, na sigla em russo), só saiu na terceira tentativa. Na primeira vez, os visitantes não esperavam encontrá-la fechada. Não era o que estava escrito nos guias. A segunda tentativa começou por telefone. A funcionária confirmou que o museu estaria aberto. No entanto, mais tarde, na entrada, pessoalmente, avisou que somente um cômodo poderia ser visitado por conta do concerto (por sinal, há uma variada programação musical no salão Onegin) que teria lugar em uma hora. Mandou os visitantes voltarem no dia seguinte antes das dezesseis horas, porque, depois desse horário, já estava previsto outro concerto. Mesmo assim, pouco antes da nova apresentação do dia seguinte, os próprios artistas pediam às pessoas que se retirassem do salão principal e do estúdio ao lado. Precisavam ensaiar.

Stanislávski morou no segundo andar dessa bela casa do século XVII bem no centro de Moscou durante os últimos dezessete anos de sua vida. Lá mesmo havia o quarto de dormir. Com a decoração simples, tinha cama, mesa de cabeceira (o velho par de óculos do artista continua no mesmo lugar) e um telefone.

Já no final da vida, após um enfarte, foi aconselhado pelos médicos a fazer repouso absoluto. Mas não resistia e comandava ensaios por telefone em ligações que duravam horas. Obrigava os atores a interpretar seus papéis repetidas vezes até que se considerasse satisfeito.

Os outros cômodos do andar eram dedicados ao Estúdio da Ópera, onde preparava os artistas e realizava apresentações com frequência. Na sala azul, vizinha contígua do salão Onegin, os atores esperavam os ensaios e aproveitavam as pausas. Em dia de espetáculo, transformava-se no lobby do teatro. Seu quarto era colado à sala onde se praticavam as peças. Fazia questão.

Mais adiante, ficava o quarto de sua mulher Maria Lilina, a grande intérprete das obras de Anton Chekhov (1860-1904), como se vê nas fotos antigas. Nos outros andares da casa repartida em apartamentos comunitários durante a União Soviética, os cômodos eram divididos entre várias famílias.

Grandes talentos do teatro naturalista soviético passaram pelas mãos de Stanislávski. O salão Onegin não tem esse nome por acaso. Ali, em 1922, aconteceu a primeira apresentação da ópera de Tchaikóvski, *Eugênio Onegin*, baseada no poema épico de Alexander Pushkin (1799-1837). O espetáculo teve um sucesso estrondoso e rapidamente foi levado ao teatro principal. Anton Chekov escreveu *Três irmãs* e *Jardim das cerejeiras* especialmente para o MKHAT de Stanislávski. Nessa sala ainda são realizados concertos e leituras de grandes autores russos. A ópera *Eugênio Onegin*, cantarolada ou recitada por qualquer russo, continua sendo interpretada até hoje na Rússia, em diferentes versões. No Teatro Bolshoi, é um dos carros-chefes.

Na casa de Chekov, o horário de funcionamento é escrito à mão, em um pedaço de papel comum, com caneta esferográfica. Colado em um canto da janela, tampouco bate com o que está indicado nos guias turísticos. Os visitantes tocaram a campainha para confirmar se o museu estava fechado mesmo. Às vezes, as discretas portas de entrada dão a impressão de estarem trancadas há anos. A insistência do toque obrigou o velho segurança a aparecer de maus-bofes nos fundos da casa. Esse que talvez seja um dos funcionários mais desagradáveis de toda a Rússia gritou, de onde estava, algumas palavras em russo que, obviamente, jamais seriam compreendidas por turistas estrangeiros.

Vendo que a falta de comunicação não permitiria a retomada de seu descanso, começou a sacudir os braços, primeiro como quem pergunta o que aquelas pessoas estavam fazendo ali e, depois, mostrando que o museu estava fechado mesmo.

Perplexos com a reação desmedida, os quatro turistas se reuniram em frente ao portão principal, compararam os horários indicados em seus guias e se perguntaram para onde ir. Não queriam perder o passeio.

Certamente, a maioria das pessoas desistiria da casa do médico e escritor que também produziu A gaivota, Tio Vânia, A dama e o cachorrinho — para enumerar apenas alguns dos preferidos dos leitores do mundo inteiro.

Para a surpresa do visitante incansável, o museu é interessante. A boa notícia é que as guardiãs dos tesouros de Chekov mantidos ali estão provavelmente entre as mais simpáticas da cidade. Logo na entrada, a caixa lembrou tudo o que não poderia deixar de ser visto no museu e ainda destacou a programação de teatro. Várias peças do autor são apresentadas (em russo) em uma sala para cinquenta pessoas no segundo andar da casa.

Esses pequenos curtos-circuitos não são raros nos museus de Moscou, assim como as poucas indicações dos locais a serem visitados. Também é frequente a falta de legendas em outros idiomas. Mas nem por isso os interessados devem desanimar. Para garantir uma previsibilidade maior, é bom sempre ligar antes das visitas. Para entender o que vai ver, vale uma pequena pesquisa na internet. Passei a fazer assim, e funcionou na maioria das vezes, exceto para o Museu do Xadrez. Vi nos guias e liguei para confirmar os horários de funcionamento. Tudo certo até a porta de entrada, onde me disseram que o museu estava fechado para reformas havia vários meses sem previsão de ser reinaugurado.

Aprendi também a conviver com a estranha lógica das portas desimportantes de entrada. Independentemente do tamanho do museu — ainda que seja o monumental Museu Russo (1895), em São Petersburgo, o maior do mundo para artes russas, com seu imenso portal de colunas clássicas —, a entrada é quase sempre uma discreta portícula, em geral lateral. Nunca será evidente ou aparente à grande distância.

A entrada principal da casa de Máximo Górki (1868-1936), fundador da literatura realista socialista, tem um grosso cadeado para mantê-la fechada. Só se entra pelo pequeno portão de ferro lateral que leva à discreta porta, possivelmente de fundos, da mansão. Para os amantes do *art nouveau*, a escada de mármore da casa é muito impressionante, com suas formas pouco reais que parecem derreter no caminho que leva do primeiro andar até o térreo. Mesmo quem viveu em Bruxelas — berço do movimento artístico e sede de algumas centenas de belos exemplares do período — não está imune aos encantos da escadaria incomum.

O gentil controlador dos bilhetes na entrada não fala outros idiomas além do russo. Mas soube dizer um sonoro e sorridente "obrigado" quando identificou os visitantes brasileiros. Falou com carinho do Rio de Janeiro, onde esteve durante a Eco92, como segurança de Bóris Iéltsin.

A mansão burguesa foi erguida pelo arquiteto Fiodor Chekhtel a pedido do industrial Stepan Riabouchisnki (que emigrou após a Revolução de 1917) e confiscada pelos bolcheviques. Foi oferecida por Stálin a esse escritor-chave do regime soviético que teve papel ativo nas revoluções de 1905 e 1917 e foi amigo pessoal de Lênin. Não é à toa que recebeu de presente do governo a mansão luxuosa que destoava dos apartamentos comunitários distribuídos para o resto da população à época.

Na sala de jantar, Górki recebeu grandes autores russos, além de estrangeiros, como George Bernard Shaw e Romain Rolland.

O autor de origem pobre, que já havia sido perseguido e censurado pelo regime czarista por suas ideias, mudou-se para essa casa na rua Malaya Nikitiskaya em 1931, ao voltar para a URSS a pedido de Stálin, recém-chegado da ilha de Capri, onde esteve por alguns anos por alegados motivos de saúde. Em 1932, tornou-se presidente da União dos Escritores, instituição que ditava as regras para o mundo literário da época. Na biblioteca ainda estão os 5 mil volumes que pertenciam ao autor. O quarto e o escritório, como o resto da casa, parecem ter sido deixados intactos, como se Górki tivesse acabado de sair. Como estamos falando de Rússia, a morte desse amigo do sistema foi cercada de especulações. Não se sabe se morreu de tuberculose. Diz-se que pode ter sido assassinado por ordem do próprio Stálin.

Entre tristes e sombrios blocos soviéticos, ainda mais desoladores durante o inverno, a grande mansão de madeira do Conde Leon Tolstói (1828-1910) resistiu à invasão de Napoleão e sobreviveu ao fogo ateado à cidade pelas tropas russas como estratégia de defesa contra os franceses. Mudou de mãos muitas vezes até 1882, quando passou finalmente a pertencer à família de Tolstói. Nessa casa onde nasceram seus treze filhos (dos quais oito sobreviveram), o autor morou por dezenove anos. Da janela do escritório, no segundo andar, arrumado como se o autor o povoasse com suas criações, vê-se o imenso jardim. Na primavera, é verde. No inverno, branco.

Pode ser efeito da neve, mas a mansão Khamovniki hoje é dominada pelo silêncio. Dizem que na época dele também. As babás precisavam conter as crianças para que o mestre pudesse aproveitar a tranquilidade do gabinete onde escreveu mais de cem obras, entre elas *A morte de Ivan Ilitch* e *Ressureição*. Nas férias, mudavam-se todos para a casa do autor em Yasnaya-Polyana, cidade próxima a Tula, a cerca de três horas de Moscou, também mantida intacta e aberta à visitação.

Na luxuosa sala de estar, com suas três janelas e vista para o jardim, recebeu amigos para jogar conversa fora ou partidas de xadrez. Realizou disputados saraus literários e musicais. Alexander Scriabin, Sergei Rakhmaninoff, Nikolai Rimski-Korsakov tocaram piano no hall de Tolstói. Anton Chekhov, Alexander Ostrovksy, Ivan Bunin e Máximo Górki eram alguns dos visitantes costumeiros. A sala ao lado, cheia de móveis pesados e cores fortes, pertencia à mulher. Talvez pela excessiva decoração Tolstói não gostasse de frequentá-la.

Logo na porta há textos explicativos sobre cada cômodo em russo e em inglês. Na casinhola onde se compram os bilhetes há suvenires como marcadores de livros e livretos contando a história do bairro.

O poeta, dramaturgo e futurista soviético Vladimir Maiakóvski viveu pouco. Nascido em 1893 na cidade de Bagdadi, na Geórgia, então URSS, morreu na capital russa aos 37 anos. Pôs fim à própria vida no apartamento onde morou de 1919 até seu último dia em 1930. Pouco mais de quarenta anos depois de sua morte, o lugar foi transformado em um museu como outro qualquer, daqueles que deixam em exibição alguns móveis, objetos pessoais e obras. No quarto em que viveu e trabalhou, nada mudou. Ali, teria se matado. Mas o prédio passou por várias alterações, e o museu ganhou uma cara mais futurista.

A exposição refaz os seus caminhos pelo mundo. Seus passaportes e carteiras de jornalista estão em exposição.

A amável vigia do andar contou que o poeta tinha mania de limpeza e temia pegar algum tipo de infecção contagiosa. Por isso, carregava na bagagem sua banheira portátil (em exibição). Também tinha sempre um pedaço de sabão no bolso, por via das dúvidas. Teve muitas namoradas, mas a única mulher com quem quis se casar não aceitou a proposta. Essa russa emigrada para a França não quis voltar para a União Soviética.

No primeiro andar, há objetos pessoais e cadernos de estudo. Mudou-se para Moscou com catorze anos. Aprendeu georgiano no colégio. O boletim de Maiakóvski está em exposição. Perguntei à guardiã do primeiro andar se era bom aluno, porque não consegui entender os códigos. Ela contou que, na verdade, não era nada estudioso. Mas garantiu que esse detalhe não tem a menor relevância. Mostrou que a família do autor era de pintores e que ele próprio aprendeu a pintar, apontando para uma tela assinada por ele. O museu com a nova versão da trajetória futurista do autor abriu as portas em 1989.

— Foi uma boa ideia fazer um museu futurista, não é?
— Claro. Foi uma ótima ideia. Aqui, dá para sentir a atmosfera de Maiakóvski, entender o mundo dele e a sua trajetória — respondeu a vigia, que já deveria estar na casa dos sessenta anos de idade, aproveitando para emendar uma análise sobre a obra do autor.

Entre os motivos do suicídio de Maiakóvski estariam duas desilusões: uma amorosa e outra com o regime por que tanto lutou e que ajudou a consolidar. Passou ele próprio a ser um crítico do regime. Vítimas das muitas restrições desse regime que teria frustrado as utopias de Maiakóvski, escritores incômodos para a URSS também tiveram suas casas preservadas.

A improvável saída da autoestrada que leva a Minsk parece um equívoco do motorista. Do cenário tipicamente moscovita de congestionamento, obras na pista e pavorosos edifícios modernos desprovidos de noções básicas de estética passa-se a uma interminável alameda estreita que rasga uma floresta a menos de vinte quilômetros do centro da capital russa.

Ali, foram depositados em *datchas* de madeira, construídas pelo governo soviético, escritores considerados incômodos durante o comunismo. O exílio às portas de casa certamente teria oferecido a esses artistas uma vida mais pacata longe dos olhos, embora ainda ao alcance das mãos, vigilantes do regime.

A ideia de se criar uma colônia para aqueles que precisavam estar sob vigilância do Estado foi de Górki, o primeiro presidente da União dos Escritores. Cabia a ele, a partir de sua bela mansão, garantir que os colegas se mantivessem na linha do realismo soviético. Peredelkino, como se chama o lugar, é alvo da especulação imobiliária furiosa que se apoderou da capital russa e de seus arredores nos dias de hoje.

Mesmo assim, continua a ser aprazível e ainda guarda reminiscências dos ilustres moradores do passado.

A *datcha* onde Boris Pasternak (1890-1960) viveu por mais de vinte anos em Peredelkino foi transformada, nos últimos anos da União Soviética, em museu. Do gabinete simples de madeira do escritório, no segundo andar, saiu o romance que lhe garantiu, em 1958, o Nobel de Literatura. Foi obrigado a recusá-lo por pressão dos outros escritores. Conhecido no mundo inteiro e lançado pela primeira vez em italiano, *Doutor Jivago* só viria a ser lido pelos russos após o fim da URSS. Foi publicado pela primeira vez na Rússia em 1991 pela revista literária *Novoy Mir*.

Mais do que autor desse romance proibido que o imortalizou no exterior, Pasternak ficou conhecido como grande poeta e tradutor de Shakespeare, Goethe, Schiller, Verlaine, entre outros. Os livros que resistiram aos vários confiscos do regime continuam nas estantes, ainda com as etiquetas colocadas pela mulher, que tinha o hábito de classificá-los para o marido. O acervo também inclui as primeiras edições de *Doutor Jivago* traduzidas para outros idiomas e enviadas para o autor.

A boina, o cachecol e a capa pendurados no mesmo gancho perto da porta, assim com as botas pretas de couro deixadas no canto, dão a impressão de que nada mudou. Na sala de jantar, os móveis e objetos intocados ainda reproduzem a velha disposição do dia em que recebeu a notícia do Nobel. A fotografia em preto e branco sobre a mesa registrou o brinde ao prêmio que nunca pôde aceitar. No telegrama que enviou à academia sueca dizia: "Considerando o significado atribuído a essa comenda na sociedade a que pertenço, devo recusá-la. Por favor, não se ofendam com o meu gesto voluntário".

O quarto onde morreu Pasternak também está impecavelmente arrumado. Mas a máscara mortuária pendurada na parede, não muito distante da foto da revista *Paris Match* com a cobertura do enterro acompanhado por mais de mil pessoas, e as flores sobre a cama confirmam que a casa está vazia.

Três dias antes de ser preso, o Nobel de Literatura Alexander Soljenitsen (1918-2008) estava na bucólica Peredelkino, na *datcha* do amigo Kornei Tchukóvski, autor infantojuvenil russo. Nessa que foi a segunda e mais longa temporada na casa de Tchukóvski, permaneceu de janeiro de 1973 a fevereiro de 1974. Voltou algumas vezes depois do exílio e fez uma gorda contribuição para o lar que o acolheu e hoje é o museu desse que poderíamos chamar de Monteiro Lobato russo. Os brinquedos do autor estão dispostos nas estantes e nas gavetas, para a alegria das crianças que visitam o lugar e para a descontração dos adultos.

Em Moscou, o piano de cauda do performático cantor de ópera Feodor Shalyapin (1873-1938) é mantido na mesma sala em que ficava no passado, antes de a casa do artista ter sido transformada em apartamento comunitário durante a União Soviética. O instrumento ainda é tocado com frequência em pequenos concertos organizados ali, como comprovam as trinta cadeiras dispostas a sua volta.

O toca-fitas passou a fazer sentido no momento em que um das guias se materializou no salão e perguntou aos visitantes se tinham tempo para ouvir o cantor. Muito branca, cabelos negros, óculos de armação antiquada e um buço espesso, a jovem de indumentária sisuda poderia ter saído de uma das peças estreladas por Shalyapin, assim como a vizinha que se ocupava da sala de estar: uma senhora corcunda de cabelos vermelho-fogo que tem sobre os olhos o desenho endiabrado do que um dia teriam sido as sobrancelhas. A aparência frágil se desfez no momento em que chamou a colega com voz poderosa e impostada. Naquele cômodo onde tudo é original, ela parecia fazer parte do mobiliário ou de um dos vários cenários onde brilhou o dono da casa.

A mais jovem tinha pressa e anunciou a primeira música antes de deixar a sala: *Elégie*, do compositor francês Massenet. É como se Shalyapin estivesse ali pessoalmente, dando o tom abafado da atmosfera da casa elegante de pé-direito alto e teto trabalhado. Avista-se, a certa distância, a sala de estar e sua vigia de aspecto teatral. Antes de despedir-se, Shalyapin cantou *Mefistófoles* (de Arrigo Boito), um dos papéis que mais marcou o público russo. As roupas e os imensos sapatos, destacados na exposição como sendo de número 48, que transformaram esse homem enorme na própria encarnação do diabo de Fausto, foram mantidos intactos e podem ser vistos duas salas adiante, assim como as fotografias de suas performances na Rússia e no exterior. A barulhenta avenida do centro de Moscou da música incessante dos automóveis e das obras que vão mudando a cara da cidade, onde ainda sobrevive a casa amarela de Shalyapin, parecia simplesmente não existir.

Como não se pode fotografar a bela casa do ator, o visitante deve se contentar com imagens da fachada, do busto na porta de entrada ou da imensa estátua em homenagem a Shalyapin a poucos passos do museu.

A badalada casa azul-celeste de Alexander Pushkin tem lugar de destaque na antiga rua Arbat, local preferido da intelectualidade da época do escritor, que é considerado o pai da literatura russa. Está sempre cheia de turistas. O autor de *Eugênio Onegin* não viveu ali muito tempo. Na verdade, passou apenas três meses logo após se casar com Natalia Goncharova, por quem se matou em um duelo como aqueles que descrevera tão bem nos livros. Boa parte do que havia na casa se foi. Móveis se perderam em um incêndio, segundo conta uma das vigias.

Mas a atmosfera lembra o que teria sido essa breve passagem de Pushkin por Moscou. Exemplares da sua obra, fotografias e a escrivaninha original do mestre compõem o cenário e ignoram o burburinho da rua que, hoje, é tomada por dezenas de lojas de suvenir ou da gaita peruana do lado de fora. Talvez com uma ponte de ilusão de que é possível reconstituir o cenário de Pushkin, o governo promete revitalizar a área e expulsar o comércio de bugigangas.

Para a alegria dos visitantes estrangeiros, há algumas explicações improvisadas em inglês. Os textos datilografados são bem-feitos, mas, pouco a pouco, vão se apagando, provavelmente pelo excessivo manuseio dos interessados. São sempre as mesmas folhas gastas que as vigias cuidam para que sejam devolvidas tão logo a leitura seja concluída.

Um morador inusitado arranca suspiros dos visitantes e, por alguns instantes, consegue tirar as atenções do ilustre dono da casa. O gato caramelo de olhos verdes tem intimidade com a mansão, por onde passeia com segurança entre os objetos que pertenceram ao lendário escritor ou aqueles que fazem lembrá-lo. Velho conhecido e amigo das senhoras que tomam conta das salas do museu, certamente as ajuda a curar o tédio e fazer o tempo parecer andar mais depressa. Elas passam ali dias inteiros em suas cadeiras incômodas de madeira, entre a vontade de ralhar e dormitar.

A visita à casa de Pushkin, uma das mais óbvias de Moscou, aconteceu somente na quarta tentativa. Os turistas mortos de exaustão só insistiram mesmo porque não se pode ir à Rússia e ignorar deliberadamente um de seus maiores personagens.

A alguns quarteirões da casa do velho mestre, a grande discussão na entrada com a controladora dos ingressos que parece cuidar da memória do compositor Alexander Scriabin (1872-1915) desde a construção do imóvel poderia ter causado longas filas se houvesse um movimento intenso de visitantes no pequeno museu escondido. Fui com um amigo pianista. A senhora azeda perguntou como conseguimos aquelas entradas tão baratas.

— Não sei. Pedimos nossos ingressos no caixa. A pessoa nos disse quanto custava, pagamos e recebemos estas entradas que a senhora está vendo.

— Mas está muito baixo esse valor. O que vocês fizeram? Vão lá agora mesmo esclarecer essa situação.

— Como assim? Vamos ter que descer e tomar satisfações com a pessoa do caixa, quando ela decidiu que seria assim?

— Isso aqui está errado, e vocês vão resolver.

— A senhora está achando que queremos roubar dez ou vinte rublos do museu? É sério?

— Isso aqui está errado, e vocês vão lá.

— Olha, minha senhora, se está errado, a senhora vá lá cobrar satisfações. Esse não é o nosso trabalho. E a senhora está sendo grosseira e desrespeitosa.

— Eu grosseira e desrespeitosa? Então, desculpe. Mas me

dá isso aqui — tomou os bilhetes em um golpe, virou-se e desapareceu no final do corredor.

Perplexa e visivelmente constrangida, a administradora do museu que acompanha os visitantes como uma espécie de guia, fornecendo informações valiosíssimas sobre tudo o que está disposto nos cômodos, se desculpou.

— Lamento muito tudo isso. Ela devia dar graças a Deus de estarmos recebendo visitantes. É o que garante o emprego dela. É claro que vocês pagaram o que lhes foi cobrado lá embaixo. Vamos começar a visita e depois acertamos as contas com ela.

Fizemos um lindo passeio, com mil explicações sobre a vida e a obra de Scriabin. A nossa controladora da entrada reapareceu somente quando já estávamos nos dois cômodos finais da visita: a sala do piano e o quarto do compositor. Agora tinha outra fisionomia. Parecia satisfeita com as explicações que lhe haviam fornecido lá embaixo. O piano de cauda do compositor ainda é o mesmo. Fica coberto por um imenso lençol que só é retirado em dia de concerto. Perguntou se conhecíamos o sistema das cores e tons usado por Scriabin. Ao ouvir a resposta negativa, apressou-se em acender lâmpadas coloridas. A paleta de cores com as suas respectivas tonalidades musicais permanece sobre a mesa da sala do piano.

Os compositores do romantismo tardio, principalmente os russos, começaram a buscar as cores que consideravam equivalentes às tonalidades musicais e, para isso, passaram a estabelecer certa lógica entre elas. Cada cor teria o seu tom. É comum encontrar em diversas peças, por exemplo, a luz da lua (*claire de lune*), descrita pelos compositores como ré bemol maior. Scriabin teve papel de extrema importância nesse trabalho, assim como o russo Rimsky-Korsakov.

Finalmente, a vigia reabilitada nos levou ao quarto onde morrera o compositor, àquela mesma cama em que havia sido operado à época. Estava simpaticíssima e quase emocionada com as histórias que nos contava. Conhecia tudo de Scriabin.

Na lista dos museus inesperados, o Museu da Imprensa Clandestina foi um dos que mais me impressionou. No subsolo da antiga mercearia Kalandadze, no número 55 da rua Lesnaya (a mesma onde morava e foi morta a jornalista Anna Politkovskaya), no centro de Moscou, funcionavam as máquinas da última célula da imprensa clandestina revolucionária do período czarista. Todas as outras foram descobertas pelas autoridades e desativadas. Jamais teria entrado ali se não soubesse o que procurava. O aspecto era de abandono. A fachada era suja, e a entrada se fazia por um corredor sombrio até a porta encardida de madeira.

Uma modesta loja funcionou nesse prédio de três andares do século XIX. Pertencia a uma família de georgianos que ganhava a vida vendendo frutas, legumes e *suluguni* (o queijo típico da ex-república soviética da Geórgia) ao público e vivia nos fundos. Não se sabe ao certo se tinham conhecimento do que se passava ali no subsolo. Tampouco se pode garantir que o dono do imóvel — alugado aos estrangeiros — era totalmente inocente.

A presença das duas improváveis visitantes obrigou a funcionária a desligar o velho telefone de disco verde-água do balcão da entrada. Surpreendentemente contente com o movimento, fez as vezes de guia. Ela garantiu que a filha mais nova do casal georgiano tinha tendências revolucionárias e sabia perfeitamente o que acontecia lá embaixo.

O minúsculo alçapão que surge por trás da vitrine leva às galerias subterrâneas do prédio, onde ficavam não só as máquinas de impressão, mas também o depósito de mantimentos da mercearia.

Esse é considerado um dos museus mais curiosos de Moscou e um dos poucos a tratar do período da primeira e frustrada revolução bolchevique, de 1905 a 1907. Foi aberto em 1924, logo no início do regime comunista, e reformado de maneira fidedigna sob a orientação de quem ali esteve. Estavam todos vivos na época da inauguração. As máquinas que rodavam os jornais e panfletos malditos do período operavam nas barbas da polícia. Nas proximidades havia uma delegacia e a prisão Butirskaya. Mas, ao que parece, os oficiais eram bem tratados pelos comerciantes e, vez ou outra, ganhavam frutas e legumes de graça. Coincidência ou não, essa pode ter sido a razão para que o lugar tenha sido o único a se manter incógnito.

As publicações ficavam todas escondidas no fundo dos imensos barris de queijo e legumes no depósito, cômodo alguns degraus acima da claustrofóbica câmara das rotatórias. O local era tão insalubre (não tinha janelas, era úmido, e o ar, escasso) que os trabalhadores faziam turnos de apenas trinta a quarenta minutos. Alguns ficaram doentes. Na entrada do museu há a estrutura de um dos jornais revolucionários publicados ali. O editor-chefe era ninguém menos que Máximo Górki.

O Museu da Imprensa Clandestina só não me surpreendeu mais do que o estranho Museu da Iluminação Pública. Perdido no meio de Kitai-Gorod — um dos bairros mais antigos da cidade —, o prédio é uma das joias da capital russa. Vizinho da não menos interessante mansão ocupada pela Embaixada da Armênia, esse edifício do século XVII é um dos poucos remanescentes do período. Por dentro e por fora, está malconservado, como outros tantos edifícios históricos. Mas não está abandonado.

Tem a sorte de abrigar esse museu, cujo tema é, no mínimo, curioso. A porta de entrada também é quase secreta. A discreta placa afixada ao lado do "domofone" (como chamam essas versões antiquadas do interfone que existem por toda a cidade) avisa ao visitante para tocar o número três para chamar o museu. Em três salões, o visitante se vê diante da história da iluminação pública na capital russa desde o período czarista.

Por toda parte, há lâmpadas, postes e lampiões de todos os tempos pendurados nas paredes ou apoiados nas colunas. Um dos bulbos em exposição é usado até hoje para iluminar as imensas estrelas de rubi sobre as torres do Kremlin. A coleção de relíquias do mundo da eletricidade se espreme nas salas empoeiradas.

O grande aparelho de telefone preto (daqueles que já não se veem por aí há muitas décadas, embora ainda hoje existam em algumas repartições públicas russas) está ligado à mesa de operações em que cada interruptor é acompanhado da placa com o nome de uma avenida ou região moscovita. Trata-se de uma das engenhocas usadas no período soviético para controlar a luz elétrica da cidade.

Na hora cheia, a sala onde mora uma dezena de relógios mecânicos e elétricos chama a atenção pela perfeita sincronia. Os tique-taques dos ponteiros de segundos parecem reverberar com mais força pelo fato de serem emitidos a um só tempo. O museu ainda apresenta ao visitante um filme de dez minutos com a história da iluminação. Como já era de esperar, nada ali foi pensado para o público estrangeiro. Mesmo assim, pode ser interessante pela quantidade de belas imagens antigas da capital, que mudou de cara, assim como seu sistema de iluminação.

A história das famosas bonecas russas de madeira que se encaixam umas dentro das outras também tem o seu cantinho na memória do país. É discretíssima a placa que avisa aos passantes que ali está o Museu das *Matrioshkas*. O casarão do século XVII ainda abriga a mais famosa escola de danças típicas do país e, por incrível que pareça, um cartório.

Às dez horas, veem-se alguns bailarinos em malhas negras transitando pelos corredores do primeiro andar, e ouve-se ao longe o som do piano na sala de ensaio. Esse também é o momento em que se pode acompanhar a chegada de vários burocratas carregando suas pastas velhas de couro para o início do expediente.

Apesar de estar marcado do lado de fora que o museu abria nesse mesmo horário, dois visitantes esperavam pacientemente do lado de fora. A funcionária que cuida da exposição da Farfor — tradicional porcelana de São Petersburgo —, na sala contígua, disse sem muita convicção que a responsável estava chegando. Vinte e cinco minutos depois, perdeu a paciência e foi ela mesma abrir a porta do museu.

A coleção estava exposta pela metade, pois parte dela dava lugar ao porcelanato. As *matrioshkas* mais antigas datam de 1984, embora reze a lenda que tenham cerca de cem anos. Não havia muitas informações sobre as bonecas. Apenas as origens, nomes dos artesãos e as datas de fabricação. Quando chegou, a encarregada do museu disse não saber quantas são na coleção, mas lembrou que as maiores têm até 32 bonecas. Ninguém sabe ao certo de onde vieram as famosas bonecas que se tornaram um dos símbolos do país (outros ex-soviéticos também produzem *matrioshkas*).

Durante a URSS, os modelos mais simples e coloridos eram o brinquedo de meninos e meninas. Diz-se que a primeira boneca teria saído dessa mesma casa onde hoje está o museu. O rico industrial que ali morava, Anatoly Mamontov, teria ganhado um estranho brinquedo de madeira japonês, com as figuras de velhos pintados em cada peça. Ele teria pedido para um artesão da cidade de Sergei Posad para imitar o boneco usando o estilo russo. As *matrenas*, como se chamavam à época, retratavam as mulheres russas com suas roupas típicas.

O segurança veio falar comigo no exato momento em que resolvi tirar uma fotografia do prédio por dentro. Desenvolvi uma técnica contra as broncas e descomposturas frequentes: fazer de conta que não entendo o que dizem. Quando vi que se aproximava, já havia ensaiado mentalmente o que lhe diria. Lá dentro havia placas dizendo que era proibido fotografar, mas não do lado de fora. Não pude usar a máquina com as *matrioshkas* em exibição, o que achei uma completa bobagem, tendo em vista o fato de que nenhuma delas era especialmente antiga.

— Você tirou foto sem flash?

— Sim — respondi quase sem voz, temendo o momento нельзя (*nilziá*, como pronuncia o equivalente ao "é proibido" em português).

— Posso ver?

Meu Deus! Ele queria ver as fotos. E pior é que descobriria meu momento хулиганка (*huliganka*, a palavra vem de *hooligan*). Veria que tirei duas fotos dentro da sala das *matrioshkas*.

— É porque não pode tirar fotos com flash. E eu, particularmente, não gosto de fotos com flash. Deixa eu ver como ficou?

Incrédula com a reação cordial e pacífica, deixei-o ver as fotos. Só mostrei duas. Acho que gostou.

— Fica muito melhor mesmo sem o flash. A luz fica mais natural, não é? Acho que o flash estraga.

— Pois é. Detesto fotos com flash. Muito obrigada. Até logo.

Fui embora depressa achando que poderia mudar de ideia e tentar exercer um pouco da sua pequena autoridade. Mas, pelo visto, não era desse tipo. Deu adeus e também me desejou tudo de bom. Lá embaixo, no primeiro andar, o segurança atrás da típica mesa de serviço público na década de 1980 me acompanhou com os olhos. Nessas horas, sempre tento desarmá-los.

Fico achando que a simpatia pode quebrar um pouco a brutalidade gratuita. Às vezes, funciona.

— Até logo. Tenha um bom dia.

— Ah, obrigado. Você também. Vem cá, não vai dar uma olhada na loja?

— Que loja? — respondi olhando em volta sem identificar nenhuma placa ou sinal de loja.

— A loja do museu. Fica aqui atrás dessa porta.

Meio decepcionada com o acervo do museu, fui assim mesmo dar uma chance à lojinha, que não poderia ser mais escondida. Para minha total surpresa, era muito melhor do que o museu. Tinha mais variedade de *matrioshkas* do que nos camelôs, lojas de suvenir ou feiras da cidade. Normalmente, não gosto das bonecas. As pinturas costumam ser exageradas na maioria das vezes. Mas, ali, eram todas pintadas à mão, de maneira simples, sem dourados nem excessos. Tinha bonecas feitas pelo mesmo artesão de uma daquelas expostas no museu. Eram assinadas. Tirei fotos e comprei um jogo.

A jovem vendedora me deu uma verdadeira aula sobra a origem das *matrioshkas*, contou que a primeira foi feita justamente em Sergei Posad, a cidade onde o industrial encomendou a sua, e que a mais tradicional é a que carrega uma galinha preta debaixo do braço.

— Por que uma galinha preta? — perguntei.

— Porque a primeira de todas carregava uma.

Comprei uma boneca de Sergei Posad, cidade do circuito do "anel de ouro", a menos de duas horas de Moscou. Resisti à galinha preta, mas não à simbólica foice. A minha *matrioshka* é de trabalhadores, sendo que essa mais externa é sugestivamente vermelha.

A mais visitada feira de Moscou, Izmailov, onde se compram todos os tipos de *mastrioshkas*, esconde outro museu inusitado da cidade. Ali atrás está o bunker de Stálin, que é aberto para visitação, mas nada fácil de encontrar. É um museu privado, que pertence ao dono da feira vizinha, segundo informaram os funcionários. Talvez isso explique os ingressos extorsivamente caros para visitá-lo.

O tratamento que se dá a Josef Stálin na Rússia é totalmente diferente daquele concedido a Hitler, na Alemanha, onde o bunker do ex-líder nazista foi apagado do mapa para evitar romarias ou despertar sentimentos que os alemães ainda tentam esquecer.

O abrigo de quinze metros de profundidade foi construído em uma parte da cidade que só foi incluída no desenho da capital no final da década de 1960. Não havia nada ali. A ideia era construir um estádio de 200 mil lugares sobre o bunker. As obras nunca foram concluídas.

Está ligado ao complexo sistema de túneis do metrô da cidade. Na verdade, à parte que ligaria o local até o Kremlin. Diz-se que a linha secreta para os funcionários do centro do poder existe até hoje. Há quem diga que o museu só foi construído porque os feirantes teriam descoberto parte do sistema de túneis e estariam guardando mercadorias ali. Por medida de segurança, os subterrâneos foram bloqueados e lacrados.

Stálin teria estado no bunker por apenas quinze dias. Nada mais do que isso. O escritório do ex-ditador foi reconstituído com objetos doados por um museu estatal, segundo explicou a guia. A sala de reuniões toda em mármore com uma imensa mesa central entre colunas gigantes guarda um segredo: só se ouvia o que estava sendo discutido ali no meio. A acústica é especial. Reza a lenda que os garçons que serviam os integrantes da mesa nada podiam escutar das conversas.

O mais estranho é a sensação de que o local virou uma espécie de museu de Stálin, com dezenas de fotos e bustos de um dos homens mais temidos do país.

O ponto baixo do museu, além do preço pouco camarada, é a total falta de indicação. O ideal é marcar a visita por intermédio de uma agência de turismo. É preciso reservar com antecedência. Quanto maior o grupo, mais baratos os ingressos.

Menos imponente que o bunker de Stálin, o Museu do *Gulag* é recente. Perdido em meio a lojas de grife, no centro da cidade, o discreto museu existe desde 2004 e conta as histórias das vítimas e dos sobreviventes do terror.

O imenso painel ao final do corredor mostra, em centenas de pontos coloridos, os locais onde o regime mantinha os *gulags*. Os simpáticos funcionários desse museu público acanhado já são mais velhos e têm as suas próprias histórias do terror para contar. Da cadeira instalada embaixo do mapa, a vigia garantiu que todos os russos viveram suas tragédias.

— Meu pai esteve em um *gulag* por quinze anos. Meu irmão e eu sofremos durante todo esse tempo sem saber se voltaria um dia. Não voltou. A vida da família mudou por completo. Nossos projetos também.

Mas contou que muitas pessoas sobreviveram. Questionada sobre a vida depois dos campos, respirou fundo e disse:

— Não dá para saber. Ex-detentos e familiares que vêm aqui hoje agem com serenidade.

Em uma salinha à parte, há as fotos da família do diretor do museu, com 87 anos, dos quais dezessete passados em um *gulag*. À semelhança de museus sobre o Holocausto espalhados pela Europa, esse também exibe objetos de pessoas que morreram nos campos ou que sobreviveram a eles, um pedaço da história de milhões de pessoas descrita e denunciada em minúcias por Soljenitsen em sua obra. No térreo, há uma impressionante e sombria réplica do que seriam as celas onde dormiam ou eram postos de castigo aqueles que a União Soviética enviava para os *gulags*.

O Museu do Teatro de Marionetes de Moscou é só para os iniciados. Fui levada por uma amiga russa para a apresentação mais antiga do país. Desde 1946, o Grande Teatro Central de Marionetes da Rússia tem em cartaz o mesmo espetáculo: *Concerto fora do comum*. Essa é a única peça a contar as mesmas piadas com os mesmos personagens de anos atrás. Por sinal, ainda arranca as mesmas gargalhadas do público. Não escapam sequer aqueles que ali estiveram algumas vezes, o que é bastante comum. Era um grande sucesso no período soviético.

Adultos e crianças se divertem com as marionetes do apresentador afetado, da soprano arfante que enche o peito de ar para cantar, do bebê prodígio que toca piano ou do show de cachorros e leões amestrados. O espetáculo final é o quinteto vanguardista que se apresenta com seus instrumentos fora do comum, como o velho que torce um gato que carrega num saco ou o colega que puxa a descarga do vaso sanitário.

O prédio do teatro abriga ao fundo o museu das marionetes. Exemplares antigos de diversas peças encenadas pelo país, além do primeiro boneco usado no *Concerto fora do comum* distraem os espectadores no intervalo. O museu só abre durante as peças e tem entrada franca.

É preciso consultar a programação porque *Concerto fora do comum* é apresentado somente uma vez por mês. Os ingressos são tão disputados que é preciso comprá-los com pelo menos dois ou três meses de antecedência. A banca na frente do museu vende marionetes e títeres para as crianças.

Logo na entrada do Museu Histórico de Moscou, na Praça Vermelha, a mal-humorada controladora dos ingressos apontou para a boca da visitante, que devia ter seus 45 anos, e perguntou ríspida:

— O que é isso?
— Do que a senhora está falando?
— Estou falando disso que você tem na boca.
— Chiclete.
— Faça o favor de cuspir. É proibido entrar aqui mascando chiclete.

A cena foi impagável. Parecia uma velha professora ralhando com o aluno. A visitante ainda tentou argumentar e perguntar o motivo da proibição esdrúxula. A resposta não poderia ter sido mais surreal:

— Muitas pessoas grudam seus chicletes usados nas obras de arte. E isso é proibido também.

Na Rússia não há pasmaceira, pelo contrário. Deve-se contar sempre com o inesperado. A minha visita aos museus espalhados pela cidade é prova disso. Nem mesmo os grandes incontornáveis escapam do imprevisto ou do inusitado. Soube pouco antes de deixar Moscou que o Hermitage, maior museu do mundo, tem uma particularidade que poucos conhecem. Mantém uma colônia de gatos gorduchos nos seus porões desde os tempos de Catarina, a Grande, a primeira ocupante do palácio, para se encarregar dos ratos. Não tive tempo de ir até lá fazer uma reportagem.

Até recentemente, máquinas fotográficas e câmeras de vídeo tinham o hábito de assustar os locais e despertar a imediata curiosidade das autoridades. Era a oportunidade mais do que adequada para exibirem todo o seu poder, ainda que em situações triviais ou menores. Antes mesmo de perguntar o que faziam os donos dos aparelhos, os policiais já vinham de longe entoando sonoros нельзя.

As máquinas fotográficas já não causam a mesma reação, na maioria das vezes. As câmeras de vídeo, sim. Quem trabalha com televisão em Moscou deve saber os lugares onde se pode filmar o trecho em que o repórter aparece contando a sua história. Nas pontes da cidade, por exemplo, нельзя. Dizem que por motivo de segurança.

Para os turistas, fotografar as estações de metrô da cidade, reconhecidas pela própria administração das linhas como grandes cartões-postais da cidade, já não é um problema, embora sempre haja aquela funcionária ranzinza que venha cobrar uma autorização por escrito. Mas é cada vez mais raro. Pode acontecer de cismarem com máquinas que pareçam profissionais.

De todo modo, é comum ver cada vez mais turistas e locais tentando aproveitar todos os ângulos possíveis dessas monumentais obras de arte subterrâneas. Também não há qualquer problema (até segunda ordem) em fotografar a cidade. Mas os museus ainda não definiram uma política comum para essa que é uma das principais distrações do visitante e a maior lembrança que pode trazer das viagens.

Quando estive no minúsculo Museu da Imprensa Subterrânea, descobri que era simplesmente proibido fotografar. Não havia explicação para a proibição. Não há obras de arte nem objetos protegidos por vidros ou equivalentes. Eram apenas os móveis e objetos do fruteiro que ocultava as prensas e as próprias máquinas no subsolo, onde também estão os barris de mentirinha que mostram o lugar onde as pilhas de jornais eram escondidas. Por alguma razão, нельзя.

Na mansão de Leon Tolstói, pode. O preço é 150 rublos, pouco menos de cinco dólares. É justo. Conta como fonte de receita para o museu e garante a satisfação do visitante.

Mas na casa de Stanislávski, o cartaz é ligeiramente ambíguo. Diz que a fotografia custa sessenta rublos. Ainda melhor, pensa o turista desavisado, até entender no segundo andar a explicação da guia de que são sessenta rublos por foto. Sabe-se lá como isso é contabilizado ou mostrado à administração, ainda mais na era das câmeras digitais. Ou do improviso proporcionado pelo telefone celular.

Na casa de Alexei Bakhrushin (1865-1929), o grande colecionador de relíquias do teatro da Rússia, as regras são mais generosas, mas ainda assim estranhas: cinquenta rublos por dez fotos. A senhora sentada no canto do escritório do industrial milionário perguntou se o bilhete para as fotos foi comprado. Mas a resposta positiva não foi satisfatória. Foi preciso mostrá-lo. Ela abriu um grande sorriso e começou a contar como era boa a mulher de Bakhrushin e a apontar algumas das preciosidades da coleção iniciada na década de 1890 pelo dono da casa que passou a se ocupar somente disso. Hoje, nesse museu que é conhecido como um dos maiores do mundo para o tema, são cerca de 1,5 milhão de peças relacionadas ao teatro de todos os tempos, de objetos ou figurinos de atores, produtores, músicos e bailarinos a cenários, livros raros, fotos, filmes e artigos de jornal.

No espetacular Museu de Belas Artes Pushkin, há corredores e salas que podem ser fotografados e outros que нельзйа. É preciso estar atento às marcações nas paredes ou simplesmente perguntar às senhoras que garantem a ordem no local. Entendem as palavras "pictures", "photos" e "flash". Algumas respondem de maneira mais azeda, outras são simpáticas e pacientes.

A coleção do Museu de Iluminação Pública pode ser fotografada à vontade, desde que se compre um bilhete no valor de cinquenta rublos. Esse é o preço de cada foto a ser tirada na casa do escritor Alexei Tolstói. As nada simpáticas funcionárias da entrada do museu oferecem, pelo mesmo valor, a opção de um encarte com fotografias da casa e da coleção. Poderia ser de fato uma ótima alternativa. O problema é que a publicação deve ter sido feita há pelo menos vinte anos, está em mau estado, e as fotos são ruins.

No museu Chekov paga-se 100 rublos e tem-se o direito de fazer duas fotos em cada um dos cômodos da casa onde viveu o autor com a mãe e a irmã. Mas a amável senhora do caixa avisou que, se por acaso, o visitante deixar de fazer as fotos a que tem direito em uma das salas, estranhamente, pode compensar com mais imagens nos cômodos que se seguem.

No casa de Scriabin as fotos também estão permitidas. É preciso pagar cinquenta rublos por um retrato. Mas a própria senhora que se ocupa do caixa acha caro e tenta convencer os visitantes a levar um jogo de cartões-postais (que estão ali esperando um comprador há pelo menos dez anos) a vinte rublos. Lá dentro, a guia que acompanha os turistas pelos cômodos dando informações aqui e ali aos interessados se ofereceu para tirar ela própria a foto. Disse que assim dá para garantir que os visitantes saiam na única imagem a quem têm direito.

A política é diferente, mais uma vez, na antiga casa de Shalyapin. É proibido fazer fotos dentro dessa casa que talvez seja uma das casas-museu mais bonitas da cidade. Tampouco são vendidos cartões-postais. O jeito é tentar guardar as belas imagens na memória.

Atribui-se a Vladimir Lênin a frase "Para nós, a mais importante de todas as artes é o cinema". O líder bolchevique teria dito isso na mesma época em que nacionalizou, por decreto, em agosto de 1919, o chamado cinema "czarista". Durante os pouco mais de setenta anos do comunismo, a indústria cinematográfica tornou-se, como o império soviético, uma potência. Produziam-se centenas de novos filmes por ano para quase 250 milhões de cidadãos. Igrejas e espaços públicos foram requisitados para servir de salas de projeção. Nomes como o do diretor Sergei Eisenstein se projetaram com filmes inovadores de alta qualidade. Diz-se que, de todos os setores da economia, esse era o segundo mais rentável para os cofres públicos.

A brilhante indústria estatal — e propagandística, é bom lembrar — quebrou, assim como o resto do país, logo após o desmantelamento da União Soviética. A farta produção acabou, os patrocinadores sumiram, e as salas minguaram. Ninguém tinha dinheiro para frequentar o cinema. Dez anos depois, o filme *Antikiller* (2002), dirigido por Igor Konchalovsky, foi visto como o início da recuperação, obtendo bilheteria de 1 milhão de dólares.

Hoje, os próprios russos sentem falta do bom cinema do passado, um filão para o canal de televisão Nostalgia, que passa o dia exibindo o que havia de melhor da indústria cinematográfica.

Vinte anos se passaram desde o colapso da URSS, uma espécie de novo patriotismo e os muitos bilhões de petro-rublos parecem ter decretado, agora, o ressurgimento do cinema russo. O filme *Ivan, o Terrível, e Philip Metropolita* (2007), do diretor Pavel Lungin, custou 17 milhões de dólares, o que é considerado alto para os padrões locais. O orçamento generoso e a equipe de profissionais caros — contratou-se inclusive um cinegrafista que trabalha para Clint Eastwood — são os sinais de que os investimentos podem estar voltando.

Sequência do hit soviético *Ironia do destino* (1975), de Eldar Ryazanov, o filme *Ironia do destino: continuação*, lançado em 2008, teve em um mês uma receita de 50 milhões de dólares e um público de cerca de 6 milhões de pessoas. Sem o mesmo apelo no mercado doméstico, *12* (2007), dirigido pelo veterano Nikita Milkhalkov, levou o Oscar de melhor filme estrangeiro no ano seguinte ao seu lançamento. *Sereia*, da jovem diretora Anna Melikian, foi premiado no Festival de Sundance e no de Berlim em 2008.

Os filmes russos estão em alta. Segundo a Agência Federal para Cultura e Cinema, cerca de 20% dos filmes exibidos na telona russa são nacionais. Esse percentual não passava de 3% em 2000. O governo acredita que as empresas de produção devam lucrar cerca de 900 milhões de dólares em 2011, quase o dobro de 2008. E, aos poucos, o número de salas, que continua a ser um problema para o mercado cinematográfico local ainda hoje, vai aumentando. Em 2000, cerca de 150 salas de cinema foram abertas na Rússia. Até 2010, eram cerca de 2.500 por ano.

O otimismo se deve ao forte crescimento econômico do país, que se manteve durante década e, com ele, o aumento da renda da população e dos investimentos em novos projetos. Especialistas questionam, no entanto, a qualidade do que se produz. Dizem que o fato de haver uma quantidade maior de filmes não significa que sejam melhores e lembram que o setor teve de se reconstruir do zero após a crise da década de 1990.

Conversei com Anna Melikian, em 2008, durante a mostra competitiva do tradicional Festival Internacional de Cinema de Moscou — que existe há mais de trinta anos e nunca deixou de acontecer, nem mesmo durante o período soviético. Entre uma apresentação e outra, ela concordou com a tese de que o aumento da demanda do público, dos investimentos na produção e da qualidade do filme são fatores importantes para o novo momento que vive o cinema russo, mas também se queixou da qualidade do que está sendo produzido.

"O cinema é um espelho da realidade, e as pessoas querem se ver nesse espelho. E o cinema russo é o que está mais próximo da realidade russa. É impossível não notar que a indústria cinematográfica aqui está se desenvolvendo, embora continue existindo o grande problema da pirataria."

Boa parte das novas produções, segundo ela, tem um alvo específico. Os líderes de audiência não são filmes de alta qualidade, porque "há filmes que são feitos somente para atrair audiência, com piadas bobas, cenas indecentes. Tem muita falta de gosto". A diretora não conseguiu evitar as críticas ao público, que "já teria sido bem mais exigente no passado".

"Antes as pessoas eram mais preparadas, sim. Tinham mais informações, mais estudos. O cinema hoje passou a ser só diversão. É o cinema da pipoca. As pessoas que vão ao cinema hoje não vão assistir aos filmes para ficarem mais cultas."

Embora o cinema russo conte bastante com o apoio estatal, Melikian garantiu que os produtores russos, hoje, são totalmente livres para fazer o que querem. Ela ainda defendeu uma renovação dos atores e do que se produz.

"Durante a crise, as pessoas buscaram outros negócios. As escolas de cinema foram acabando. Hoje, não existe um sistema que permita aos jovens talentos seguir adiante. Não há como sair das pequenas cidades, por exemplo. O país é muito grande."

Para tentar contornar as várias dificuldades do setor, a diretora fundou uma empresa justamente para caçar os novos talentos perdidos pela Rússia. Aparentemente, o negócio está funcionando. Seus funcionários viajam pelo país, visitam festivais e escolas de cinema, assistem a filmes. Muitos atores e diretores da nova geração levam a sua produção à equipe de Melikian.

O apoio do governo tem sido fundamental para esta indústria que ainda não aprendeu a viver com as próprias pernas. Dos cerca de duzentos filmes produzidos em 2007, metade teria contado com o apoio do Estado. Mas essa também seria uma explicação para a baixa qualidade de parte dos filmes. A garantia dos recursos públicos dá margem para que produtores descuidem do resultado final. De acordo com o especialista da escola de cinema VGIK Alexei Kasakov, a indústria russa ainda não funciona seguindo as regras do mercado.

O fato é que o setor está crescendo e começa a se tornar rentável depois de muitos anos. Não é à toa que empresas estrangeiras têm anunciado investimentos e parcerias no mercado local. A mais antiga produtora da Rússia, a Gorky Film Studio, foi uma das primeiras a fechar um contrato polpudo com a Fox Film.

O passado continua presente e tenta se renovar na medida do possível. A avenida Mosfilmovskaya não tem esse nome por acaso. Por quase toda sua extensão espalham-se os pouco mais de 34 hectares do maior e mais antigo complexo cinematográfico da Europa. A Mosfilm, na Rússia, corresponde ao que representa Hollywood para a América e Bollywood para a Índia. Conhecida fábrica de talentos e de pelo menos 3 mil filmes (entre eles grandes clássicos) do período soviético, a Mosfilm sobreviveu à crise que assombrou o país após o fim da URSS e se reinventou.

Essa estatal do cinema, hoje, não só se sustenta por meios próprios, como também se tornou uma espécie de *hub* cinematográfico da Europa. O investimento em novas tecnologias e equipamentos — que renderam à companhia o reconhecimento internacional — não apagou a tradição dos velhos tempos.

A imagem da década de 1930 do proletário e da camponesa ainda é a sua marca registrada. A estátua soviética de 24 metros de altura, modelo para a abertura de todos os filmes produzidos na empresa ainda hoje, estava sendo reformada quando estive na Mosfilm. A promessa era de que estaria pronta em 2011. Nos corredores da companhia, há apenas referências e fotos desse ícone do comunismo que foi apresentado na Exposição de Paris em 1937.

Do passado, também restaram funcionários importantes. As duas assistentes da sala de efeitos sonoros trabalham ali há quarenta anos. A mais antiga inventou uma maneira de reproduzir o que seria o "perfeito" ruído do galope de cavalos na Praça Vermelha: o batuque ritmado de duas canecas velhas de plástico branco encardido sobre um quadradinho revestido de paralelepípedos especiais no chão do estúdio. "É idêntico. Só eu consigo reproduzir este som", orgulha-se.

Passado o imenso portão de entrada dos estúdios, o museu da Mosfilm mostra aos turistas cenários e figurinos de *Anna Karenina* (1967), de Alexander Zarkhi, *Guerra e paz* (1968), de Sergei Bondarchuk, e uma coleção de automóveis antigos. Entre eles, um dos carros dirigidos por Lavrenti Beria — ex-chefe do Partido Comunista na Geórgia e ex-presidente da NKVD (que depois deu origem à KGB) — que ficou estacionado por muito tempo na garagem do ditador Josef Stálin, no Kremlin.

A modernização da Mosfilm aconteceu durante a gestão do conhecido diretor russo Karen Sharnazarov, que transformou a decadência da companhia em confortáveis superávits. Em 2004, construiu em apenas três meses uma cidade cenográfica que reproduz a Moscou do século XIX. E nos dois últimos anos obteve dois certificados pela excelência técnica em todos os níveis de operação de estúdio.

Sharnazarov contou que a empresa se profissionalizou e, embora continue sendo pública, tem liberdade total de atuação. Cerca de 4 mil pessoas trabalham ali, entre os oitocentos funcionários da Mosfilm e os 3.200 de produtoras e distribuidoras que se instalaram nos prédios da estatal. Mas o diretor reconheceu que os filmes produzidos hoje na Rússia têm menos ideias e estilo do que no passado.

"O cinema soviético era muito poderoso e criativo. A qualidade da produção caiu, possivelmente porque a indústria teve que ser reconstruída do zero. Mas isso não é nada que a Mosfilm possa resolver. O que podemos fazer é oferecer os nossos serviços para que as produtoras possam trabalhar", afirmou, lembrando que a Mosfilm tem tudo o que é preciso para a produção de filmes e séries de TV.

Sharnazarov afirmou ainda que o novo cinema russo está crescendo depressa, mas ainda não achou o seu próprio ritmo.

A Mosfilm também tem procurado se internacionalizar e vem promovendo festivais de cinema pelo mundo. A Mostra de Cinema Russo — Mosfilm já esteve no Brasil. Passou por oito estados, entre eles Rio de Janeiro e São Paulo. A mostra trouxe desde os clássicos como O encouraçado Potemkin e Ivan, o terrível, de Eisenstein, Guerra e paz, de Bondarchuk, a Tchaikóvski (1971), de Igor Talankin, e Andrei Rublev (1965), Solaris (1972), Espelho (1975), de Andrei Tarkóvski, passando pelo novos filmes de Sharnazarov.

Esmiuçando o passado cinematográfico, descobri em Moscou o pequeno mundo de Eisenstein. Ele também teve direito, como não poderia deixar de ser, ao seu дом-музей. O apartamento espremido é fechado para o público. Funciona de improviso, aguardando os dias melhores que permitirão ao seu diretor espalhar a entulhada coleção em um ambiente maior e mais digno da produção do grande mestre soviético. Inversamente proporcional à fama desse autor inovador que conquistou o mundo, a entrada de sua casa, como tantas outras, não poderia ser mais escondida e jamais seria encontrada sem indicações.

Só se tem acesso à discreta porta (sem qualquer marcação) do imenso edifício da rua Smolenskaya — a poucos passos de uma das sete torres stalinistas espalhadas pela cidade — pelos fundos do prédio. Muitos russos não têm ideia da sua existência. Lá dentro, a escada é suja, e o cheiro do lixo que ainda não foi recolhido impregna o ambiente.

O museu funciona em um apartamento como outro qualquer desde 1967 e divide uma porta com o vizinho ao lado. Tampouco há indicações da campainha. Ali morou a viúva de Eisenstein, que, ao morrer, deixou tudo para o governo, inclusive o que sobrou da coleção de objetos do cineasta após um grande incêndio.

A biblioteca do autor está toda lá, assim como cada um dos seus múltiplos objetos preciosos, organizados de maneira caótica. Entre as fotos de Eisenstein, amigos, personagens que inspiraram a sua obra. Tudo foi montado de maneira meticulosa, como comprova o pequeno desenho do apartamento do cineasta pendurado na parede. Os objetos e as peças de artesanato foram trazidos do seu périplo pelo mundo, interrompido por um chamado do ditador Josef Stálin.

Por toda parte, tem-se a impressão de ver e ouvir a história do cineasta, amigo dos grandes nomes da sua época. Seu trabalho refletia a cabeça de um homem que, apesar de ter saído do país uma única vez, parecia já ser um homem globalizado naquela época. Teve influências tão distintas quanto do teatro japonês, o Kabuki, e do México. Falava quatro idiomas.

Stalinista ou não? Oitenta anos após o encontro com Stálin no Kremlin ainda restam dúvidas sobre as convicções deste grande diretor que ajudou a escrever as páginas da história do cinema mundial. Foi a primeira vez que um cineasta recebeu um chamado do centro do poder na antiga URSS. O líder soviético queria uma espécie de biógrafo. A ideia era fazer do autor de *O encouraçado Potemkin* (1925) a expressão da era stalinista.

Em uma das conversas mais deliciosas que tive em Moscou, Naum Kleinman, diretor do Museu do Cinema da Rússia e um dos maiores especialistas em Eisenstein do mundo, reconheceu vinte anos após o fim do comunismo que as especulações sobre a relação entre o cineasta e o ditador persistem. Mas garantiu que, apesar de ter cedido a determinações do governo em alguns projetos, Eisenstein conseguiu escapar desse papel que lhe fora dado e manifestar sua insatisfação com o que teria chamado de "barbaridade do stalinismo". A própria viúva do cineasta costumava dizer que o marido trabalhou sob a ameaça de uma arma.

"A principal pergunta que se faz hoje é se Eisenstein era uma expressão do stalinismo. A resposta é "não" com toda a certeza. O stalinismo tentou domesticá-lo", disse-me Kleinman referindo-se ao estranho mundo de Eisenstein, que parece ser um pouco seu também.

De todo modo, Eisenstein teve um fim bastante diferente de boa parte dos amigos, perseguidos e mortos pelo sistema. Em uma época em que era terminantemente proibido deixar o país, conseguiu a autorização de Stálin para viajar. Começou pela Europa, passou por Hollywood e terminou no México (onde gravou ¡Que viva México!, de 1931).

Apesar das evidentes benesses, ele próprio sofreu os efeitos do stalinismo. Voltou do périplo pelo mundo pouco depois de receber o telegrama enviado por Stálin em que o ditador dizia ter perdido a confiança no cineasta (ele teria recebido informações de que Eisenstein faria um filme a seu respeito) e da carta desesperada da mãe, que conta ter tido a casa revirada e objetos confiscados, além de correr o risco de ser presa como inimiga do povo.

Da trilogia *Ivan, o terrível*, que lhe fora encomendada por Stálin, apenas o primeiro volume foi bem recebido pelo ditador —

que se espelhava no antigo czar e queria usar a epopeia desse líder do passado para justificar seus atos no presente. O filme retratava os aspectos heroicos do czar. Mas o segundo volume, proibido imediatamente após ter sido apresentado a Stálin, trazia um ditador solitário e atormentado pelo terror disseminado por ele próprio. Eram inegáveis as semelhanças com o líder soviético.

A criação do terceiro filme veio com a condição de que usaria as partes aprovadas no segundo. No entanto, a cena final expunha a loucura e todas as atrocidades do czar para a surpresa do ator Mikhail Kuznetsov, que teria perguntado ao diretor: "Veja bem, 1.200 boiares foram mortos. O czar é 'Terrível'! Por que, então, ele se arrepende?". A resposta foi direta: "Stálin matou mais pessoas e não se arrepende. Deixe-o ver isso para que, então, se arrependa".

Eisenstein não conseguiu concluir o filme. Morreu em 1948. Por mais paradoxal que possa parecer, esse soviético supersticioso já esperava a própria morte.

"Como Pushkin, ele era supersticioso. Sabia que Ivan, o Terrível, matava. Existe na Rússia a estranha crença de que todos aqueles que se envolveram em projetos sobre o tema morreram", contou Kleinman.

Os filmes de Eisenstein não só fizeram história como também se confundiram com ela. Desistiu de gravar para *Outubro* a conquista do Palácio de Inverno na escadaria usada pelos bolcheviques em 1917 porque a considerou pequena para a cena de ação que tinha em mente. Filmou em outra que acabou ficando marcada na memória coletiva como o lugar por onde teriam passado os rebeldes. E usou cerca de 5 mil veteranos da guerra civil na cena, muito mais gente do que o fato real. Eles teriam levado suas próprias armas e destruído porcelanas no palácio. A fantasia teria assustado um porteiro que viveu o episódio:

"O seu pessoal foi muito mais cuidadoso da primeira vez que dominou o palácio", teria dito a Eisenstein.

Há quem diga que *Alexandre Nésvki* (1938), que parece uma metáfora da chegada dos nazistas à Rússia, teria sido mais um filme de propaganda soviética. Rendeu a Eisenstein o prêmio Stálin, assim como *O encouraçado Potemkin*.

"Podemos dizer que ele acreditou nas ideias da revolução: liberdade, igualdade e fraternidade até a sua morte. Mas não entendia aqueles que adotaram ações atrozes em nome da revolução."

Kleinman, que também é diretor do Museu Eisenstein, está tentando levá-lo para outro lugar há anos. Ainda está à frente do projeto com as obras inacabadas de Eisenstein, que além de cineasta era um importante teórico. Sua trajetória está sendo revista nesse exato momento na Rússia.

Kleinman nunca esteve no Brasil. Conhece um pouco do cinema brasileiro, e seu contato mais estreito com a produção brasileira aconteceu em um encontro especial. Pelas mãos desse russo simpático de fala mansa, o brasileiro Glauber Rocha mergulhou no universo particular de Eisenstein em visita à URSS, no final da década de 1970. No mesmo sofá em que recebeu Glauber, Kleinman me contou detalhes sobre o encontro e a influência russa no Cinema Novo. Eisenstein, segundo ele, considerava a América Latina o parente mais próximo da Rússia.

"Não por acaso, no Brasil, quando surgiu o Cinema Novo, Rocha — ele mesmo de esquerda e de natureza rebelde — usou de Eisenstein a característica de entrar fundo na história, não apenas por meio das metáforas, mas também pelo estilo épico. Para Rocha, a história privada não era importante, como em Hollywood. *Antonio das Mortes* não é um filme sobre um criminoso, mas sobre o destino de um povo. Esse espírito épico era familiar para Rocha. Não era o mesmo estilo de Eisenstein. Cada um tem a sua voz."

Glauber teria ido parar em Moscou "porque queria que o governo soviético o permitisse fazer um filme anti-imperialista". Achou que poderia usar a figura do czar Alexandre, o Grande (da Macedônia), e mostrar como seu grande império desmoronou. Alexandre se casou com uma jovem de origem persa, e o Irã fazia fronteira com o Tajiquistão.

"Rocha queria filmar os últimos dias de Alexandre no Tajiquistão e, a partir daí, mostrar a estupidez e a resignação das ideias imperialistas. Se lembrarmos que a União Soviética também era um império, entendemos o motivo de a história não ter tido futuro...".

Glauber ficou no hotel Rossia, onde esperava ser recebido por alguém. Mas nada aconteceu. Ninguém sabia o que dizer a ele ou o que fazer com ele. Ficou ali por alguns dias.

"Mas o (Francis Ford) Coppola tinha dado a ele o meu endereço e telefone. Até que um dia a tradutora dele me ligou, dizendo que o Glauber Rocha estava aqui e queria visitar o museu Eisenstein porque o admirava muito. Fiquei perplexo e, naquele momento, perdi o ar. Rocha estava em Moscou e ninguém sabia! Não tínhamos assistido a seus filmes naquela época. Mas líamos sobre ele e sabíamos exatamente quem era. Corri para o hotel, esperando trazê-lo aqui no museu, mas Rocha não tinha casaco, nem sapatos adequados, muito menos chapéu. Emprestei roupas para ele e o trouxe aqui. Sentou-se neste mesmo sofá e não parou de fazer perguntas. Tinha uma combinação rara de energia e alegria. Todo gênio é alegre porque o mundo para ele é uma grande aventura. Ao mesmo tempo, se deu conta de que havia deixado sua terra natal e estava rodando pela América Latina,

Cuba, Europa e Rússia sem perspectivas. E essa tristeza me surpreendeu. Alguns anos depois, quando assisti, finalmente, a seus filmes, entendi que a inocência da sua concepção de esquerda e até mesmo uma espécie de extremismo, eu diria, eram a expressão do seu altruísmo. Era uma pessoa obcecada pela ideia de justiça. E, é claro, naquela situação, seus planos estavam condenados."

Brasil e Rússia

O Brasil exerce uma espécie de fascínio sobre os russos, e a Rússia, sobre os brasileiros. A grande distância entre estes países continentais — quase intangível para aqueles que nunca a percorrerão — se encarrega de apimentar os imaginários coletivos com uma dose de exotismo e muitas pitadas de estereótipos em relação ao outro. No Brasil, a Rússia remete ao frio insuportável que só a vodca é capaz de aliviar. Os russos mais velhos lembram-se dos macacos selvagens que dividem os espaços com os brasileiros, como relatado pelo criminoso disfarçado, no filme soviético *Bom dia, eu sou sua tia* (1975), de Viktor Titov; ou sonham com o sol do Rio de Janeiro, como o personagem do famoso ator Ostap Bender na cena em que entoa um tango em homenagem ao Rio no clássico soviético *As 12 cadeiras* (1928), de Ilf e Petrov. Todos já ouviram falar em Copacabana.

Não posso me esquecer da cobertura jornalística da primeira visita do presidente Dmitri Medvedev ao Brasil, que acompanhei como espectadora pela televisão russa em Moscou. Um dos repórteres enviados ao país escolheu a dedo o lugar de onde faria a sua aparição para o telespectador russo: a praia de Copacabana. Calça branca de linho arregaçada até o joelho, narrava da água, com ondas quebrando nas batatas das pernas, os acordos assinados entre os governos dos dois países, entre eles o que determinava o fim do visto para os turistas dos dois lados, e o resultado do encontro bilateral.

Por sinal, agora que já não há mais a exigência de vistos e a burocracia que os acompanhava (apresentação da reserva de hotel com datas fixas ou a carta-convite de quem hospeda o visitante), é bem possível que russos e brasileiros venham a se conhecer melhor. A própria Embaixada do Brasil na Rússia dá os primeiros sinais dessa nova tendência ao admitir que cresceram de maneira expressiva as demandas consulares de turistas brasileiros em Moscou desde o segundo semestre de 2010, quando as pessoas começaram a viajar sem os respectivos vistos.

No Brasil, as pessoas também se preparam para receber cada vez mais turistas russos. Uma amiga deve ter sido a primeira a aproveitar o fim das exigências. Veio me visitar, em 2010, cinco dias depois que a medida entrou em vigor. Levei-a ao Pão de Açúcar, onde foi abordada em russo pela vendedora da loja de suvenir. Para sua surpresa, a moça falava meia dúzia de palavras, o vocabulário básico para garantir uma boa venda. Perguntamos onde havia aprendido.

— Vamos receber muitos russos daqui para frente. Aprendi essas palavras para a visita do presidente Medvedev. Eu trabalhava na loja do Maracanã e o atendi quando esteve aqui no Rio. Fecharam a loja só para ele e os seguranças. Era bonito e extremamente simpático. Só o achei mais baixinho do que imaginava.

Ainda perplexa com a coincidência, minha amiga não resistiu à piada:

— É o nosso Napoleão!

Certamente os russos saberão mais do Brasil do que os brasileiros deles. Anna Klesun não fala uma só palavra em português. A revelação surpreendeu os poucos brasileiros na plateia, emocionados ao ouvir essa moscovita esguia cantar o *Samba do avião*, do outro lado do mundo, com direito a falsete e tudo mais. Oscilando entre "ss" chiados e sibilantes, como se conhecesse a doce rixa Rio–São Paulo, pronunciava versos inteiros de Tom e Vinícius sem titubear, salpicando neles um charmoso sotaque russo.

O fato é que a vocalista da banda Esh aprendeu a cantar nessa língua que desconhece, decorando feito papagaio, ajudada por privilegiado ouvido. (Acho que os desafinados-que-também-têm-um-coração só têm vez do lado de baixo do Equador.) Desliza em "aquatipebê" (água de beber) e em um ou outro trecho, é bem verdade. Disse ela que faz esporádicas aulas de fonética com uma professora... portuguesa. É bom explicar que o russo e o português têm muitos fonemas em comum, valiosa ajuda. Mas, ainda assim, há que se tirar o chapéu para Anna e seu vozeirão lusófono.

Perguntado sobre a razão do interesse pela bossa nova, aqui apresentada como "Brazilian jazz", o pianista Igor Nadejdin, líder da banda, devolveu a pergunta:

— Se você tivesse que escolher, não escolheria a música brasileira?

Certamente, penso eu, arrependida da pergunta meio óbvia.

Nadejdin tampouco fala português, mas se declarou comovido pelo *Samba do avião* a cada performance. Conheceu a MPB em Israel, por influência de alguns judeus brasileiros que levaram para a Terra Santa essas melodias capazes de apaziguar vizinhanças belicosas e apaixonar russos desterrados. Melodias que também abalaram as estruturas de jornalistas brasileiras que se acham valentes e cosmopolitas, mas que se arrepiaram e chegaram a ter os olhos marejados ao ouvir o "Rio de Janeiro,

Rio de Janeiro", mesmo que pronunciado com x por uma estrangeira que jamais viu o Cristo Redentor com os braços abertos sobre a Guanabara...

Fonte inesgotável de informações sobre cenários e comportamentos tipicamente brasileiros, as nossas novelas continuam fazendo sucesso na Rússia. Por sinal, o hábito de acompanhar uma boa бразильский сериал (*brazilski serial*, como chamam a nossa novela) não é recente. A União Soviética inteira assistiu e se lembra até hoje de *A escrava Isaura*, com Lucélia Santos. A relação dos russos com as novelas brasileiras não podia ser mais interessante.

São fãs e acompanham a vida dos nossos artistas em um site russo especializado em fofocas de celebridades da telinha brasileira. Acho que boa parte da simpatia que nutrem por nós (dizer-se brasileiro sempre abre portas na Rússia) vem das imagens que guardam das novelas. Descobri, inclusive, que as novelas brasileiras estão entre os itens mais pirateados da internet russa, segundo dados de uma empresa de segurança que acompanha movimentos suspeitos de cópias e reproduções piratas na rede.

Hoje em dia, as brasileiras competem com o que se importa do México e da Venezuela. Também fazem concorrência as novelas russas, que são bem montadas. Mas, para os locais, as brasileiras ainda têm apelo incomparável. É comum vê-los sonhando com as praias cariocas. Chegam a se lembrar de algumas imagens do eterno Leblon de Manoel Carlos, com os dias ensolarados e a praia.

No dia que a novela *O clone*, de Gloria Perez, acabou em Moscou, protagonizei uma cena inesperada. Ia saindo de casa no final da tarde, quando a porteira quirguís veio aflita me perguntar se demoraria na rua.

— Acho que umas duas horas. Por quê?

— Você não pode sair agora. Daqui a pouco vai passar o último capítulo de O *clone* e você vai perder se demorar tanto assim — disse-me enfática, demonstrando uma mistura de preocupação com revolta.

— Olha, eu perdi essa novela no Brasil e não estava acompanhando aqui. Portanto, não faz a menor diferença eu deixar de assisti-la agora. Não se preocupe.

Ela ficou horrorizada com a minha falta de interesse. Na semana anterior, várias pessoas já haviam me perguntado se assistiria ao último capítulo. Uma amiga decretara que não sairia de casa naquele dia. Não poderia perder justamente o desfecho, como já tinha acontecido na primeira vez que a novela havia sido transmitida pelo canal estatal. Para a minha surpresa, toda essa ansiedade girava em torno da reprise.

Para a geração mais jovem, O *clone* é a referência em novela brasileira. São poucos os que chegaram a ver *A escrava Isaura*. Pelo menos na Rússia, a Jade, interpretada pela atriz Giovanna Antoneli, havia entrado para aquela lista de personagens brasileiros que os estrangeiros costumam repetir para mostrar que conhecem bem o país. Depois dela vinham Pelé, Ronaldinho, Kaká e Vágner Love, consagrado na equipe russa do CSKA.

Meses depois, descobri que a novela também vinha fazendo sucesso em outras antigas repúblicas. O vendedor da barraca de frutas secas da principal feira da cidade de Samarcanda, no Uzbequistão, assim que soube que eu era brasileira, não resistiu e disparou:

— Você conhece a Jade? Já viu o Cristo de perto? — perguntou abrindo os braços revelando, em um largo sorriso, duas carreiras inteiras de dentes de ouro, o que parece ser um costume local para sinalizar prosperidade.

Os mais velhos citam sempre *A escrava Isaura*. Lembram-se dos nomes de cada personagem. Foi assistindo essa novela em especial que os russos incorporaram ao seu vocabulário a palavra фазенда ("fazenda") — como muitos passaram a chamar as suas *datchas*. A palavra tornou-se tão popular que a empresa brasileira Perdigão, ao estabelecer-se no país, passou a se chamar фазенда no mercado russo. É verdade que não é fácil para os estrangeiros pronunciarem o nome original. A palavra "senhora" também passou a ser conhecida da audiência.

O desfecho da história da porteira quirguís se deu algumas horas mais tarde naquele dia mesmo, bem depois do fim da novela. Quando passei de volta para casa, pegou-me pelo braço, levou-me correndo até a frente da televisão — que tinha seu lugar de destaque no meio da portaria — e perguntou se eu sabia o nome da nova novela que estavam anunciando naquele momento.

— É boa?

A televisão dela não funcionava muito bem, mas, entre vários chuviscos, identifiquei Antônio Fagundes e Regina Duarte, em Veneza, no papel de Atílio e Helena em *Por amor*, de Manoel Carlos.

— Essa eu assisti no Brasil. Já faz algum tempo. Lembro que gostei. Acho que você vai gostar também. É bem dramática — disse-lhe.

Ficou aliviada com a minha resposta e ansiosa pelos primeiros capítulos. Ela estava realmente chateada com o fim do folhetim anterior.

A versão russa das nossas novelas não podia ser mais curiosa. Enquanto as letrinhas vão passando com a apresentação do elenco na abertura dos capítulos, uma voz metálica de fundo vai repetindo cada um dos nomes dos artistas brasileiros com uma indefectível pronúncia russa.

Os personagens são dublados, evidentemente, como acontece no cinema. Mas a dublagem na Rússia é feita de modo muito particular. As vozes em russo são quase sussurradas e se sobrepõem às originais, mantidas ao fundo. No cinema, assisti 007 — *Quantum of solace* dublado em russo. Todos os personagens tinham a mesma voz masculina. Nada mais estranho do que ouvir a voz russa de Atílio, sem perder totalmente Antônio Fagundes no original em português.

Dizem que toda russa já nasce sabendo preparar *borsch*, a famosa sopa russa de beterraba, *blinis*, as panquecas que combinam com tudo, e *strogonov*. É o que se come em casa. Não poderiam ser pratos mais tradicionais da culinária deste país que, durante muito tempo, teve poucas opções de ingredientes até se expandir pelos jardins e hortas da Geórgia, da Ucrânia e do Uzbequistão.

Nos últimos séculos, essas e outras especialidades russas viajaram o mundo e se tornaram conhecidas por toda parte. Algumas teriam ganhado fama sem jamais ter existido no país como a "salada russa" que se conhece no Brasil. Por sinal, o mesmo aconteceu com a "montanha-russa" dos parques de diversão, que na Rússia, curiosamente, se chama "montanha-americana".

Boa parte dos russos não faz a menor ideia da popularidade que o velho *strogonov* ganharia do outro lado do planeta. Surpreendem-se ao descobrir que o brasileiro come seu aportuguesado estrogonofe sempre, desde criança. No Brasil, cada família dirá conhecer a receita legítima, ou seguir os passos de uma bisavó, mesmo tendo consciência de que um dia o prato teria vindo de outro lugar. Alguns arriscam dizer que a origem é a França, um dos países por onde o prato também andou viajando e de que os franceses, como nós, teriam se apropriado.

Na Rússia, o tomate está definitivamente fora da lista dos ingredientes. Em vez de creme de leite, o que se usa é a tradicional сметана (*smetana*), algo entre o nosso creme de leite e o *sour cream* americano. O prato costuma ser servido com batatas cozidas ou purê de batatas. Arroz, muito de vez em quando. E não é lenda: as russas, de fato, têm a receita na ponta da língua.

O fundamental — como todas fazem questão de ressaltar — é que não existe *strogonov* que não seja feito com carne bovina. Portanto, as inovações brasileiras do estrogonofe de frango, camarão ou qualquer outra coisa estão fora do cardápio original.

De tanto ser indagada sobre a verdadeira receita do *strogonov*, decidi pesquisar as origens do prato que tanto sucesso faz no Brasil. Para a minha grande surpresa, existe uma receita original guardada a sete chaves. E, embora não reste dúvida de que o *strogonov* é autenticamente russo, sua história tem algo em comum com o Brasil. Na verdade, a legítima e única receita está nas mãos de ninguém menos do que uma brasileira. É segredo de família há séculos. Da família Strogonov, é claro. Daí o nome do prato que teria sido inventado há cerca de trezentos anos na Rússia. Nos cardápios dos restaurantes da capital russa também se chama "bife à moda Strogonov".

Filha da princesa Xênia Shcherbatoff-Strogonov e do barão André de Ludinghausen, Hélène Ludinghausen é a última descendente da linhagem Strogonov, uma das famílias mais ricas da Rússia durante muitos séculos. Diz-se que rivalizou com os Romanov. A prosperidade da família, que se tornou nobre no século XVII, depois de muito trabalho e centenas de anos, veio do sal. Os Stroganov chegaram a ser donos de 10 milhões de hectares no país e nos seus arredores — o que equivaleria a uma Cuba —, e foram pioneiros na exploração da Sibéria.

Hélène foi criada no Rio de Janeiro, onde viveu dos cinco aos quinze anos. Nos dez anos seguintes, passava pelo menos três meses por ano no Brasil durante as férias de verão da Europa.

— Sou carioca — disse-me enfática, de Paris, em um longa entrevista telefônica, com direito a todos os legítimos chiados cariocas, para a reportagem que preparava para o jornal sobre a história do estrogonofe.

Hélène se mudou para o Rio depois que o pai, que trabalhava nos Estados Unidos, foi transferido. A família, como todas as outras de sangue nobre, deixou a Rússia para fugir da revolução socialista. A trajetória de Hélène não poderia ter sido mais bem-sucedida. Muito jovem, começou a trabalhar com moda, na França. Aos 26 anos já era a inspetora de todas as butiques de uma das maiores grifes do mundo, a Yves Saint Laurent. A brasileira naturalizada esteve à frente da marca durante 33 anos. Aposentou-se em 2002.

Hélène conseguiu naturalizar-se anos depois de já estar fora do Brasil, quando a lei passou a permitir essa possibilidade. E ela fez questão de voltar para buscar seu passaporte. Mas o fato de ter vivido tanto tempo no Brasil e de ter se naturalizado não tem qualquer relação com o estrogonofe. O prato desembarcou no país bem antes dela.

A história do estrogonofe é controversa. Os próprios russos não sabem precisamente como teria surgido o prato. Só sabem que recebe o mesmo nome da tradicional família de nobres.

Hélène garante que o prato apareceu em um concurso de gastronomia do qual participaram "chefs" de várias famílias, em São Petersburgo, no século XVIII. O vencedor teria sido um de seus ancestrais com a receita que ela guarda até hoje.

No entanto, Sergei Kuznetsov, um dos maiores especialistas na genealogia dos Stroganov e curador do palácio de mesmo nome (em São Petersburgo), que pertenceu à família até a Revolução de 1917, tem outras duas versões para as origens do prato.

O historiador lembrou que o verbo russo *stregatchi* significa aplainar. Kuznetsov deu a entender que a palavra pode ter relação com a origem do nome desta família, que, no passado distante, teria tido habilidosos marceneiros entre seus antepassados. A mesma palavra se aplicaria ao nome do prato, tendo em vista que a carne é preparada de maneira que fique bem fina e macia.

A primeira versão de Kuznetsov vai até Odessa, hoje na Ucrânia. Lá viveria um conde da linhagem Strogonov com certa idade e poucos dentes, cujos empregados preparavam-lhe as refeições com uma carne mais macia de maneira que pudesse mastigá-la. O conde morreu em 1891. O furo dessa versão é que a esta altura o prato já estaria presente em vários guias.

Existe também uma outra história, segundo ele. Um dos Strogonov teria participado da guerra napoleônica em 1812 e receberia para se alimentar a carne preparada exatamente do jeito que se conhece hoje. Não se sabe se o nobre comia sozinho ou com soldados. Ou, ainda, se a carne era simplesmente distribuída entre os homens do pelotão. Pode ser que, a partir daí, o prato tenha se popularizado e recebido o nome da família do benfeitor.

"O molho veio da França. O prato tornou-se popular na URSS, quando entrou na moda e se tornou um dos mais populares do país. Como foi inventado antes da revolução, quando os vínculos com o mundo externo eram bastante restritos, seu molho acabou sendo preparado no país durante o período soviético."

O curador do palácio Stroganov também alerta:

"Muitos *stroganov* por aí são falsificados. O legítimo só pode ser preparado com carne bovina. Hoje usam carnes de tudo. O prato já é comum na Noruega, na República Tcheca, nos Estados Unidos. Não sabia que era tão conhecido no Brasil..."

Hélène não reconheceu as duas versões, garante ter a velha receita e recusa-se a divulgá-la.

Segundo o especialista na genealogia da família, a origem da dinastia é obscura. Sabe-se que é muito antiga, com origens no norte da Rússia. A história remonta ao período entre os séculos XII e XIII.

"Eram pessoas simples, não tinham linhagem nobre, mas eram muito empreendedores."

Os Stroganov tornaram-se uma das principais fortunas da Rússia. Foram os maiores fornecedores de sal do país e tiveram o monopólio da produção entre o século XVI até o início do XX. Pedro, o Grande, concedeu os primeiros títulos de nobreza à família, que já era riquíssima, e a apoiou financeiramente durante a guerra de 1700-1721. De barões, passaram a condes e, desde então, faziam parte da aristocracia russa.

Kuznetsov contou que sempre foram grandes mecenas das artes. Tornaram-se conhecedores e patrocinadores, a ponto de ser conhecida até hoje a "escola Strogonov" de pintura de ícones. Mas o especialista garante que o maior mérito dos Stroganov é a conquista da Sibéria.

"'Foram eles que organizaram a primeira expedição para a Sibéria, com o dinheiro deles. Iniciativa deles e não do czar. Fizeram isso por sua própria conta e risco."

Também construíram a maior catedral de São Petersburgo.

"Podemos compará-los aos Médici. Mas esses perderam suas riquezas, e os Stroganov, não. Era um das mais antigas dinastias da Rússia. Conseguiram guardar suas riquezas por muito tempo, mas, em 1917, como outras famílias abastadas no país, tiveram seus bens confiscados. Mudaram-se para o exterior. Não levaram nada de precioso."

O palácio Strogonov, onde nascera a mãe de Hélène, ainda chama atenção no Névski Prospekt, a principal avenida de São Petersburgo. Ali está guardada uma imensa coleção de moedas, esculturas, minerais, bordados, pinturas e mapas.

O imóvel tem uma particularidade: voltou às mãos dos donos originais. Ao que consta, apenas duas famílias russas conseguiram reaver até hoje bens nacionalizados durante a revolução: os Strogonov e os Mourafieff-Apostol. Coincidentemente, esta é outra história que aproxima a Rússia do Brasil.

No centro de Moscou, por iniciativa de um dos herdeiros dos Mourafieff-Apostol, a antiga mansão da família perseguida em 1825 e exilada em 1917 foi restaurada e abrigará o museu com todos os documentos históricos mantidos por seus descendentes fora da Rússia e parte do acervo que permaneceu no país.

O sobrenome se mistura com a história dos "decembristas", como ficaram conhecidos os nobres e soldados do exército que, em 14 de dezembro 1825, em São Petersburgo, se rebelaram contra as instituições arcaicas da Rússia czarista, a servidão e a censura logo depois da morte de Alexandre I. A resposta por parte do novo governo foi particularmente violenta e culminou em execuções e no envio de boa parte dos insurgentes ao exílio na Sibéria. Os príncipes Troubetskoi e Volkonski e o conde Mourafieff-Apostol, elite do movimento e da juventude nobre da Rússia, foram mandados para a Sibéria com suas mulheres. Os decembristas, que só puderam voltar do exílio em 1852, são reverenciados até hoje na Rússia. São considerados os pioneiros da Revolução de 1917 e, por isso, contaram até mesmo com a simpatia dos comunistas.

Ao deixar o país após a revolução, os descendentes dos Mourafieff-Apostol se instalaram em várias partes do mundo. Um deles é nascido e criado no Rio de Janeiro. Com sotaque também carioca, Christopher tornou-se amigo de Hélène Ludgenhausen e é um grande entusiasta do Brasil.

Há alguns anos, mantém-se à frente das reformas da mansão em Moscou para onde mandará o acervo da família mantido na Suíça, onde está estabelecido hoje, e uma parte da coleção do Museu Histórico de Moscou. A ideia é contar na exposição permanente a história dos decembristas.

Vale lembrar que os imóveis recuperados não pertencem exatamente às famílias, mas estão em seu usufruto. Por isso mesmo, ambos foram transformados em grandes centros culturais.

A comunidade brasileira na Rússia é bem menos numerosa do que no resto da Europa e tem um perfil bastante diferente. Dados da nossa embaixada apontam para pelo menos setecentas pessoas. São, em sua maioria, estudantes de medicina que não conseguiram aprovação no vestibular no Brasil e resolveram tentar a sorte na Rússia. Muitos desistem do projeto audacioso no meio do caminho por falta de estrutura emocional. Ouvi falar de algumas tentativas de suicídio.

Não cheguei a estudar a fundo o que motiva estes jovens a se lançar em um país tão diferente e a enfrentar tantos obstáculos. A Rússia desenvolveu métodos próprios no campo da medicina, tendo em vista o longo período de tempo que permaneceu fechada para o resto do mundo. Além disso, o diploma concedido pelas universidades russas ainda não é reconhecido no Brasil. Isso sem falar no fato de que, para frequentar a universidade no país, os estudantes precisam saber falar e escrever russo, uma vez que os cursos são todos ministrados no idioma local. Aos anos de estudos de medicina que terão pela frente devem acrescentar mais um, que deve ser dedicado exclusivamente ao aprendizado da língua. Todos os novos alunos estrangeiros são obrigados a passar o primeiro ano da faculdade estudando russo.

Na lista dos brasileiros que vivem na Rússia há ainda executivos, jogadores de futebol e vôlei e muitos brasileiros que se mudaram para a URSS atrás das boas promessas do comunismo. Seus filhos, hoje, são mais russos do que brasileiros. Alguns nunca puseram os pés no Brasil e não fazem a menor questão.

Em outubro de 2010, o governo da Rússia entregou ao Arquivo Público Nacional cópias de documentos do brasileiro Luiz Carlos Prestes que foram mantidos no Arquivo do Estado Russo de História Política e Social, entre eles três manuscritos da época em que viveu exilado em Moscou, entre 1931 e 1934. À ocasião, ao comentar a entrega dos documentos, o primeiro vice-ministro de Relações Exteriores da Rússia, Andrei Denisov, afirmou que esses papéis fazem parte da história comum de Brasil e Rússia.

Desta mesma história fazem parte brasileiros que buscam na Rússia contemporânea a excelência das artes de todos os tempos. Obstinados, se esquecem das diferenças e se lançam ainda jovens em um mercado competitivo como poucos.

Não se sabe ao certo qual é o segredo deste país. Dizem que estaria na combinação entre a chamada alma eslava e o lirismo, a sensibilidade nata ou aprendida e a disciplina quase militar da formação dos artistas. O fato é que a Rússia permanece a grande referência mundial para a música e o balé.

Em Moscou, nos concertos das grandes casas de música clássica, nas apresentações dos clubes de jazz, ou dos violinistas nas passagens subterrâneas e nos corredores do metrô, não há nada fora do lugar. Durante a *jam session* no Soyuz Kompositorov, casa de jazz a alguns passos de casa, jovens talentos alternavam-se no palco e improvisavam como músicos experientes.

As companhias de dança do Bolshoi e do Stanislávski, em Moscou, e do Marinski, em São Petersburgo, são apenas os exemplos mais evidentes da qualidade dos profissionais que o balé produz até hoje no país.

O público tornou-se extremamente exigente, quase intolerante quando assiste a concertos ou espetáculos fora dos palcos russos.

Conheci dois brasileiros em especial para quem as portas deste mundo à parte se abriu. Foram admitidos neste seleto grupo de artistas que buscam a perfeição em solo russo.

Pablo Rossi é daqueles talentos que até um leigo em matéria de música clássica detecta de imediato: não à toa, o pianista foi primeiro colocado em todos os onze concursos de que participou. Foi o mais jovem solista a tocar com a respeitada Orquestra Sinfônica do Estado de São Paulo (Osesp). Apresentou-se em Itália, Rússia, Argentina, Estados Unidos, México, Inglaterra, França, Chipre, Tunísia, Alemanha e Brasil. Fluente em russo, integra o restrito grupo de alunos da renomada concertista Elisso Virsaladze, no Conservatório Tchaikóvski de Moscou, onde começou a estudar em 2007.

Apesar da fisionomia de menino, ele tem aversão ao rótulo de prodígio.

"Depois dos dezoito anos, você deixa de ser a criança bonitinha, e o título de prodígio não serve para nada, já passou. Você é comparado com os grandes nomes. Na Rússia, os músicos são muito centrados. Trabalham sem parar, ainda que já tenham chegado ao topo da carreira. Não adianta chegar com títulos", diz.

Na exigente cena musical moscovita, na qual se identificam grandes nomes desde cedo, ele arranca aplausos entusiasmados da plateia, que raramente o deixa sair do palco sem pelo menos um bis. Foi assim no concerto do Museu Pushkin e Belas Artes, em 2009, onde tocou as duas composições de Chopin favoritas do escritor russo Bóris Pasternak, durante um festival literário.

Isso também aconteceu em concertos de alunos do conservatório, em que havia sido o único de sua classe de novatos, em meio a veteranos. No camarim, a professora Virsaladze não escondia o orgulho do pupilo.

Habituado ao padrão de grandes talentos que vê passar pelo tradicional Conservatório Tchaikóvski — de onde também saíram os brasileiros Arthur Moreira Lima, Linda Bustani e Alexandre Dossin —, outro professor não resistiu:

"É raro, mesmo para um russo, interpretar Prokofiev com tamanha sensibilidade", afirmou o regente e pianista Stanislav Diachenko.

Esse pianista, ligeiramente estabanado quando está entre os amigos, transforma-se no palco. Acostumado ao ofício desde criança, não perde a serenidade, nem mesmo quando o chamam durante a apresentação.

"Uma vez, enquanto estava tocando, ouvi uma voz: 'Pablo, Pablo'. Quando olhei, a pessoa abriu um grande sorriso e me deu os parabéns. Quase morri de susto", contou, achando graça.

Ele não se diz supersticioso, mas em dia de concerto dorme quase até a hora de tocar.

"Tem gente que gosta de chegar antes, olhar tudo, testar o piano novamente. Prefiro chegar na hora, para não ficar ansioso."

A alfabetização de Rossi nas letras e na música foi simultânea. Aos seis anos, avisou aos pais que queria tocar piano, após ver fotos do instrumento em uma revista. A notícia foi encarada com certa desconfiança na família de classe média, sem qualquer tradição musical.

"Ouvíamos muita música em casa. Não foi fácil encontrar uma escola, porque elas não aceitavam crianças não alfabetizadas."

Ao descobrir a paixão e o dom do filho — que ganhou seu primeiro concurso nacional em Lages (SC) em 1996, aos sete anos —, os pais decidiram comprar um piano em um consórcio. No ano seguinte, ele conheceu a professora russa Olga Kiun, que vive no Brasil. Ela fazia parte do júri de um concurso em São Paulo, no qual ele também obteve a primeira colocação. Dois meses depois, mais uma vitória, em Curitiba.

A russa também estava no júri.

"Ela disse para a minha mãe que eu era muito natural, mas não tinha base técnica e precisava de um professor. Botei na cabeça que queria fazer aula com ela, embora todo mundo me dissesse que ela era exigente demais", contou.

Deram-se muito bem. A dificuldade maior era geográfica: Rossi morava em Florianópolis, e a professora, em Curitiba. Aos sábados, ele tomava um ônibus às sete horas, viajava por quase cinco horas, tinha entre três e quatro horas de aula e voltava para casa.

"Foi ela quem me moldou como músico", definiu.

Aos 13 anos, Rossi tocou pela primeira vez com a Osesp. No ano seguinte, venceu o 1º Concurso Nacional Nelson Freire para Novos Talentos Brasileiros, o que o levou a abrir o Festival de Campos de Jordão, tocando pela segunda vez com a Osesp, sob a regência de Roberto Minczuk. Conheceu Virsaladze em 2005, quando ela se apresentou em São Paulo com a Orquestra Filarmônica de São Petersburgo.

Aos 143 anos de existência, o Conservatório Tchaikóvski de Moscou é uma referência no mundo inteiro. Na Grande Sala, as antigas cadeiras de madeira e as paredes que começam a exibir rachaduras não incomodam os amantes da boa música. Os artistas se apresentam sob olhares exigentes dos maiores nomes da história da música, ostentados nos brasões do salão do conservatório.

Também em Moscou há alguns anos, a jovem Mariana Gomes tem uma trajetória de sucesso em meio a um mercado em que a concorrência é cruel e, muitas vezes, quase desleal.

Segundos antes de entrar no palco como uma das três bailarinas de *Carmen* faz o sinal da cruz, respira fundo e parte. Não era a primeira vez que dançava no Bolshoi, uma das companhias mais prestigiadas do mundo. Mas a brasileira — "estrangeira" nesse universo russo e de antigas repúblicas soviéticas — não podia errar. Desde que desembarcou sozinha em Moscou, esteve constantemente submetida ao escrutínio dos olhares ressabiados dos colegas.

Era a primeira vez que o nome de uma bailarina brasileira aparecia no programa do balé. Mariana pediu aos professores para participar, com os outros bailarinos, das várias sessões de treinamento para a peça. Também adquiriu o hábito de ensaiar sozinha a coreografia de *Carmen* nas horas de folga, ainda que não estivesse escalada para a apresentação.

"A professora não entendeu muito bem o meu interesse. Acabou autorizando. Mas não sem deixar claro que não havia possibilidade de eu ser chamada", conta.

Para a sorte da bailarina, o diretor do balé, que também trabalhava em um dia de folga, viu-a ensaiando sozinha no teatro. Um dia depois, anunciou que poderia ser chamada.

Os russos que assistiam à apresentação nos bastidores, como eu, que preparava uma reportagem sobre o grande passo da brasileira que um dia antes dançava no corpo de baile, não viam motivo para tanto nervosismo. Um deles me disse que ela estava sendo muito emocional e precisava aprender a controlar os sentimentos. Mas aquele era o seu grande dia de glória.

Também não sabiam que Mariana entraria no palco com uma enorme inflamação no pé, causada pelos excessivos e exaustivos ensaios da semana anterior. Nada podia ficar fora do lugar.

"Entro até sem perna", avisou pouco antes de dançar.

Nascida em Minas Gerais e criada na Bahia, mora sozinha desde os catorze anos, quando se mudou para Santa Catarina para estudar na única escola do Bolshoi fora da Rússia. Em Moscou, teve que aprender russo e a lidar com os invernos rigorosos que assolam o país. Diz até hoje que ainda não se acostumou totalmente ao clima e às saudades de casa. Mas ouvi de russos que Mariana já fala e se comporta como russa. Esse talvez tenha sido seu mecanismo de defesa para impor-se de igual para igual aos locais.

Paradoxalmente, a temporada quente da programação de balé na Rússia acontece justamente durante a estação das baixas temperaturas.

"Levei um tempo para entender isso. O próprio organismo precisa se acostumar a essa diferença. Eles aqui associam o verão às férias, ao descanso. Ficam mais preguiçosos com o calor", disse.

A rotina de Mariana é rigorosa: começa cedo e não tem hora para acabar. No pouco tempo que sobra, está na faculdade do Teatro Russo, onde cursa coreografia com especialização em pedagogia da dança clássica com o método (Agrippina) Vaganova. Antes de partir para Moscou, ainda no Brasil, a bailarina chegou a prestar, sem qualquer convicção, vestibular para nutrição.

O expediente (precisa bater ponto como qualquer servidor público) começa às nove horas, com o aquecimento. Os ensaios duram quase o dia inteiro.

Toda bailarina deve saber de cor e salteado (sem trocadilho) o repertório fixo da casa fundada em 1776. Ao todo, são vinte balés. Além deles, a cada dois meses há uma estreia.

Os espetáculos aconteciam sempre às dezenove horas. Até o último aplauso já são quase 22 horas. Folgas, só na segunda-feira. Depois das reformas, o trabalho será ainda mais duro. Além da apresentação no horário tradicional, haverá outra ao meio-dia. Na verdade, serão quatro, pois serão simultâneas no palco novo e no antigo.

A poucas horas do Ano-Novo, no dia 31 de dezembro, Mariana costuma estar no palco dançando O *quebra-nozes*. Reza a lenda que todo mundo tem que assistir O *quebra-nozes* pelo menos uma vez por ano e, de preferência, nos últimos ou nos primeiros dias, para dar sorte no ano seguinte.

Em 2011, Mariana estreou o seu primeiro solo no Bolshoi na pele da Colombina nesta que é uma das apresentações carro-chefe da casa: O *quebra-nozes*.

A brasileira diz que sente falta dos momentos de descontração da escola do Bolshoi em Joinville, mas garante que a disciplina russa, com a qual acabou por se habituar, é fundamental para qualquer bailarina.

"No Brasil, o melhor momento do dia é justamente o aquecimento. É ali que todos fofocamos ou contamos o que fizemos no fim de semana enquanto nos alongamos. Aqui, estranhei no início. É um silêncio só. Estão sempre compenetrados. Os bailarinos não têm o hábito de falar da vida pessoal. Mas isso é compreensível, porque trabalhamos juntos todos os dias. Isso pode criar um ambiente ruim, de fofoca", afirmou.

Nem por isso deixam de falar mal da vida alheia, de namorar ou se casar entre eles. Na escola mais tradicional de balé do mundo, como se pode imaginar, o ambiente de trabalho não poderia ser mais competitivo. Cada passo em falso é comentado, às vezes durante o próprio espetáculo, seja pelos bailarinos que fazem figuração na entrada do palco ou no fundo dos cenários, seja por aqueles que estão prestes a entrar em cena. Quem os assiste dos bastidores consegue ouvi-los conversar.

Mariana confessa que as dificuldades do início foram dolorosas. O fato de vir de longe criou desconfianças e barreiras que quase a fizeram desistir de tudo.

"Ninguém entendia direito o que eu estava fazendo ali. A impressão que se tem é de que você está sempre sendo julgado."

A bailarina foi escolhida em Joinville para fazer um estágio no Bolshoi. A experiência foi tão boa que acabou voltando para ficar. Tornou-se a primeira bailarina brasileira profissional no Teatro Bolshoi e, desde setembro de 2011, tem o título de "artista de primeira categoria", promoção que foi concedida a apenas cinco bailarinas do corpo de baile. O primeiro ano normalmente é dedicado ao aprendizado e as profissionais só são chamadas a participar dos espetáculos quando estão prontas. Quando já estava amargurada e cansada de tanto esperar para pisar no palco pela primeira vez, Mariana fez algo que jamais passaria pela cabeça de um russo. Ofereceu-se diretamente ao diretor do Bolshoi para dançar justamente uma de suas peças. Uma das bailarinas escaladas para o espetáculo teve um problema e ninguém sabia como substituí-la.

"Fui lá e disse a ele que podia dançar. Todos acharam que eu estava louca de ter ido falar com ele..."

Mas a verdade é que, desde então, não saiu mais do palco.

Por ser estrangeira, tem documentação diferente das outras colegas, o que já lhe complicou a vida algumas vezes. Há alguns anos, de férias no Brasil, ficou impedida de voltar a Moscou por quase dois meses porque não conseguia regularizar a situação do visto de trabalho. Quase perde o início da temporada.

Em 2006, os documentos especiais para que pudesse dançar *O lago dos cisnes* no Kremlin ficaram prontos no último minuto. Mas, ao chegar no camarim, suas roupas não estavam lá.

"Chorei muito e quase desisti de tudo. Achava que estavam fazendo de propósito."

Hoje, Mariana está feliz. Continua tendo dificuldades no dia a dia. Afinal, a vida na Rússia não é fácil para ninguém, muito menos para quem dança com outras 299 bailarinas na companhia mais conhecida do mundo. Passa dias sem falar uma única palavra em português, mas disse que aqui aprendeu o que é um balé de verdade. Nunca tinha visto um balé com sua própria orquestra e tamanha organização profissional. Até os figurinos são exclusivos e feitos pelas costureiras do Bolshoi.

A bela e esbelta morena brasileira disse que ninguém obriga os bailarinos a perder peso nem recomenda dietas especiais. Mas tem sua própria receita. Fanática por doces, começa o dia por eles. Mas diz que aprendeu em Moscou o que é um balé de verdade. Após esse café da manhã caprichado, come pouco, e até as dezoito horas. Depois desse horário, só mesmo no dia seguinte. Como as outras bailarinas do Bolshoi, Mariana também se preocupa com detalhes como as sapatilhas que usa.

Descobri que era uma das freguesas da Grishko, a fábrica das melhores sapatilhas de ponta do mundo, que conheci poucos dias antes de partir de Moscou.

No bairro onde já se produziram muitos armamentos e tanques de guerra para a União Soviética, um prédio igual a todos os outros passaria despercebido na travessa Lefortvski não fosse o pequeno logotipo no que seria a porta principal. A entrada, claro, não é ali. Como sempre, é preciso contornar o edifício maltratado pelo tempo e cruzar o pátio interno até encontrar a discreta porta de fundos por onde passam funcionários, clientes e visitantes. Desde a Perestroika, saem deste lugar as пуанты (*puanti*) — como são chamadas as sapatilhas de ponta em russo — das melhores bailarinas do mundo.

A fábrica Grishko produz artesanalmente, uma a uma, as sapatilhas das dançarinas do Bolshoi, embora a tradicional companhia de teatro ofereça gratuitamente suas *puanti* de fabricação própria às funcionárias. O fato é que elas preferem tirar do próprio bolso o custo do principal instrumento de trabalho. Uma primeira bailarina usa, em média, três pares por espetáculo. Já o corpo de baile costuma usar um por semana.

"Também faço as minhas encomendas na Grishko. A demanda é tanta que existe praticamente um 'master' para cada bailarina. Recentemente, quando participei de um concurso, consegui que o 'master' da primeira bailarina fizesse as minhas sapatilhas", contou Mariana Gomes, que já foi modelo do catálogo de sapatilhas da casa.

Os bailarinos do Teatro Marinski, de São Petersburgo, também só usam as sapatilhas de Victor Grishko. O nome da empresa aparece nos créditos dos espetáculos.

Conhecida internacionalmente, a fábrica fornece as sapatilhas das russas e ainda exporta para oitenta países. E garante já ser a número um no mercado americano. Responsável pela fabricação das *puanti*, Khabira Temisheva, diretora executiva da empresa disse que é quase impossível calcular a variedade da linha de produção. São onze modelos, dezessete tamanhos distintos, cinco formatos para a ponta e outros cinco para os níveis de forro, em diversas cores.

"Não sei dizer quantos são. Só nós produzimos tantos modelos diferentes. E temos aqueles feitos sob encomenda. Você sabia que 90% das pessoas têm um pé diferente do outro?", contou-me a executiva diante do armário repleto de moldes coloridos dos pés das bailarinas russas que encomendam suas sapatilhas na Grishko.

E se ficar apertado, ou incomodar o mindinho?

"Não acontece. Mas, se acontecer, consertamos na hora", diz.

A fábrica não parece muito moderna. Velhas máquinas de costura trabalham incessantes. O aspecto é de uma antiga sapataria. Homens e mulheres de todas as idades manipulam os diferentes tecidos, couros, aviamentos e a cola especial usada pela Grishko. Tudo é produzido à mão. Cada par leva cerca de três dias para ser confeccionado, e a empresa garante que a matéria-prima é 100% natural.

Mas a fabricação artesanal engana o olho destreinado. A empresa não abre mão de novas tecnologias, como a tela da caixa para ponta do novo modelo Miracle, feita com partículas de prata produzidas a partir da nanotecnologia.

"Em geral, as bailarinas precisam perder horas batendo as pontas das sapatilhas para amaciá-las e prepará-las para os espetáculos. A Miracle já é leve, não faz barulho e ainda tem propriedades antibacterianas. Pensamos na beleza e na saúde das nossas bailarinas. Elas ganham tempo para se produzir e não precisam pensar nas sapatilhas", afirmou Temisheva, que também é a responsável pelo design e pelas novidades aplicadas aos produtos.

Por sinal, a executiva que trabalha na empresa há 21 anos, desde que abriu as portas, é motivo de orgulho para o patrão.

"'É a única doutorada do mundo a trabalhar nesta área", afirmou Victor Grishko.

O dono da empresa tampouco esconde a felicidade com a notícia que recebera minutos antes de eu entrar em seu gabinete: estava confirmada a abertura da primeira butique da Grishko no centro de Nova York.

A ideia de fabricar sapatilhas surgiu no final da década de 1980, quando o economista, que acompanhava a mulher, a bailarina Tamara Grishko, em viagens à Europa se deu conta de que as russas carregavam dezenas de pares de sapatilhas de ponta nas malas para vendê-los às colegas europeias sempre que saíam em turnê. Eram uma grande sensação e fonte de renda para essas mulheres que ganhavam pouco na URSS.

A produção diferenciada e a especialização da Grishko permitiram ao proprietário passar incólume pela crise financeira global. Sua declaração era possivelmente o que toda a empresa, não só russa, mas de qualquer outro país do mundo gostaria de dizer naquele momento:

"Aqui, a palavra crise não existe. Tivemos um aumento de 40% no volume de encomendas em relação a 2008."

Esta fábrica de sonhos não parece alimentar apenas as ambições das bailarinas. Também produz outros modelos de sapatos para dança e circo.

"Você tem idéia de como deve ser feito o sapato do equilibrista?", indagou Grishko, enquanto me oferecia uma taça de conhaque no meio da tarde.

Nunca havia parado para pensar que seriam diferentes de quaisquer outros. Mas para os artistas que parecem se sentir na corda bamba nesse universo extremamente competitivo da Rússia, onde não são lendas urbanas as histórias de bailarinos que tiveram as suas *puanti* cheias de cacos de vidro postos por colegas invejosos, talvez essa seja uma preocupação constante.

* * *

Rússia e Brasil têm e terão muito em comum pela frente. Acompanhei, em 2008, a primeira reunião formal dos BRIC — desde que o conceito foi criado pelo banco de investimentos Goldman Sachs em 2001 — desvinculada de outros eventos. Até então, os quatro países se reuniam à margem de outras reuniões. O encontro aconteceu na cidade russa de Ecaterimburgo, nos Urais, a 1.600 quilômetros de Moscou.

Era a única jornalista brasileira neste encontro que marcava a tentativa dos quatro países que representam 25% do território mundial e quase metade da população do planeta de reafirmar a sua importância no contexto mundial. Por isso mesmo, ganhei prioridade para fazer perguntas naquele mar de chineses, um bocado de indianos e os donos da casa.

A ideia era que o grupo passasse a se reunir com frequência para tratar as questões mundiais e influenciar as decisões globais, como conseguiu fazer, por exemplo, ao pressionar os países ricos com a reforma das cotas do Fundo Monetário Internacional (FMI), no qual o mundo desenvolvido, embora já não fosse tão representativo como no passado, ainda dava as cartas. Criaram-se um cronograma de encontros e as bases para uma pauta consistente de assuntos globais para os quais os quatro países pudessem defender posições únicas e, assim, ganhar força.

A agenda incluía temas tão importantes como segurança alimentar e biocombustíveis, além de energia, passando pelas tendências das finanças globais, não proliferação de armas e desarmamento, terrorismo e mudança do clima.

Naquele exato momento, o mundo vivia os impactos nefastos da grande disparada dos preços das commodities, que bateram recordes históricos e preocupavam não apenas os principais países consumidores como a China, mas também produtores importantes como Brasil.

No ano seguinte, a reunião não foi mais de chanceleres, e sim de presidentes. O modelo se repetiu em 2010, no Brasil, e, em 2011, na China. O fórum, apesar de reunir países tão diferentes, sendo três potências nucleares (Rússia, China e Índia), deve continuar aproximando russos de brasileiros. O sucesso do grupo foi tal que ganhou recentemente um novo sócio: a África do Sul.

O mestre e Margarida

"Era um final de tarde de primavera particularmente quente em Moscou. Dois cidadãos surgiram no passeio do lago do Patriarca." Assim começa a história que conta a chegada do diabo à capital da antiga União Soviética, na década de 1920, quando se pregava o ateísmo. Ninguém acreditava em Deus, muito menos no satã. Considerado um dos maiores romances russos do século xx, *O mestre e Margarida* (**Мастер и Маргарита**), de Mikhail Bulgákov, é uma sátira feroz ao regime comunista e uma apaixonada história de amor que não pode ser ignorada por quem pretende passar pela Rússia, ainda que, como o tinhoso, por poucos dias. A Moscou contemporânea que o autor não chegou a conhecer ainda guarda as características do passado que descreveu por meio de metáforas para despistar a censura. Com a ajuda do realismo mágico, verbalizou seu descontentamento com a mão pesada de Stálin.

Por sinal, para driblar os censores, o escritor empregado pelo governo em um posto subalterno num teatro oficial, durante os anos 1930, dedicou-se, em segredo, às páginas dessa que seria sua obra-prima. Levou mais de dez anos — e algumas versões — para terminá-la. O cargo público lhe foi oferecido, por telefone, pelo próprio Stálin em resposta a uma carta que Bulgákov escrevera ao ditador pedindo para emigrar, uma vez que não tinha como viver de sua literatura na União Soviética. Seus livros sofriam com a ação da censura. Das catorze peças de teatro que escreveu, apenas quatro foram encenadas enquanto ainda era vivo.

O livro foi concluído em 1940, pouco antes da sua morte. Mas só pôde ser publicado pela primeira vez em 1966, com trechos censurados ou modificados. Na Rússia, a aguardada versão integral chegou às mãos do grande público pelas edições clandestinas do *samizdat*, como já era praxe. A primeira edição integral oficial só sairia em 1973, em Frankfurt, na Alemanha.

Como o protagonista de *O mestre e Margarida*, que queima seu romance sobre Pôncio Pilatos, Bulgákov chegou a incinerar uma das versões de seu livro por temer a repressão. Queimou os papéis quando viu outra obra sua banida pelo Estado. Mas "os manuscritos jamais ardem em chamas", já teria dito o diabo quando mostrou ao Mestre que os papéis que ele havia queimado na lareira de sua casa ainda existiam. Essa é uma das frases mais célebres do século XX na Rússia, recorrente ainda nos dias de hoje.

Depois de lutar por muito tempo para recuperar seus manuscritos confiscados pelo governo Stálin, Bulgákov conseguiu obtê-los de volta, mas fez dos papéis uma grande fogueira. Mal sabia o autor que o serviço secreto, como o diabo (ou sendo ele o próprio), havia feito cópias dos manuscritos. Para a grande felicidade dos amantes da literatura de Bulgákov, foi exatamente desses registros impedidos de arder em chamas pelas autoridades que saíram correções e o desfecho do romance.

As histórias do procurador da Judeia em seu encontro com Jesus de Nazaré se intercalam pelos capítulos do livro em uma espécie de diálogo entre a Jerusalém das crucificações e a Moscou dos expurgos, a que Bulgákov faz tantas referências. O sumiço sem explicação plausível do diretor do teatro de variedades, cujo apartamento passa a ser ocupado pelo diabo, é apenas um deles.

Ao chegar a Moscou, ouvi de várias pessoas que as leituras de *O mestre e Margarida*, de Bulgákov, e *Almas mortas*, de Nikolai Gogol, eram obrigatórias para entender melhor o país, sua capital e, de certo modo, o que se passava na cabeça das pessoas ainda hoje.

O livro foi uma boa desculpa para explorar a capital de Bulgákov e montar o roteiro do que se tornaria uma reportagem de turismo que escrevi para o jornal, seguindo os passos de ninguém menos que o próprio diabo. A ideia era fugir do tradicional "visite-a--Praça-Vermelha-e-não-deixe-de-ir-ao-mausoléu-de-Lênin", buscar as inúmeras referências do passado — ainda tão presentes — pelas mãos do próprio Bulgákov e mostrar que Moscou é muito mais do que as belezas evidentes estampadas nos cartões-postais. Muitas pessoas não se dão conta dos vínculos ainda tão próximos com o passado, e isso só torna mais interessante a observação das transformações por que passou a cidade desde então.

Legiões de fãs do romance na internet, em vários países do mundo, relatam sua passagem pela Rússia para localizar os cenários que inspiraram Bulgákov e elaborar os seus próprios roteiros.

As peripécias do "coisa-ruim" têm início no final da tarde de uma quarta-feira e se desdobram em um turbilhão até a madrugada de domingo. A lista de ruas e lugares descritos, ou apenas mencionados, pelo autor nas quase seiscentas páginas do livro parece dar conta da cidade inteira. Para retratar a capital em que vivia, usou endereços que lhe eram caros como cenário da história. Infelizmente, muitos desses lugares não são públicos e, por isso, não podem ser visitados pelo cidadão comum. Procurei encontrá-los um a um, mesmo aqueles que não estão ditos com todas as letras, ou que tenham servido tão somente de fonte de inspiração para os endereços que incluiria na sua versão da capital soviética.

Uma semana depois de dar a largada a esse projeto, deparei com duas jovens que distribuíam na rua folhetos anunciando a peça *O mestre e Margarida: tragicomédia fantástica, inspirada no romance de Mikhail Bulgákov*, da Companhia Sergei Aldonin, no teatro RAMT, na praça Teatralnaya, a poucos metros do Kremlin. No Teatro Dramático Stanislávski, as apresentações da peça tradicional são regulares. Era a confirmação da importância do romance na Rússia pelas várias adaptações que se fazem dele até hoje.

Fiz uma lista com os nomes de todas as ruas mencionadas no livro para não perder nada enquanto flanasse pela capital tentando reconstituir a sua forma das décadas de 1920 e 1930. Em alguns momentos, era como se pudesse viajar no tempo.

Bulgákov morava bem no centro da cidade, a poucos passos do charmoso lago do Patriarca. Percorreu Moscou praticamente inteira tendo como ponto de partida o bairro do *kommunalka* onde morava. Por sinal, em 2006, o imóvel que pertenceu ao autor, transformado em museu, foi vandalizado por religiosos que o acusavam de satanista por conta do livro.

Ao contrário do que se poderia imaginar, fins de tarde como o da chegada do diabo de Bulgákov não são raros em Moscou. No verão, os termômetros da cidade marcam temperaturas quase cariocas. Esse não é o cenário esperado pelo turista. Mas é certamente aquele com o qual a população, mais do que habituada ao frio, sonha durante todo o ano. Contam-se os dias para a chegada do verão.

Pelo calendário russo, ele chega, em teoria, antes do que mostram os termômetros na prática. Enquanto no Brasil o clima ainda é de Carnaval, os russos se despedem do inverno e se preparam para o jejum que antecede a Páscoa ortodoxa com os festejos da Масленица (*Maslenitsa*). A celebração tem um significado pagão e outro, religioso. Segundo a mitologia eslava, essa é a última semana do inverno, uma espécie de festival do sol. Termina em um domingo, com bonecas de pano que representam o frio sendo queimadas em parques e praças. As cinzas — que são enterradas na neve para fertilizar o solo — levam embora os dias escuros gelados do inverno e trazem o sol e as temperaturas agradáveis da primavera e do verão. O domingo também é o Dia do Perdão. As pessoas pedem perdão a Deus e aos seus próximos. Telefonam para amigos e parentes. E, assim, poderão começar, purificadas, o período do jejum.

De domingo a domingo, os russos podem comer à vontade o tradicional *blini*. Mas nada de carne. Vão se adaptando ao período de jejum — quando tampouco poderão comer *blinis* e laticínios. Uns vão comer na casa dos outros todo santo dia. Organizam festas nas igrejas e nas praças. A *Maslenitsa*, por razões óbvias, não era comemorada oficialmente pelo seu significado religioso na URSS. Mas tornou-se uma boa desculpa para que as famílias e os amigos se reunissem em torno dos *blinis*.

A cidade muda de cara e de tonalidades no verão. Quando o Mestre se encanta por Margarida ao vê-la passar na rua, a moça carregava um buquê de mimosas amarelas, as primeiras a despontar na primavera. A cor, no entanto, é considerada diabólica e está associada à loucura. Ele a seguiu por algum tempo e, embora quisesse falar-lhe, não teve coragem. O diálogo entre os dois parte justamente do buquê. "Você gosta das minhas flores?", pergunta ela. Ele ainda pensou: "Maldito amarelo!", pouco antes de dizer que preferia rosas. Não se dão flores amarelas aos namorados. São as flores da separação, já me disse uma russa.

O Jardim de Alexandre, onde foram parar os apaixonados sem se dar conta do trajeto que faziam, fica florido nessa época do ano. Durante algumas semanas, tulipas de todas as cores enfeitam os pés dos muros do Kremlin, atraem pássaros e renovam a paleta da cidade. Ali, bem depois de se tornarem amantes, sentada em um banco com vista para o Manège, desesperada com a separação, Margarida resolveu aceitar a proposta que lhe foi feita por intermédio de um dos ajudantes do diabo para reencontrar o seu grande amor. Nesse momento estava selado o seu pacto: havia vendido a alma ao demônio. Mais tarde, a mesma mulher apaixonada faz um belo sobrevoo sobre Moscou montada numa vassoura. Nua, porém feita invisível por um creme dourado, entrou por apartamentos e voou baixo sobre florestas e lagos. Russos se aventuram em banhos nos chafarizes das redondezas para ter a sensação de que se libertaram dos tons cinzentos e do frio extremo do inverno.

A atmosfera pesada de O *mestre e Margarida*, que, hoje, em menor escala, ainda existe durante os períodos mais frios, se dissipa. A capital também muda de humor, tornando-se mais leve e palatável. Mesmo aqueles moscovitas mais sisudos — quase rudes em muitos casos — se abrem em grandes sorrisos. Fui pega de surpresa pela improvável piada que fez uma vendedora. Achei que estava sendo irônica, mas só queria ser simpática. Ainda perguntou, com uma ponta de inveja, se o dia lá fora continuava bonito.

Se o lago do Patriarca, onde surgiu o diabo, estava deserto pouco antes da terrível morte de Berlioz, aquele por onde passeiam os russos de hoje está sempre repleto, mesmo no inverno, quando vira uma grande pista de patinação no gelo. Mas é nos dias de verão que ganha vida nova. Jovens com poucas roupas se espalham alegres pelos bancos à volta do lago, ou nas suas bordas, enquanto bebem cerveja, vinho ou vodca e aproveitam os dias mais longos do ano. Nessa época, só escurece, de fato, depois das 23 horas.

Os parques ficam lotados. Ganham sorveteiros e balões coloridos. No VDNKh, onde estão os pavilhões das ex-repúblicas soviéticas, russos e russas desfilam os carrinhos de bebê que não se veem durante a semana circulando pela cidade. Isso também acontece com os patins e as bicicletas. Em um desses fins de semana ensolarados, deparei com nada menos russo do que o camelo que entretinha os pequenos, carregando-os em suas corcovas pelas pistas asfaltadas do parque, praticamente aos pés de uma imensa roda-gigante.

Meu roteiro começou, em um dia de verão, exatamente no modesto apartamento em que morou o mestre Bulgákov. Ele ocupava com a mulher apenas um dos quartos. Mas, hoje, o espaço inteiro foi transformado no Museu Casa de Bulgákov. Nos anos 1980, o imóvel virou uma espécie de ponto de peregrinação de leitores apaixonados, que se encarregaram de cobrir de grafites as paredes do local. Pintaram, de ponta a ponta, afrescos que copiam as ilustrações de Pavel Ornianski, um dos mais importantes do país, com os personagens e situações do realismo mágico dos livros de Bulgákov. Para se chegar à entrada do imenso bloco, é preciso cruzar o largo portal que dá acesso ao pátio interno do prédio. A porta do museu seria mais uma não fossem os estranhos ornamentos em estilo *art nouveau* quase fantástico mantidos na entrada. O banco, o poste de luz e as corujas são o sinal de que, a partir daquele ponto, as alegorias de Bulgákov podem se tornar realidade.

O lugar continua sombrio, como deve ter sido à época do seu proprietário, com cortinas escuras e madeiras que rangem. Rachaduras e descascados nas paredes. É como se jamais tivesse sido retocado desde que o autor saiu dali. O apartamento onde queimou parte dos seus manuscritos serviu de fonte de inspiração para a moradia do demônio e de intelectuais moscovitas do romance. O tradicional Café Margarida, que tem esse nome não por acaso, fica estrategicamente em uma das pontas do lago, a poucos passos do apartamento de Bulgákov. E a antiga casa onde se guardavam patos e cisnes vistos ainda nos dias de hoje aproveitando o verão tornou-se um badalado restaurante da moda. Sinal dos tempos.

Quase dá para ver o lugar em que Berlioz perdeu a cabeça, cortada pelo bonde, sem jamais ter acreditado na presença do diabo. No país em que "o ateísmo não surpreende ninguém", como teria dito o próprio redator da história, morto de maneira brutal, quem diria que o demônio poderia fazer tantos estragos. "Há muito tempo e, com total consciência, a maioria da nossa população deixou de crer nestas fábulas", completou em um dos seus últimos diálogos antes de despedir-se da vida.

Quando viu a morte de Berlioz, desencadeada pelo fato de o escritor escorregar no óleo derramado pela jovem Annouchka e acabar preso nos trilhos do bonde, o diabo proferiu a frase que muitos russos repetem ainda hoje: "[Agora é tarde], porque a Annouchka já comprou o óleo [de girassol]. Não só ela já comprou, como também já derrubou", profetizou o tinhoso.

Para os detalhistas, não muito longe dali, o antigo Music-Hall de Moscou nos anos 1920, hoje o Teatro de Sátira, na praça Triunfalnaya, inspirou o Teatro de Variedades em que Woland, como se chama o diabo do romance, realizou a apresentação de magia negra que teria perturbado a cidade e despertado o que havia de pior na plateia.

O Bulevar Tverskoy, longa alameda arborizada, fica totalmente verde nessa época do ano. Ali, os bares e restaurantes espalham mesas na calçada. No número 25, vê-se a mansão amarela de nome Herzen, que, no romance de Bulgákov, teria sido o Clube Literário Massolit. O clube nunca existiu, mas a casa já abrigou diversas associações literárias, inclusive durante o comunismo. Não há entrada pelo bulevar. A casa tampouco está aberta a visitas. Consegui passar pela roleta de entrada desse lugar que, hoje, parece mais uma repartição pública, depois de um leve cumprimento de cabeça ao segurança.

Mais adiante, onde o Bulevar corta a rua Bolshaya Nikistskaya, tem-se à direita a pequena igreja amarela onde se casou Pushkin, e, na rua Malaya Nikitskaya, a casa de Górki. Seguindo em direção ao Kremlin, há a tradicional fachada da agência de notícias russa Itar-Tass.

Mais adiante, estão os prédios do Conservatório Tchaikóvski, guardados pela imensa escultura do próprio compositor sentado de costas para a porta principal. Ao seu lado, estão as primeiras notas musicais de obras importantes, como um dos símbolos da cultura russa clássica, a ópera *Eugênio Onegin*, que, em *O mestre e Margarida*, parece sair de cada beco e ecoar por toda a cidade como uma espécie de fundo musical da capital.

Sob o sol de verão, os arredores do Kremlin são dominados por uma espécie de onda de bom humor, que em nada se assemelha ao clima pesado que as entrelinhas de Bulgákov denunciam. O edifício em que à época funcionava o Inturist, hotel destinado apenas ao público de estrangeiros que permanecia vigiado pelas autoridades, foi demolido e, em seu lugar, nasceu o Ritz-Carlton. Não muito longe dali, outro cenário do livro é o Hotel Metropol, um dos mais tradicionais da cidade. Era o hotel que recebia estrangeiros ilustres durante o período soviético, como se pode confirmar em *O mestre e Margarida*. No salão do restaurante, ainda há uma imensa cúpula com os vitrais formando um desenho *art nouveau*, como o imenso painel da fachada do artista Mikhail Vroubel, expoente do estilo na Rússia.

A Praça Vermelha fica repleta de turistas e noivas. É sobretudo nessa estação do ano que elas gostam de posar para as fotos que guardarão nos álbuns de casamento. Os famosos sorvetes russos fazem sucesso. As carrocinhas de picolé chegam ao centro numa caravana que, aos poucos, vai se separando, e cada um dos sorveteiros toma o seu posto. No inverno, as casquinhas não precisam ficar protegidas em isopores ou nas carrocinhas. Ficam simplesmente em bandejas à espera do próximo cliente.

Centro do poder político e espiritual russo até hoje, a cidadela começou a ser erguida no século XII. Foi residência dos czares e cenário da coroação de todos eles a partir de Ivan, o Terrível, mesmo depois de a capital do país ter sido transferida para São Petersburgo. As cinco igrejas de cúpulas douradas da impressionante praça das Catedrais podem ser vistas de vários pontos da cidade. Se tiver sorte, o visitante pode ter a chance de escutar um dos belos coros de música ortodoxa que, vez ou outra, cantam ali. O Palácio das Armas também ajuda a entender um pouco da história desse país. Outra maneira simpática de explorar o Kremlin é comprar entradas para ver o Bolshoi. Peças que exigem muitos cenários e bailarinos no palco são levadas para o imponente auditório construído durante o período soviético (1961) no Kremlin para as reuniões do Partido Comunista. As outras vinham sendo apresentadas na sala menor da companhia em frente ao Grande Teatro, em reformas já há algum tempo e reinaugurado em 2011.

Com capacidade para 6 mil pessoas, o salão do Kremlin foi cenário de memoráveis congressos do partido que deu as cartas no país por setenta anos. A foice e o martelo estão por toda parte e parecem levar o visitante a uma viagem no tempo. Nos intervalos, pode-se apreciar a luz do fim de tarde sobre as cúpulas douradas das janelas do imenso salão de bailes do último andar, onde fica o bar.

O imponente shopping center Gum, bem de frente para o túmulo de Lênin embalsamado, ostenta lojas de luxo e grandes marcas internacionais que ninguém na era do mestre e de Margarida jamais ousaria imaginar que pudessem ocupar aqueles espaços um dia. Quando estive em Moscou em 2002, já havia algumas lojas no prédio, mas eram acanhadas. Era uma espécie de grande feira de bugigangas com seus estandes improvisados entre os belos corredores maltratados pelo tempo. Esse lugar onde hoje muitos transitam e poucos compram já foi o principal posto de abastecimento de alimentos dos russos durante o período soviético. Ali, reconhecem moscovitas, as filas eram grandes, mas nunca faltava comida. O nome vem de *Glavnyi Universalnyi Magazin*, como se chamavam as principais lojas de departamento nas cidades soviéticas.

Na praça Loubianka, ou simplesmente em Loubianka, como dizem os russos, está o imenso prédio amarelo que tanto apavorou os soviéticos na época de Bulgákov e depois dela também. Ainda hoje causa arrepios em quem passa pela porta, embora, curiosamente, não se vejam muitas pessoas entrando e saindo dele. Dizia-se ser o prédio que tinha apenas a porta de entrada. Era a sede da KGB. No livro de Bulgákov são várias as referências veladas ao serviço secreto, em geral mascaradas por fenômenos sobrenaturais, como é o caso de boa parte dos desaparecimentos inexplicados de cidadãos comuns da noite para o dia.

Atrás do Kremlin passa o rio Moscou, onde o Mestre teria nadado após todas as desgraças e bizarrices que testemunhou desde a chegada do diabo à cidade. À esquerda, há um dos pontos de onde se pode tomar o barco para conhecer a capital russa de outro ângulo. Da embarcação, vê-se a mesma Moscou de prédios exuberantes históricos e modernos, interessantes ou de extremo mau gosto. No entanto, parece muito mais tranquila e verde. O trajeto, que termina na estação de trem Kiévski, faz lembrar o roteiro do sobrevoo de vassoura de Margarida. Passa por enormes parques e florestas da cidade, como o Górki. Durante o verão, avistam-se famílias tomando sol e fazendo piquenique na grama, com vista para o rio.

Em uma das margens está a catedral de Cristo Salvador. Por sinal, o mergulho do Mestre teria acontecido da altura da igreja, que é uma cópia exata do que teria sido antes de ser destruída por Stálin em 1931, quando decidiu erguer imponentes e grandiosos monumentos por toda a cidade. Ao longo de toda a ponte de pedestres que sai de trás da catedral há pequenos, médios e grandes cadeados pendurados nas laterais com nomes de pessoas. São casais de apaixonados que acreditam que, ao prender seus cadeados ali e jogar as chaves no rio Moscou, ficarão juntos para sempre.

O Museu Pushkin de Belas Artes está bem próximo e é parada obrigatória. A coleção de impressionistas europeus é particularmente interessante. Há obras-primas como *A catedral de Rouen*, de Monet, *Os peixes vermelhos*, de Matisse, assim como diversas telas essenciais de Van Gogh, Cézanne, Gauguin, entre muitos outros. Quase vizinho ao museu, o belo palácio Pashkov, de 1787, mencionado em *O mestre e Margarida*, já tinha 150 anos quando Bulgákov escreveu seu livro. Hoje, o edifício pertence à Biblioteca Lênin e guarda, entre outros manuscritos raros, os do próprio autor. Mais distante, a Galeria Tretiakov também deve estar no roteiro pela impressionante coleção de arte russa.

Da Biblioteca Lênin, pode-se caminhar até a praça Arbat, também sobrevoada pela apaixonada Margarida e fonte de inspiração para vários locais descritos pelo autor. Entre eles, a praça onde o estranho gato negro Azazello foi visto na cena absolutamente desconcertante em que tenta tomar o bonde e pagar o seu bilhete, além da casa de Margarida. Tentei visitá-la depois de, finalmente, identificá-la. Fui pega pela segurança tentando fotografar a residência azul-celeste por cima do muro de alvenaria. Atualmente, trata-se da sede de um banco sem acesso a visitas.

A mansão onde foi realizada a festa de Satã também fica nas redondezas. Novamente chamaram a minha atenção por eu tentar fazer fotos para o meu roteiro. Dessa vez, foram os guardas que vigiam a rua. Curiosamente, como gostam de lembrar alguns russos, a mansão da festança de Woland é, hoje, nada menos que a residência da embaixada americana.

Um dos policiais que faziam a segurança do prédio logo se apressou em dizer que era "proibido" tirar fotos da fachada do prédio. Sabe Deus por quê. Mas acabou achando graça quando explicamos que fazíamos o roteiro de Bulgákov. Coisas da Rússia: ele sabia muito bem quem era o autor e já tinha lido o livro.

Dizem que a velha rua Arbat teria sido para os moscovitas o que foi Saint Germain de Près para os parisienses. Foi endereço de nobres, artistas e escritores russos, como comprovam até hoje as casas de Pushkin, Scriabin ou Melinikov (o marco da arquitetura construtivista).

Também lembrado por Bulgákov, o mosteiro de Novodevitch não parece estar dentro de Moscou. Nessa fortaleza fundada em 1514 como mosteiro para mulheres estiveram a viúva de Ivan, o Terrível, depois que este último matou o próprio filho, e a irmã de Pedro, o Grande. A igreja Nossa Senhora de Smolensk é de 1525 e seria da mesma época da fundação do mosteiro. Ao lado de Novodevitch há o cemitério de mesmo nome onde estão enterradas figuras importantes da história da Rússia, como Gogol,

Maiakóvski, Tretiakov, Eisenstein. Mais recentemente, os ex-presidentes Nikita Khrouchov e Bóris Iéltsin.

No número 14 da avenida Tverskaya, na mansão barroca/*art-nouveau* do século XIX, o tradicional supermercado de luxo Elyseiévski abriu as portas em 1901. Foi cartão postal de Moscou durante muito tempo e, mesmo depois de se tornar uma empresa estatal, após a Revolução de 1917, jamais chegou a ser chamado de гастроном 1 (Gastronom 1), como os outros centros de distribuição de alimentos do país. Extraoficialmente, os moscovitas continuavam chamando a casa pelo nome original. Era certamente um dos lugares onde os estrangeiros de Bulgakov faziam as suas compras.

Chamou-me a atenção o fato de não haver caviar de esturjão à venda no Elyseiévski. Para a surpresa do visitante, é cada vez mais rara a presença do famoso caviar negro nas vitrines da capital russa. Em seu lugar, proliferam as variedades vermelhas (de salmão, em geral), cada vez mais populares.

A venda de caviar negro que não seja de esturjões criados em cativeiro foi proibida porque a pesca predatória reduziu a população desse peixe nobre em quase 90% em apenas vinte anos. Mesmo em supermercados não há garantia de que o consumidor vá comprar caviar legal. O Comitê Estatal para a Pesca estima que entre 97% e 98% das ovas negras à venda na Rússia são ilegais ou de qualidade duvidosa.

"É quase impossível reconhecer. Há embalagens falsificadas praticamente iguais às originais. Não dá para notar a diferença logo à primeira vista", disse Georgi Rubin, um dos maiores especialistas em esturjões da Rússia.

Na famosa feira mantida atrás da estação Kievski, tampouco vi as ovas escuras do esturjão em exposição nas vitrines. Mas, rapidamente, ao identificar que eu era estrangeira, um dos vendedores veio me perguntar se tinha interesse pela iguaria que não via em lugar algum. O produto fica escondido nos fundos dos estandes, que exibem apenas as variedades vermelhas.

Há quem diga que a principal diferença entre a ova negra e a vermelha é o prestígio da primeira. Mas especialistas insistem que o sabor é diferente. De qualquer maneira, os russos continuam comendo seus *blinis* com cada vez mais caviar vermelho, cujo quilo custa a partir de cem dólares nos supermercados elegantes. Na feira, o preço por quilo de ova negra começa em quinhentos dólares.

Na época da União Soviética, o caviar negro estava incluído nas rações subsidiadas pelo Estado, que procurava, dessa forma, propagar a imagem de uma sociedade que tinha acesso a luxos comparáveis aos padrões internacionais. De acordo com Rubin, até o início da década de 1960 era fácil comprar caviar negro, depois ficou complicado porque a produção se voltou para a exportação. O país vendia no mercado internacional cerca de 2 mil toneladas por ano. Essa também estaria entre as razões que levaram à redução da população de esturjões. Com o colapso da URSS e a crise econômica, houve superexploração do caviar, acompanhada do fim do sistema de proteção aos peixes. O mercado ilegal de caviar hoje é bem maior do que aquele registrado no período soviético.

Para Alexei Weisman, coordenador do Programa de Monitoramento de Tráfico de Espécies da ONG WWF, o mercado negro começa a diminuir muito mais pela extinção dos peixes do que propriamente pelas medidas restritivas do governo. Ainda assim, a produção ilegal é quinze vezes maior do que aquela prevista na lei.

Especialistas garantem que não há distinção entre o caviar que se produz em ambientes naturais ou em cativeiro. Daí o sucesso de outros países que entraram no mercado da aquicultura de esturjões. A Itália, por exemplo, já produz 27 toneladas métricas por ano de caviar de esturjão de cativeiro, contra 16 na Alemanha. A Rússia produz 5 toneladas.

É claro que sempre fica faltando ou sobrando alguma coisa nestes roteiros. Perdoem-se os esquecimentos e os acréscimos. Cada um escolhe a sua Moscou.

Fora de Moscou

Quatro dias sobre os trilhos em direção ao norte da Rússia em pleno verão mostram que o país está longe de ser previsível. A bordo desses trens que certamente fazem inveja ao Brasil — um país de iguais proporções continentais historicamente avesso a linhas férreas sabe-se Deus por que motivo — pode-se entender um pouco mais a complexidade desse outro mundo, ainda que por meio de um trajeto curto por uma nesga desse território vasto. Os trens podem ser antigos, como o de número 649 do trecho Petrozavodsk–São Petersburgo, ou novos em folha e luxuosos, como o Estrela Vermelha de número 1. Dizem que quanto maior a numeração dos carros, pior o grau de conforto. O fato é que a qualidade é indiscutível.

Nessa última viagem que fiz pela Rússia, resolvi fazer um pequeno diário de bordo para contar cada detalhe.

O espetáculo das noites brancas que marcou a viagem do início ao fim explica por que os russos comemoram a chegada do verão com um grande festival antes mesmo de ele se tornar concreto. Os dias parecem não acabar nunca. Dão a sensação de que a estação dura pouco, mas — como tudo — é intensa e deve ser aproveitada ao máximo.

A cidade de Petrozavodsk, criada para fabricar ferro e armas no tempo de Pedro, o Grande, e transformada posteriormente em reduto de supostos encrenqueiros de São Petersburgo durante o stalinismo, tem personalidade própria. A ilha de Kiji — um pedaço russo quase escandinavo — merece cada uma das catorze horas sobre os trilhos a partir de Moscou. Quanto à antiga capital imperial, a europeia cidade de São Petersburgo, é preciso explorá-la ao máximo. Impossível fazê-lo em poucos dias ou em apenas uma viagem. Sem perder a autenticidade, renova-se com os anos. Os prédios do período do czar e a riquíssima cena cultural de mais de dois séculos convivem com os novos investimentos e a moderna vida urbana. A cidade é deslumbrante, mas devo confessar: não sei se trocaria Moscou por São Petersburgo para viver.

Moscou, 30 de junho de 2009 — Dia 1

17h42. Saímos de casa, da estação Охотный ряд (Okhotni Riad), no centro de Moscou. O horário costuma ser complicado porque coincide com a saída dos moscovitas do trabalho, mas, nessa época do ano, a cidade fica vazia em função do período de férias. Levamos apenas dez minutos até a bela Komsolmolskaya, três estações adiante. Da praça principal partem trens para toda a Rússia. Da Leningradskaya, seguem para a antiga Leningrado — o nome soviético da ex-capital imperial São Petersburgo. No meio da estação, o imenso busto de Lênin é iluminado pelo sol da tarde. O trem, à primeira vista, é bastante confortável. Tem travesseiros, toalhas, programação de DVD para toda a viagem e revistas de bordo. Mas também tem um tapete antiquado entre as duas camas e música russa alta, possivelmente para que os visitantes entrem no clima.

18h25. Nem um segundo a mais, nem um segundo a menos, o trem começa a se mover pontualmente no horário previsto.

18h30. Preparamos o lanche que trouxemos nas mochilas para comemorar o início da viagem. Uma garrafa de vinho e queijo. O nosso farnel também incluí copos de plástico e guardanapos, que não conseguiríamos obter a bordo.

19h01. Mando uma mensagem por celular para uma amiga russa anunciando a nossa partida. Vem a resposta de bate-pronto: "Tenham uma boa viagem!...".

19h31. O "ferromoço" traz em um cesto de piquenique, a água que encomendamos na chegada. E avisa que passará a noite inteira. Se quisermos algo, basta pedir. Diz ele que não há vagão-restaurante. As duas garrafinhas de meio litro custam 70 rublos (cerca de 2,20 dólares).

19h39. Estudando o guia: a República da Carélia vai de São Petersburgo até o Círculo Polar Ártico — metade da região é ocupada por florestas, e o restante é majoritariamente coberto por água. Há mais de 60 mil lagos. Entre eles, o Onega — o segundo maior da Europa — para onde estamos indo atrás da igreja da Transfiguração na ilha de Kiji, que é patrimônio mundial da humanidade.

19h42. Procuramos em que ponto da Rússia estamos no Google Earth: "E eu achando que já estava quase na Carélia e ainda nem cheguei a Klin". Minutos depois passamos por Klin, a cidade de Tchaikóvski, e lembramos que ainda não estivemos na famosa casa-museu do compositor.

19h59. O celular ainda tem sinal total, e as chamadas são límpidas.

20h14. Começo a tirar fotos incessantemente pela janela. Lagos, casas russas típicas de madeira e um final de tarde especial.

20h21. O ferromoço reaparece para devolver o troco das águas, do qual nem nos lembrávamos mais.

20h42. Paramos pela segunda vez. Tento mandar uma mensagem pelo celular, mas falha a conexão.
21h44. Céu azul. Florestas, rios e belas clareiras do lado de fora. Nem sinal de noite como conhecemos. Fábricas desativadas no meio do nada, uma imagem bastante característica do mundo ex-soviético. Mais adiante, uma igreja de cúpula dourada.
21h56. Outro trem de carga na direção oposta. Eles passam o tempo todo. A linha que estamos percorrendo é uma das mais movimentadas do país.
21h57. Paramos em uma cidade chamada Tsna.
22h05. O Google garante que já estamos em Leonteeva. O banheiro continua limpo e lá a janela está aberta. A brisa é fresca. Faz 21 graus do lado de fora, segundo o painel eletrônico no fim do corredor, que também informa se os dois banheiros estão vagos ou ocupados.
22h22. Paramos na cidade de Bologoe. Consultamos o mapa novamente e constatamos que o destino final ainda está distante. No mesmo momento, descobrimos que o vizinho obeso do vagão ao lado ronca como um urso enfurecido.
23h15. Começamos uma partida de biriba para distrair.
00h20. Ao olhar pela janela em mais essa parada, nos damos conta de que ainda não está totalmente escuro. Estamos em Malaya Vichera.
1h16. Apagamos as luzes da cabine e fechamos o *blackout* para evitar a claridade. Assim como quase não escurece — a claridade lá fora parecia de final de tarde —, amanhece muito cedo.
1h36. Acordo. O trem para de novo. Dessa vez por bastante tempo. O silêncio das máquinas deixa ainda mais em evidência o ronco inabalável do vizinho. Ainda presto atenção nos ruídos distantes do lado de fora e nesse ou naquele estalo do trem até pegar

no sono. As paradas da madrugada se misturam e entrecortam o meu sono leve. Já não tenho certeza se paramos tantas vezes.

Lago Onega (Carélia), 1º de julho de 2009 — Dia 2

6h50. Acordamos com uma chamada do Brasil. O susto é tal que não consigo dormir mais. Tiro pequenos cochilos antes da chegada.

7h30. Resolvemos comer as cerejas que trouxemos para o café da manhã. O banheiro continua limpo. Mas banho, nem pensar. Não há chuveiro.

8h36. Avistamos da janela o imenso lago Onega nesse belo dia de céu azul.

8h40. A pontualidade do trem volta a nos impressionar. A viagem até Petrozavodsk (420 quilômetros a nordeste de São Petersburgo) é impecável. Como ainda temos bastante tempo para tomar o barco que sai para Kiji, resolvemos ir ao cais a pé para aproveitar o dia e ver a cidade. O caminho é simples: rua Lênin, rua Marx com direito à rápida passada pela Djerzinski. Petrozavodsk é arrumadinha e a frota de veículos, embora não se compare à de Moscou (como já era de esperar), me surpreende. A maioria dos prédios da rua principal é stalinista ou quase pós-stalinista, versões menores das monumentais que se encontram na capital. Já a estação de trem é quase uma réplica do Almirantado em São Petersburgo. Curiosamente, o nome da cidade aparece em russo e carélio (idioma da família do finlandês) nas fachadas dos edifícios.

9h47. Buscamos os ingressos que deixamos reservados para o barco (1.980 rublos ida e volta). A bilheteria não funciona no prédio da estação, que está abandonado, mas sim em um pequeno guichê provisório no próprio lugar de onde saem as embarcações. O restaurante aparentemente simpático que funciona na extremidade do tal prédio da estação com vista para o lago e guarda-sol só abre às onze horas. Abrigamo-nos no café da entrada de um parque de diversões antiquado, porém movimentado, da cidade. Pedimos um café, uma caixa de suco de maçã de meio litro e dois bolinhos e pagamos noventa rublos por tudo. No centro de Moscou, nem o café sairia por esse preço. Temos vista para um estande de tiro ao alvo e a vitrine em que uma jovem local prepara *blinis* e *milk-shakes* para os visitantes. A trilha sonora é proporcionada por uma televisão ligada num canal de músicas aos berros. Todos os bares ali em volta têm caixas de som nas mesas do lado de fora, inclusive.

10h20. Enquanto ainda fazemos hora, decidimos caminhar pela orla e tomar um pouco de sol cercados de gaivotas e marrecos.

11h21. Fomos para a fila do barco e, às 11h30 em ponto, zarpamos. O Meteor de número 242 que pegamos é confortável e vai depressa. Mas o trajeto é longo, e a viagem está prevista em uma hora e vinte minutos. Do barco, vê-se que Petrozavodsk é bastante verde, mas, paradoxalmente, tem diversas fábricas. A cidade foi criada em 1703 para produzir ferro e armamentos para Pedro, o Grande. Durante o stalinismo foi o exílio daqueles considerados baderneiros ou que teriam criado problemas para o regime.

12h17. Não se vê terra nem de um lado, nem de outro. Agora é água a perder de vista. Mantemos o ritmo. O cochilo é irresistível. O barco desvia de algo, e o passageiro que ia fumar se desequilibra e cai sobre umas cadeiras. Entre os três compartimentos do barco há uma espécie de varanda que os russos transformaram em fumódromo.

12h36. Já dá para ver algumas casas de madeira, uma pequena igreja e as 22 cúpulas prateadas da tão esperada igreja da Transfiguração, na ilha de Kiji, motivo da nossa viagem. Em 1920, cerca de 250 habitantes ocuparam os nove vilarejos da ilha. Hoje, eles não passam de alguns funcionários do governo responsáveis pela proteção e manutenção do lugar. Vivem em dois povoados: Iamka e Vassilievo. A palavra Kiji significa "jogos, ritos" no idioma carélio. Certamente tem a ver com os cultos pagãos dessa região sobre a qual existem registros de população desde o século III a.C.

12h45. O barco atraca pontualmente no destino. A saída é meio confusa. Todos descem com os crachás recebidos na entrada, sem entender muito qual seria a serventia. Os passageiros vão se aglomerando do lado de fora seguindo guias. Sem nos colar a esse ou aquele grupo, vamos atrás da massa até um grande guichê de madeira. Ali, descobrimos que os nossos crachás verdes não nos permitem entrar no parque. Compramos ingressos (250 rublos). Seguimos por um longo deque de madeira. Há vários policiais controlando a entrada, e achamos que, como na maioria das vezes na Rússia, haveria lugares proibidos. Fomos perdendo o medo de andar longe dos grupos e, finalmente, os deixamos para trás. Passamos a fugir deles, na verdade, para o bem das nossas fotografias.

13h10. A igreja é muito impressionante. Da fotografia que vi algumas vezes nos quebra-cabeças (à venda por toda a parte em Moscou) à realidade, é como se tivéssemos viajado para outra galáxia. O lugar lembra o arquipélago de Estocolmo (deslumbrante!) onde estivemos em 2005.

13h17. Continuamos caminhando pela ilha que tem a extensão de 1,5 quilômetro. Boa parte das casas de madeira plantadas ali no início do século foi trazida de outros lugares. Várias passaram por reformas nos últimos quarenta anos. Surpreendentemente (para padrões russos), todas têm explicações em quatro idiomas. As senhoras que tomam conta de cada uma das casas são simpáticas. Faço questão de assinar o nosso nome e escrever

"Brasil" em caixa alta no livro de visitas daquele lugar tão distante. Abelhas, zangões e mutucas são presença frequente. Ficam tão próximos que é impossível não notá-los ou evitar os safanões no ar. Parecem querer o contato com os turistas que não podem ter por nove meses do ano. O parque abre para a visitação pelo período de apenas três meses em função do frio. O homem de chapéu e barba sentado no banco de madeira lembra um personagem de Van Gogh, com o moinho e o mato florido no fundo. Ele se levanta, abre a porta da igrejinha, tira de lá uma caixa com um cartão-postal do lugar e algumas notas de rublos velhas e amassadas. Tranca-se lá dentro em seguida. Segundos depois os sinos da torre começam a badalar sem cessar. Contra o sol, reconheço o perfil dele a orquestrar essa estranha música numa ilha afastada no norte da Rússia. Os pássaros compõem o cenário e, às vezes, tem-se a impressão de que posam para fotos.

13h43. Deixamos a igreja da Transfiguração para o final a fim de evitar os grupos e o falatório. Não se pode visitar o prédio principal, que passa por reformas. No vizinho há uma exposição de ícones.

14h51. Voltamos devagar em direção ao cais. Tentamos parar para um rápido piquenique com algumas sobras do lanche da noite anterior. O sol está implacável, assim como as mutucas. Achamos bancos simpáticos em uma das áreas reservadas aos fumantes na ilha. Formam um grande quadrado em volta do cinzeiro de aspecto duvidoso cheio de guimbas de cigarro e água. O cenário é lindo, a vista não poderia ser melhor, mas as mutucas não dão sossego. Resistimos um pouco mais e seguimos para o barco. As regras para o fumo no local são rigorosas por razões óbvias, para evitar que os fumantes inveterados causem danos irreversíveis àquele lugar todo construído em madeira.

15h13. Paramos em uma das quatro lojas de suvenires. Os preços são típicos de ilhas. Mais adiante, há dois bares que servem bebidas e pequenos lanches. Pedimos um refrigerante e uma cerveja. Por sinal, fiquei muito impressionada com a geladeira das cervejas. Contei mais de vinte tipos diferentes entre russas, belgas, alemãs e japonesas. E uma garrafa que nunca tinha visto: de dois litros e meio. Não há garrafas de água do mesmo tamanho.

15h38. As pessoas já estão fazendo fila para voltar ao barco. O bilhete da volta não pode ser alterado, o que não chega a ser um problema. Três horas é tempo de sobra para explorar essa ilha que sempre quisemos conhecer desde que chegamos à Rússia.

15h45. O barco sai pontualmente e chega a Petrozavodsk um minuto antes do previsto.

17h04. O trem para São Petersburgo só sai às 23 horas. Paramos no café que mais cedo estava fechado para uma refeição entre o almoço, que não fizemos, e o jantar, que não faríamos. Os preços voltam a impressionar esses calejados moradores de Moscou. É tudo muito barato no cardápio, à exceção da cachaça Pitú: a dose de 50 ml custa 160 rublos; a de 100 ml, 320 rublos, e a garrafa, 2.240 rublos. O restaurante tem um nome que pertence ao universo semântico da sua situação à beira d'água: frota, fragata, ancoradouro, almirantado. Da mesa, observamos os locais. Avôs e pais com crianças, jovens fazendo *jogging* diário e muita gente de bicicleta. Hábitos saudáveis e pouco comuns em Moscou. Mais adiante, mulheres com vestidos de festa. Aparentemente, há um casamento em curso não muito distante dali. O penteado da moda são os cachos com pequenas presilhas em forma de borboletas ou flores.

19h48. A tarde passou depressa entre águas e cafés. Fizemos o percurso inverso da chegada. Descobrimos um parque, três teatros (em um deles haveria uma apresentação de *Romeu e Julieta* de Prokofiev naquela noite, o meu preferido em Moscou na versão do Stanislávski) e quatro livrarias. Marx e Engels estão sentados juntos em uma das praças da cidade. A alguns quarteirões dali, Lênin, sozinho, mostra o caminho. Ainda vimos a universidade e resquícios da foice e do martelo.

23h. Partimos para São Petersburgo no trem de número 649. É conhecido na Rússia que, quanto maior a numeração, pior o conforto. Havíamos chegado a Petrozavodsk no carro 18. Fomos surpreendidos. Os vagões são bem mais antigos, é verdade, mas imensamente mais charmosos, ou retrô, como preferimos chamá-los. Não há tomadas dentro da cabine para carregar os telefones e a máquina fotográfica. Paciência. Deixamos a porta aberta por um tempo, enquanto usamos a tomada do corredor.

Meia-noite. O céu cinza-azulado de Ladva-Vedka parece iluminado pelas luzes de uma metrópole à noite. Mas não é o caso. Estamos em plena floresta, e a claridade nada mais é senão o mítico sol da meia-noite. O clarão no horizonte manchado por algumas nuvens esguias não esclarece se é a aurora ou o crepúsculo.

00h10. Hoje, noite branca, descobri o que é inspiração: é a beleza, pura, em que o poeta põe a mão. Pela única janela aberta do longo corredor do vagão 14 entra o vento fresco da madrugada. As cortinas verdes dançam um ritmo próprio. O aroma da floresta é muito diferente do ar carregado de Moscou, de tudo o que senti até agora nesse país.

00h47. O movimento de homens em direção ao vagão de número 8 — é lá que se vendem as bebidas alcoólicas — não para. Peço um chá e pergunto à simpática "ferromoça" se não é perigoso, ou se não sente medo de trabalhar sozinha durante a madrugada com homens passando de lá para cá, muitos deles embriagados: "A gente se habitua. A senhora só não está acostumada". Vi um senhor interpelando a "ferromoça" do vagão vizinho sobre onde poderia comprar álcool bem mais tarde. Ela pergunta de onde estava vindo e se queria que mandasse o responsável pelas bebidas servi-lo em sua cabine. Não sei se ele entendeu muito bem o que disse a jovem, mas passou a mão em sua cintura, fitou-a com olhos de peixe morto e seguiu de volta ao seu vagão. Ela, entre o constrangimento e o velho hábito descrito pela colega, seguiu naturalmente o seu caminho original. O meu chá custa oito rublos. Nunca vi nada desse preço desde que cheguei à Rússia. Faço a "ferromoça" — detentora desse monopólio inexplorado nesse país que até vinte anos atrás era comunista — repetir a cifra duas vezes.

2h. A visita ao vagão de número 8 é irresistível. O percurso dura seis carros, um vagão de beliches e portas abertas nos moldes dos tradicionais *kommunalki* soviéticos, o encaixe entre os carros com direito a muito barulho e a visão próxima dos trilhos fugindo apressados. Um grupo de adolescentes também mantém as portas abertas e debate todo tipo de tema até bem tarde. Finalmente no bar, uma senhora de óculos serve os notívagos. Meia dúzia de homens e duas mulheres.

São Petersburgo, 2 de julho de 2009 — Dia 3

6h40. Toca o despertador. Devemos chegar às 7h07. Um dos nossos maiores divertimentos é conferir se os trens realmente partem e chegam no horário previsto.

7h07. O trem para na estação Ladojshkaya, em São Petersburgo. Pegamos as mochilas, nos despedimos da "ferromoça" e saímos em busca do metrô. Diferentemente de Moscou, em várias estações pode-se evitar as longas filas dos guichês onde se compram os bilhetes. As moedas com um grande "м" usadas na antiga capital podem ser compradas em máquinas (cinco jetons saem a cem rublos). Estudamos o roteiro mais prático até o nosso hotel, mas o bom tempo nos convence a descer logo no início do Névski Prospekt, a principal avenida da cidade. Não sabemos exatamente quanto teríamos que andar, mas, mesmo assim, voltamos à superfície. Estávamos longe, mas, por incrível que pareça, dispostos. A temperatura está perfeita, e a cidade ainda acordava, como nós. As ruas vazias nos permitem aproveitar melhor a bela arquitetura da cidade. Rapidamente, começamos a imaginar onde seria o nosso café da manhã. Mil lugares nos ocorrem. Vemos algumas confeitarias no caminho, mas ainda estavam fechadas.

8h15. A elegante entrada do Grande Hotel Europe é convincente. Depois de dois dias viajando de trem com mochilas nas costas, dormindo pouco e fazendo lanches rápidos, decidimos que o café da manhã no melhor hotel da cidade é tudo o que precisamos nesse momento. Croissants são mantidos em uma chapa quente para não perder o frescor. Pães, bolos, doces, queijos, frios, caviar e champanhe estavam distribuídos por quatro mesas, o que obriga os glutões a percorrer o belo salão de imensos vitrais. O burburinho dos hóspedes se perde entre as músicas tocadas pela harpista ao fundo. O salão já está movimentado. Comemos tudo o que temos direito, mas cada coisa na sua vez, ao contrário dos nossos vizinhos americanos que carregam no mesmo prato salame, pães, salmão, mostarda, geleia de morango, caviar e salsicha, com seus molhos que provavelmente se misturam pelo caminho.

9h34. Terminado nosso café da manhã inesquecível, estamos exaustos e longe do hotel. O maître faz uma gentileza final. Oferece-nos uma garrafa de *champanskoe* (como é conhecido o espumante produzido na Rússia desde a União Soviética). Diz que é para guardarmos uma boa lembrança do hotel e, quem sabe, nos hospedarmos com eles da próxima vez. Com as forças que ainda nos restavam e mais um volume para carregar, seguimos nosso caminho. Na recepção do hotel Petropalace, a *trainee* avisa que só podemos entrar às catorze horas, mas antecipa para o meio-dia depois do meu muxoxo.

10h01. Ainda temos duas horas pela frente antes de poder nos registrar. Se nos sentamos, não conseguiremos mais levantar. Deixamos as malas no hotel e vamos caminhar à beira do Neva. Passamos pela monumental praça do Museu Hermitage e pelo Almirantado. Cruzamos a ponte sobre o rio e, apesar de já termos diversas fotos desse mesmo lugar (essa é a quarta vez que vamos a São Petersburgo), é impossível resistir aos supostos novos ângulos.

12h06. De volta ao hotel, tomamos um longo banho e dormimos. Como não escurece, não temos a preocupação de perder o dia.

15h. Recuperados, voltamos para a rua. Como já estivemos no Hermitage, decidimos visitar o impressionante Museu Russo. É a coleção de arte russa mais rica do país e a mais importante iconóstase do mundo (mais de 5 mil peças). Após a Revolução de 1917, milhares de obras confiscadas de casas e palácios em todo o país foram incluídas no acervo do museu. Consultamos a programação do imperdível Teatro Marinski. Está em cartaz *O lago dos cisnes*, ao que já assistimos. Mês passado vimos três óperas contemporâneas dedicadas ao autor Nikolai Gogol. O país inteiro comemora seu bicentenário esse ano. Há exposições por toda a parte em São Petersburgo e em Moscou.

19h30. Resolvemos parar para um aperitivo no Aquarel, o restaurante flutuante que deixamos de ir da outra vez. A ideia é fazer um brinde com vodca por ali, continuar passeando e jantar mais tarde. Mas a vista é maravilhosa, e as entradas que pedimos nos convence a ficar para experimentar os pratos. Tudo impecável. Até a trilha sonora. Esse jantar fora de hora nos obriga a mudar de planos. Saímos pouco mais de duas horas depois, com o dia claríssimo. As lanchas e *jet-skis* não parecem se assustar com o horário e aproveitam o longo dia de sol. Caminhamos pelos canais, passeamos pelo Névski Prospekt.

Meia-noite. Saímos atrás do sol da meia-noite, dessa vez na antiga capital do império russo. Essa é a época em que a cidade fica mais cheia. Turistas do mundo inteiro vêm em busca da mesma coisa. As ruas estão cheias. Há flashes pipocando por toda parte. Os restaurantes estão lotados. A vista do canal da igreja da Ressurreição de Cristo (ou Santo Sangue Derramado) sob o sol da meia-noite é emocionante. Ninguém resiste. Os transeuntes usam máquinas fotográficas, câmeras de vídeo ou celulares para registrar esse momento. Seguimos para o Seven Sky Bar, um dos nossos preferidos na cidade. Fica no último andar de uma galeria comercial do século XIX, próximo ao Museu Russo. De lá, vê-se a igreja da Ressurreição. Já é quase uma, e o bar está prestes a fechar. Esse é o horário de funcionamento durante a semana, nos diz a atendente que recomenda outro café na rua Italianskaya, o People, onde ficamos por mais algum tempo até voltar para o hotel.

São Petersburgo, 3 de julho de 2009 — Dia 4

10h. Acordamos tarde porque sabemos que teremos um longo dia pela frente. O trem para Moscou só sai às 23h55.

11h45. Vamos à catedral de Santo Isak, a dois passos do hotel. Da última vez, fizemos a visita por dentro, mas o mau tempo não nos permitiu subir a torre das colunas de onde se tem uma vista privilegiada da cidade.

12h26. Partimos para a casa onde nasceu Vladimir Nabokov (1899-1977), na rua Bolshaya Morskaya, 47. Pouco conhecida dos próprios russos, essa é a mansão onde nasceu o autor de *Lolita*. Viveu ali até 1917, quando sua família foi mandada para o exílio. "A minha única casa no mundo", descreveu o próprio autor, que morou na Inglaterra, na Alemanha, nos Estados Unidos e na Suíça. O museu é pequeno, mas extremamente bem-feito, com legendas em inglês (algumas em alemão). Parte da sua coleção de borboletas — uma paixão de pequeno que o acompanhou a vida inteira — está em exibição junto com um de seus puçás. O documentário sobre a vida do escritor dura trinta minutos. É todo em russo, mas tem belas imagens. Da última vez, estivemos na casa de Dostoiévski.

14h25. Compramos ingressos para o barco Meteor que nos levará a Peterhof (a 26 quilômentros de São Petersburgo), o palácio de verão de Pedro, o Grande, conhecido por suas 176 fontes, que, por razões óbvias, só são ligadas durante o verão. O barco sai de um ancoradouro atrás do Museu Hermitage e custa entre 350 e 450 rublos, dependendo da hora que se chega ao caixa. O percurso leva trinta minutos. Ao desembarcar às portas dos jardins de Peterhof, é preciso comprar ingressos para visitá-lo. Os tíquetes para entrar no prédio devem ser comprados no próprio palácio. Do terraço, tem-se a bela vista das fontes e do golfo da Finlândia. Muita gente aproveita para tomar sol nas pequenas praias voltadas para o golfo. Sem falar nas dúzias de noivas que passam o dia nos jardins de Peterhof tirando fotos no dia do casamento. Quando chegamos, compramos no mesmo lugar o bilhete de volta para o barco. Ficamos com medo da fila no final da tarde. O último sai às dezoito horas.

17h30. Pegamos o penúltimo trem para São Petersburgo felizes da vida. Só conseguimos entrar porque já tínhamos os ingressos. A fila para quem quer comprá-los na hora do embarque era tão grande que muitas pessoas ficaram para trás.

17h59. De volta à cidade, caminhamos pelo Névski Prospekt novamente, revimos o belo prédio *art nouveau* da Singer, onde funciona uma livraria. Do café do primeiro andar tem-se vista para a igreja Nossa Senhora de Kazan.

18h15. Resolvemos testar o café Shalter, vizinho de porta do People da noite passada. De lá, seguimos para o Seven Sky Bar, onde pedimos um carpaccio com Белый русский (*biéli-ruski*, drinque de vodca com licor de café e creme de leite), com vista para a cidade.

22h05. Pegamos as malas no hotel e caminhamos até o metrô rumo à estação de trem, dessa vez mais próxima.

23h. Como sempre, o metrô nos deixa bem na porta da Moskovski Vokzal. Vale lembrar que, em São Petersburgo, as estações de metrô também são bonitas. Não tanto quanto em Moscou, mas algumas delas merecem uma visita. A Vosstania Plochad tem imagens de Lênin em bronze, inclusive uma pouco usual do líder bolchevique só e pensativo à beira de um rio. Em geral, ele aparece determinado, no comando da situação.

23h06. A estação de trem é deslumbrante. O primeiro salão de estilo neoclássico tem um imenso afresco comunista no teto, mais uma vez com Lênin ao centro e bandeiras vermelhas com a foice e o martelo, relevos em estuco de figuras revolucionárias e quatro grandes candelabros que pendem do teto por cabos cuidadosamente revestidos por tecido. O salão central (de estilo construtivista), onde os passageiros se acomodam como podem para esperar os próximos trens, tem ao centro uma escultura de Pedro, o Grande, e um enorme mapa com os trajetos ferroviários do país.

23h25. O painel eletrônico anuncia que o trem para Moscou sairá da plataforma 5. Chegando lá, a confirmação das nossas expectativas. O *Crasnaya Estrela* (Estrela Vermelha) deve orgulhar os próprios funcionários, que ficam impávidos de uniformes impecáveis à porta de cada um dos vagões. Recebem as passagens de luvas brancas e quepes, o que já não se vê há algum tempo na Europa. O trem de número 1 é luxuoso. As cabines são novas e têm painel de controle para luz e temperatura, televisão plana com uma programação de DVDs legendados para os estrangeiros. Daqui também podemos acompanhar o movimento dos banheiros para não precisar andar à toa. As tomadas, segundo anuncia a funcionária pelos alto-falantes junto com a mensagem de boas-vindas, ficam debaixo da mesa. Há luzes de leitura nas extremidades dos bancos. Funcionários passam vendendo bebidas em cestos de compras de supermercado. "Cerveja gelada, uísque, conhaque, vinho...", diz o primeiro rapaz a oferecer bebidas. Em seguida, vem uma senhora mais velha. Muda a ordem dos produtos alcoólicos e ainda oferece *butter-brot* (espécie de meio-sanduíche de que os russos tanto gostam). Um desconhecido rótulo de vinho francês branco (gelado, pelo menos) sai pela bagatela de 1.900 rublos. No Estrela Vermelha, as velhas lições do capitalismo já chegaram.

23h55. Mais um ponto para os trens russos, saímos no horário outra vez. Do lado de fora, o sol da meia-noite, nosso companheiro de viagem. Hoje, está acompanhado de uma bela lua amarela baixa. Juntos iluminam as casas típicas de madeira do caminho, assim como as florestas, rios e lagos que, ao longo da viagem, por puro sono nosso e jamais pela falta de claridade, vão se apagando.

7h55. Concluímos nossa viagem pontualmente. Do lado de fora, os funcionários se mantêm perfilados, de luvas brancas, à porta dos vagões. Os quepes parecem não ter saído do lugar durante todo o trajeto. Na plataforma, a sensação de viagem no tempo. Ecoa pela estação o hino não oficial da cidade de Moscou. Ainda sob efeito do sono, custo a entender que a música vem de pelo menos uma dúzia de alto-falantes. Tudo isso às 7h20 da manhã. Parece sair de um filme.

Bem-vindos à minha Moscou!

Palavras finais

Colocar o ponto final em um livro sobre a Rússia é uma tarefa intrinsecamente frustrante. Não por encerrar o prazer da escrita, nem por deixar cair o pano sobre esses anos únicos da minha vida. Mas pela certeza de que a Rússia, mais que outros países... a Rússia não para. Ela não caberá jamais nos limites do meu olhar de estrangeira, menos ainda na redoma dos meus poucos anos de testemunho. É uma história intensa demais, viva e furiosa demais, para se limitar às poucas páginas da minha memória. É um trem desabalado, ao compasso marcial de uma sinfonia de Shostakovich, que rasga a história e os séculos. Não há de parar, por um segundo sequer, para que eu o fotografe. Vai atropelar — já atropelou — o meu ponto final.

Este livro é, no entanto, apenas uma fotografia. Devo ao leitor essa confissão evidente. Talvez no próximo ano já não haja mais Putin, ou Medvedev, ou nenhum dos dois. Tenho a aflição de encerrar este relato e, em seguida, ser surpreendida por uma nova reviravolta. Em cinco, dez anos, a Rússia pode ser de novo um grande Império, ou uma pálida sombra daquilo com que sonham os russos. Aqui, tudo é possível. E imprevisível. Daí a precariedade do meu ponto final.

Mas há uma alma russa, profunda, perene, pitoresca,

grandiosa, triste e cômica, trágica e alegre, patética, como descreveu Gogol muito antes da revolução que viraria esse país e o mundo do avesso. Veio a revolução, foi-se (num sopro) a revolução, e a alma russa persiste. Não sei se é sedutora ao olhar estrangeiro como a brisa morna de Ipanema, mas a mim seduziu. Como dizia um amigo turco expatriado, somos todos nós — moscovitas temporários — vítimas da síndrome de Estocolmo, prisioneiros que se tornam compreensivos cúmplices do sequestrador. Basta mergulhar e nadar nas águas da madrasta Rússia para dela tornar-se refém, e até amante.

Antes mesmo do ponto final, já sinto falta de Moscou. Os russos não conhecem a palavra saudade. Mas sabem exatamente o que ela significa. Na conversa que tive em um banco de praça com um senhor russo (soviético?) que decidiu me contar a história da sua vida, sua juventude e os anos que serviu o exército da URSS, na Geórgia, tive a certeza disso. No meio do relato, ele parou, reticente, com os olhos perdidos, na direção da estranha estátua moderna do compositor Aram Khatchaturian (1903-1978), e me perguntou: "Em 'brasileiro' vocês têm a palavra nostalgia? O verbo sentir falta (скучает)?". Saído do transe, prosseguiu. Parecia falar sozinho, para si mesmo.

Depois de voltar para o Brasil, apoiei-me no livro, na esperança de manter o vínculo, de poder repassar indefinidas vezes as imagens que vi e as histórias que vivi. Dia desses, enquanto escrevia um trecho, já tarde da noite, cheguei a pensar por poucos segundos que estava em Moscou. Também parei com o olhar perdido.

Arrependimento, só do que não vi.

Agradecimento

Agradeço a Rodolfo Fernandes, que apostou nesta correspondente para a Rússia.

Este livro, composto na fonte Fairfield
e paginado por Vanessa Sayuri Sawada,
foi impresso em pólen soft 80g.
São Paulo, Brasil, outubro de 2011.